용기를 내어 당신이 생각하는 대로 살아야 합니다.
그렇지 않으면 머지않아 당신은 사는 대로 생각하게 될 것입니다.
– 폴 부르제(프랑스의 시인, 철학자)


Il faut vivre comme on pense,
sans quoi l'on finira par penser comme on a vècu.
– Paul Bourget

친절한
오가닉
코튼
친환경
아기용품
DIY
김복희 지음

터닝
포인트

DVD 동영상 강의로 쉽게 배우는
# 친절한 오가닉코튼 친환경 아기용품 DIY

2013년 6월 10일 개정판 1쇄 인쇄
2013년 6월 20일 개정판 1쇄 발행

| | |
|---|---|
| 지은이 | 김복희 |
| 펴낸이 | 정상석 |
| 표낸 곳 | 터닝포인트 |
| 등록번호 | 2005.2.17 제6-738호 |
| 주소 | (121-868) 서울시 마포구 연남동 480-1 3층 |
| 대표전화 | (02)332-7646 |
| 팩스 | (02)3142-7646 |
| 홈페이지 | www.diytp.com |
| ISBN | 978-89-94158-40-2 18630 |
| 정가 | 19,800원 |

| | |
|---|---|
| 기획 · 편집 | 정상석 |
| 북디자인 & 표지 디자인 | 공종욱 |
| 일러스트레이터 | 홍수정 |
| 작품 사진 촬영 | 이성우 |
| 과정 사진 촬영 | 이진수 |
| 스타일링 | 진은영 |
| 촬영 협조 | 이선정 |
| 촬영 장소 협조 | 정은경 |
| DVD 촬영 · 편집 | 이수일 |
| 내용 문의 | http://www.diytp.com |

원고 집필 문의 diamat@naver.com(터닝포인트는 삶에 긍정적 변화를 가져오는 좋은 원고를 환영합니다.)

저는 자칭 청소년인 11살 큰 아들, 이제 막 돌 지난 둘째 아들, 이렇게 아들 둘을 둔 평범한 엄마에요. 아옹다옹 애들과 부대끼며 살아오면서 아이들을 바르게 키우는 것에 대해 고민하였고 무작정 내리 사랑을 주는 것보다 현명하게 살아가는 방법을 가르쳐 주려고 애써왔지요. 하지만, 결국은 여느 엄마들과 다를 바 없이 일반적인 범주에 머무르면서 아이와 함께 해오지 않았나 싶습니다.

그렇치만 제가 가장 자신 있게 아이들에게 보여주었던 것이 바느질이었어요. 이제는 제 직업이 되어 버린 바느질이지만, 신기한 눈으로 옆에서 바라보면서 때로는 친구들에게 으쓱해 하기도 하던 우리 큰 애의 어릴 적 모습이 지금도 눈에 선합니다.

## 내 아이에게 무엇을 해줄 수 있을까?

첫째 아이 때는 발도르프인형과 함께였다고 해도 과언이 아닙니다. 제가 좋아서 아이에게 인형을 만들어 주었고, 간단한 옷들을 만들어 입혔습니다. 그 중에서도 여름 파자마를 무척 좋아했어요.

그런데, 지금 둘째는 오가닉 코튼과 함께 하고 있습니다. 처음에는 오가닉이 좋다고 해서 무작정 만들어 주었어요. 저와 아이가 사용하면서 알게 된 오가닉 코튼의 좋은 점들 때문에 더욱 더 열중하게 되었지요. 이제는 비단 입는 것뿐만 아니라 먹을거리며 생활 용품 등등 모든 선택에서 좀 더 신중하게 되었답니다.

## 직접 만들어 보세요.!!!

둘째와 함께 하고 있는 오가닉 코튼 용품들이 이렇게 서적으로 출판되니 감회가 남달라요. 책에 실린 여러 가지 작품들은 순전히 둘째와 저의 경험을 바탕으로 만들었답니다. 아이를 키우는 다른 엄마의 심정이 저와 그리 다르지 않을 거라 가정해보면 엄마들에게 조금이라도 도움이 되었으면 하는 바램입니다. 오가닉으로 만들어서 좋고, 그것을 사용하면서 환경을 배려한 작은 실천을 아이들에게 보여줄 수 있어서 좋습니다.

## 오가닉 DIY 서적을 만들면서

항상 제 옆에서 날카로운 조언을 아끼지 않는 내 남편, 붕어빵 같은 두 아들 민협이와 민후, 함께 바느질을 하면서 많은 도움을 준 이선정 선생님, 김은아 선생님, 그리고 저에게 바느질에 흥미를 가질 수 있는 재능을 물려주신 부모님! 고맙고도 고맙습니다.

내실 있는 좋은 책이 나올 수 있도록 물심양면으로 많은 도움을 주신 터닝포인트 분들에게도 진심으로 감사의 말씀을 전합니다.

# 오가닉코튼 친환경 아기용품 DIY

## Contents

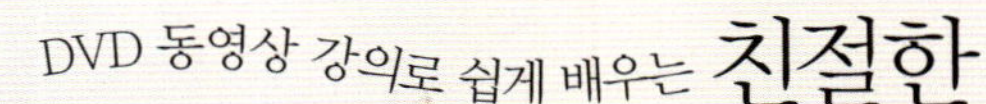

친절한 DIY 동영상 강의 200% 활용하기

친절한 오가닉 코튼 친환경 아기용품 DIY
200% 활용하기

# Contents

## Part 5 오가닉과 함께하는 즐거운 놀이시간

## Part 6 우리는 오가닉 패밀리

# 오가닉코튼
## 친환경 아기용품 DIY Gallery

# 친절한 DIY 동영상 강의 200% 활용하기

DVD 동영상 강의는 이렇게 활용하세요.

### 오가닉 코튼 이야기

친환경 오가닉 코튼에 대해 알기 쉽게 설명합니다.

### 오가닉 코튼 기본 기법

친환경 작품을 만들기 위해 필요한 오가닉 제작의 기초 바느질법에 대해 알아봅니다.

### 오가닉 코튼 작품 만들기

작품들의 제작 과정을 상세히 보여주는 동영상 강의를 통해 오가닉 코튼 바느질의 기초와 실전 노하우를 알려드립니다. 원하는 강의를 선택하여 볼 수 있어요.

## TV에서 부록 DVD 사용하는 방법

PC에서는 마우스를 이용하지만 TV에서는 리모컨을 이용해 메뉴를 선택할 수 있습니다. 부록 DVD를 TV용 DVD플레이어에 넣으면 왼쪽과 같은 창이 나타납니다. 리모컨의 방향 단추를 눌러 ENTER 버튼을 누르면 서브 메뉴로 이동합니다.

- 메뉴에서 동영상 선택: ←→↑↓ 로 원하는 영상을 선택하고 ENTER(또는 확인) 버튼을 누름
- 동영상을 보다가 메뉴로 가려면: 메뉴 버튼을 누름
- 서브 메뉴에서 메인 메뉴로 가려면: 서브 메뉴의 ←버튼을 선택한 후 ENTER(또는 확인)
- DVD 실행 종료: STOP

# 오가닉 코튼 동영상 DVD *살펴보기*

## ● 오가닉 코튼 이야기

### 1 | 오가닉 코튼 알아보기
오가닉 코튼이 어떤 원단인지 어떻게 친환경적
으로 생산되는지 알아봅니다.

### 2 | 오가닉 코튼 원단
DIY에 활용되는 오가닉 코튼 원단에는 어떤 것
들이 있는지 살펴보아요.

### 3 | 재료와 도구 살펴보기
오가닉 코튼의 바느질을 위해 필요한 준비물들
을 알아보아요.

## ● 오가닉 코튼 기본 기법

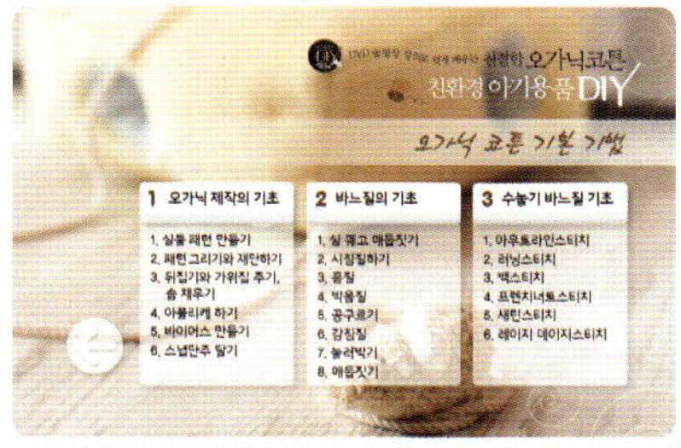

### 1 | 오가닉 제작의 기초
1. 실물 패턴 만들기
2. 패턴 그리기와 재단하기
3. 뒤집기와 가위집 주기, 솜 채우기
4. 아플리케 하기
5. 바이어스 만들기
6. 스냅단추 달기

### 2 | 바느질의 기초
1. 실 꿰고 매듭짓기
2. 시침질하기
3. 홈질
4. 박음질
5. 공구르기
6. 감침질
7. 눌러박기
8. 매듭짓기

### 3 | 수놓기 바느질의 기초
1. 아웃라인스티치
2. 러닝스티치
3. 백스티치
4. 프렌치너트스티치
5. 새틴스티치
6. 레이지데이지스티치

## ● 오가닉 코튼 작품 만들기

### 1 | 베이직 스티치 손싸개

### 2 | 베이직 스티치 배냇저고리

### 3 | 곱디고운 속싸개

### 4 | 사랑스러운 배냇 천사모자

### 5 | 딸랑딸랑 곰돌이 원목 딸랑이

### 6 | 쎄근쎄근 아기양 짱구 베게

### 7 | 사뿐사뿐 아기양 덧신

### 8 | 쓰임새 많은 스트라이프 턱받이

### 9 | 친환경 생리대

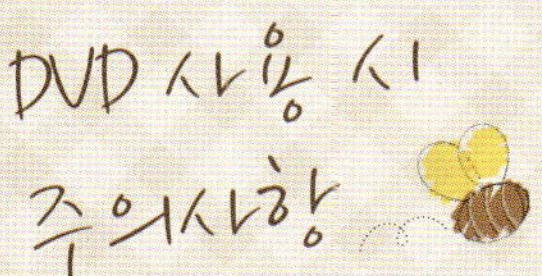


1. PC에 DVD 플레이어가 설치되어 있지 않으면 부록으로 제공되는 DVD가 작동하지 않을 수 있습니다. PC에서 DVD 플레이어가 정상적으로 실행되지 않는 경우에는 컴퓨터에 DVD 플레이어 소프트웨어가 설치되어 있는지 확인합니다. 만약 DVD 플레이어가 설치되어 있지 않다면 컴퓨터 구입 시, 또는 DVD 플레이어 구입 시 제공되는 설치 CD로 PC용 DVD 플레이어 소프트웨어를 설치해주세요.

2. TV에서 사용하는 DVD 플레이어의 기종에 따라 DVD가 정상적으로 작동하지 않을 수도 있습니다.

3. 부록 DVD를 사용하는 데 있어 문제가 있을 경우에는 www.diytp.com이나 네이버의 행복한 취미생활 DIY 카페(http://cafe.naver.com/diytp)로 문의하면 해결 방법을 알려드립니다.

# 친절한 오가닉 코튼 친환경 아기용품 DIY 200% 활용하기

**①** **만들 DIY 작품:** 이 책에서 만들 완성 작품의 사진이에요. 아기를 생각하는 엄마의 마음이 생생한 체험으로 담겨 있어요.

**②** **DVD 동영상 강의:** 부록으로 제공되는 DVD에는 3시간 분량의 동영상 강의가 담겨 있습니다. 부록 DVD는 컴퓨터의 DVD 플레이어를 이용해서 볼 수도 있고, TV에 연결된 DVD 플레이어를 이용해서 볼 수도 있습니다. DVD 마크가 표시된 작품은 동영상을 참고하면 해당 섹션의 내용을 더욱 쉽게 이해할 수 있습니다.

**③** **재단 미리보기:** 준비한 원단을 재단하는 모양을 일러스트로 보여줍니다.

**④** **예상 제작 시간:** 원단의 재단 시간을 제외한 바느질 예상 시간입니다.

**완제품 예상가:** 완제품을 구입할 경우 예상 가격입니다.

**완성 사이즈:** 완제품의 크기를 가로×세로 크기로 알려드려요. 작품에 따라 연령을 기준으로 소개하기도 합니다.

**예상 재료비:** 독자들의 편의를 돕기 위해 각각의 개별 작품을 만드는 데 필요한 오가닉 원단과 부재료만을 계산한 예상 비용을 소개했습니다. 실제 제작할 때엔 비용이 달라질 수 있으니 참고로만 활용해 주십시오.

**⑤** **준비물:** 작품을 만드는 데 필요한 주재료와 부재료를 소개합니다.

**⑥** **단계별 제작 과정:** 전체 제작 과정 중 세부 제작 과정의 제목입니다.

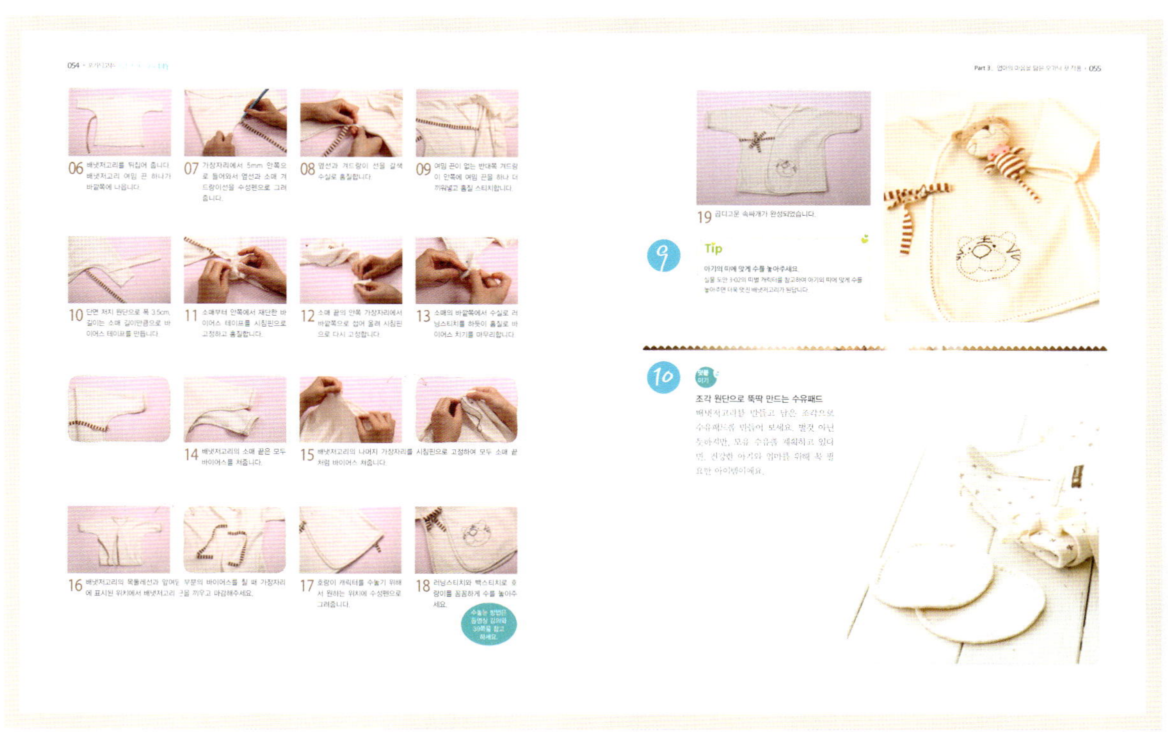

⑦ **친절한 제작 과정 따라 하기:** 제작 과정을 따라하기 쉽게 상세하고 친절하게 소개합니다.

⑧ **실물 도안:** 실물 도안이 어디에 수록되어 있는지 알려드려요. 본문에 담겨있는 경우 해당 페이지가 소개되고 대형 실문본에 담겨있는 경우 어느 면에 담겨있는지 보여줘요.

⑨ **Tip:** 오랫동안 작품을 만들면서 경험한 작가만의 실전 노하우를 소개합니다.

⑩ **덧붙이기:** 하나의 작품을 통해 더 많은 다양한 작품을 창작할 수 있도록 다양한 응용 작품을 소개해요.

## 인터넷을 통한 지속적인 서비스

이 책과 관련하여 궁금한 내용은 발도르프하우스(www.whaus.co.kr) 또는 www.diytp.com나 행복한 취미생활 DIY 네이버 카페(http://cafe.naver.com/diytp)를 통해 문의해주세요. 사이트를 통해 필요한 자료와 정보를 지속적으로 제공합니다.

 내가 만든 작품 자랑하기

'친절한 오가닉 코튼 친환경 아기용품 DIY' 책을 보고 만든 작품의 제작 과정이나 에피소드, 완성품, 또는 나의 창작품 등을 소개해주세요. www.diytp.com을 통해 다른 독자들과 함께 정보도 공유하고 우수 회원을 뽑아 시상도 한답니다.

# Part 1

# 아기 사랑이 시작되는 오가닉 코튼 이야기

"지금까지 엄마라고 불러만 봤어요.

이젠 누군가가 날 엄마라고 부른대요.

이것저것 욕심이 많이 나요.

이웃 블로그에 놀러 갔더니,

세상에나~~ 아가들을 위한 저 예쁜 것들을 직접 손으로 만들었대요.

나도 욕심을 내보아야겠어요."

# 오가닉 코튼이란?

전 세계 의류 제품의 절반이 면제품이라고 합니다. 최근에는 무심코 사용해 왔던 의류 제품에 대해서 깨끗하고 바른 삶을 찾고 싶어 하는 이들을 중심으로 오가닉 코튼의 중요성이 부각되고 있습니다.

미국의 한 보고에 의하면 한 장의 T셔츠를 만드는데 필요한 목화 재배에 사용되는 합성 화학 비료는 티스푼으로 17개 정도의 양이 들어간다고 합니다. 이는 목화 재배 과정에서만 그런 거구요. 일반적인 목화가 한 장의 티셔츠가 되기까지 여러 공정을 거치면서 헤아릴 수 없는 많은 화학 약품들과 다시 만나게 된답니다.

이런 제조 공정과 달리 오가닉 코튼은 3년 이상 농약이나 화학 재료를 전혀 사용하지 않은 건강한 토양에서 자란 목화를 재료로 사용합니다. 재배 과정에서는 퇴비와 같은 유기비료를 사용하고 농약, 살충제, 살균제, 고엽제 등의 건강과 환경에 해로운 약품을 사용하지 않습니다. 제초제 대신 사람의 손으로 잡초를 제거하고 살충제 대신에 해충을 먹이로 하는 천적 곤충을 사용하며 고엽제 대신에 잎이 자연스럽게 시들 때까지 기다립니다.

제조 과정에서도 화학 풀이나 염소 표백제, 형광 착색제, 방축가공유연제, 포름알데히드와 같은 화학 염료, 방부 가공제, 마감제 등의 화학 약제를 사용하지 않고, 100% 친환경적인 방식으로 만든 제품이 오가닉 코튼이랍니다.

# 오가닉 코튼이 되기까지

건강한 토양에 목화씨를 뿌리고 싹이 트기를 기다리면서, 목화가 자라서 잎이 떨어질 때까지 오가닉 코튼은 꼼꼼하고 세심한 과정을 거쳐야 합니다.

오가닉 코튼이 되기까지는 오가닉 코튼의 정확한 국제인증 체계와 과정을 알아야 하는데요. 2000년대에 들어오면서 오가닉 코튼의 수요가 해마다 폭발적으로 증가함에 따라 세계 각국의 오가닉 협회들은, 오가닉 코튼의 지속성과 신뢰성을 검증하기 위한 국제기준이 필요하게 되었습니다. 이에 따라 유럽의회 유기인증 법령인 EEC2092/91과 미국 농무성의 USDA-NOP(National Organic Program)을 근간으로 국제 유기 섬유의 유통 및 무역의 공통 기준을 마련하기 위해 독일의 IVN, 미국의 OTA(Organic Trade Association), 영국의 Soil Association, 일본의 JOCA 등 각 나라 최고의 유기농 협회가 주축이 되어 2005년에 유기농 섬유에 대한 국제 인증 기준을 마련하였습니다. 그 안에서 만들어진 국제 인증 기준의 정식 명칭이 GOTS(Global Organic Textile Standard)와 OES(Organic Exchange Standard)입니다.

그리고 공식 인증기준에 준하는 검사기관으로 스위스의 IMO와 네덜란드의 ControlUnion Group(Skal international) 등이 선정되었는데 현재 IMO나 CG(SKAL로 더 잘 알려져 있습니다)가 가장 엄격한 기관으로 신뢰받고 있고, 그곳에서 GOTS나 OES 기준을 근간으로 심사하여 "오가닉 코튼"임을 인증하는 서류를 발급해줍니다.

주로 유럽 시장에서 사용되는 인증마크인 GOTS는 목화의 원면뿐만 아니라, 농지의 흙, 생산, 제조, 유통 과정에서 친환경 공정을 거쳤는지, 공정거래, 공정무역 등 기업의 사회적인 의무 이행이 이루어져 생산자에게까지 정당한 혜택이 돌아가는 윤리적 소비 과정을 거쳤는지를 확인할 수 있는 기준을 제시합니다. 재미있는 이야기로 GOTS는 원사/원단공장의 화장실까지도 검사한다는 이야기가 있습니다. OES는 GOTS보다 다소 완화된 기준으로 주로 미국 시장에서 일반적으로 사용됩니다.

# 왜 오가닉 코튼이어야 하는가?

특히 유아복에서 비싼 가격의 브랜드 상품이 최고로 인정받던 시대는 지나고 있습니다. 지금은 몸과 마음이 모두 건강해지는 똑똑한 윤리적 소비를 선호하고 있으며, 더 나가서 소비의 행태가 '풍족한 입을거리'에서 꼭 '필요한 입을거리'로 바뀌고 있습니다. 잘사는 것보다 어떻게 살 것인가에 더 관심을 가지게 되었지요.

목화는 자연이 인류에게 준 최고의 선물 중 하나였습니다. 초창기에 형성된 매니아 층이 "오가닉 코튼"을 사용하게 된 것은 나와 가족의 건강이라는 일차적인 이유 때문이었습니다. 그러나, 이제 나와 가족뿐만 아니라, 그 사용 목적을 이웃과 자연으로 보다 폭넓게 고려해야만 하는 시점에 이르렀습니다. 작지만 소중한 것부터 지구 지킴이로써의 역할을 해야 합니다. 오가닉 코튼의 사용은 녹색 지구를 위해 "자연과 함께 살아가는 길"이랍니다.

오가닉(organic) 코튼은 "안전"을 뜻합니다. 목화 재배 과정에서 화학 비료와 유해한 농약을 사용하지 않고, 제품 제조 과정에서도 화학 약품으로부터 엄격히 통제 받기 때문에 우리들에게 "안전"합니다.

오가닉 코튼은 "생명"을 뜻합니다. 하늘, 땅, 물 등 지구를 오염시키는 일도 없습니다. 병들어가는 지구를 살리는 "생명"입니다.

오가닉 코튼은 "자연"을 뜻합니다. 유기농법을 근간으로 자연과 환경의 인과관계에 순응하는 오가닉 코튼은 "자연"으로 돌아가는 과정입니다.

"생명"을 근간으로 "자연"의 사이클에 순응하는 오가닉 코튼은 우리들에게 "안전"을 제공합니다. 의도하지 않아도 위험에 노출되어 있는 현대인들에게 오가닉 코튼은 바른 삶을 위한 하나의 해결책입니다.

# 오가닉 코튼 다루기

### "오가닉 코튼"은 어떻게 세탁하나요?

특별한 세탁 방법이 있는 것은 아닙니다. 일반 세탁기를 사용하여 세탁해주면 됩니다. 오가닉 코튼은 세탁할수록 더욱 부드러워집니다.

단, 일반 면 섬유와 달리 오가닉 코튼은 높은 온도의 물에 세탁을 하면 줄어드는 현상이 발생할 수 있습니다. 따라서 높은 온도(40°C 이상)의 세탁이나 건조는 피해야 합니다. 세탁 후 말릴 때는 양손으로 잘 흔든 후 펴서 말려주세요. 살짝 탈수한 후, 햇볕에 자연 건조시키는 것이 제일 좋습니다. 하지만, 보통의 면 제품처럼 직사광선에 장시간 노출 시에는 변색이 일어날 수 있으므로 장시간의 노출은 피해주십시오

### 천연세제를 사용하세요.

시판되고 있는 천연세제를 사용할 것을 권해드립니다. 일반적인 합성세제는 합성 계면활성제가 사용되어 표백제, 형광제, 산화 방지제나 방부제 등의 유기 화합물이 많이 포함되어 있습니다. 오가닉 코튼이 가지는 자연의 색을 변색, 탈색하게 하고 섬유의 튼튼함을 잃게 할 수 있습니다. 이러한 성분들은 인체뿐만 아니라 자연 생태계에도 해를 끼치는 유해한 물질이 포함되어 있습니다. 옷을 부드럽게 하는 섬유유연제 사용을 자제해주세요. 오가닉 코튼은 물로 씻어주기만 해도 부드러운 촉감을 유지할 수 있습니다.

# 오가닉 코튼의 종류

**1 포플린:** 이불감이나 턱받이 뒷지, 베게커버 등에 쓰임이 좋아요. 빨면 빨수록 옛날 쫀쫀하게 짜여진 옥양목처럼 느낌이 좋아지는 원단이에요.

**2 단면 저지:** 가로 방향으로 신축성이 좋아요. 팬티나 런닝과 같은 내의류에 아주 적합한 원단입니다. 양면 저지보다 신축성은 덜하지만, 그래서 바느질은 한결 쉬워요. 신축성이 좋은 원단의 바이어스 감으로 좋아요.

**3 양면 저지:** 가로 방향 신축성이 좋으면서 원단 복원력이 좋아 가장 일반적인 배넷저고리, 속싸개에 적극 추천되는 원단이랍니다. 부드러운 느낌 때문에 오가닉 코튼 중에서 가장 사랑받는 원단이에요.

**4 양면 저지 줄무늬:** 단면 저지나 양면 저지와 함께 포인트로 사용해주면 좋아요. 오가닉 코튼으로 칼라 염색을 할 수 없다는 것은 잘못된 정보에요. 오가닉 코튼이 우리나라에서는 이름조차 생소했을때, 독일에서는 이미 1990년대부터 장기적인 대안을 가지고 연구를 해왔었지요. 그래서 지금은 인증 기준에 준하여 (Azo계 표백제, 포르말린, 방향성 알러지, 중금속  FREE) 다양한 색상의 오가닉 코튼을 생산하고 있답니다. 하지만 엄격한 염색 기준에 부합해서 만들어졌기 때문에 칼라 오가닉 코튼은 약간의 탈색이 있을 수 있어요.

**5 단면 타올:** 흔히 사용하는 세면 타올보다 파일이 많이 작으면서 신축성이 있어요. 보송하면서도 부드러운 촉감이 느껴지고 땀 흡수에 좋아 아기의 속싸개나, 아기 배게, 장난감 등에 권해드려요

**6 양면 타올:** 우리가 평범하게 사용하는 세면 타올과 같아요. 신축성은 거의 없으나 부드럽고 도톰하면서 폭신해요.

**7 플리스 가공 원단(1, 2):** 면 100% 오가닉 코튼을 독특하게 가공했어요. 조끼로도 좋고, 캐릭터 동물 인형 만들기에 더할 나위 없는 소재에요. 질감을 느껴보고 그것이 면 100%라고 하면, 모두들 깜짝 놀라죠!

**8 니키(벨로아):** 보들보들하고 말랑한 느낌 때문에 아가들의 연약한 피부에 최고의 원단이에요. 손으로 만졌을 때의 촉감이 너무너무 부드러워서 아이들이 부벼대는 인형, 우주복 등에 사용되며 아이들의 감성을 북돋아 줄 수 있다고 자신있게 권할 수 있는 원단이에요.

**9 기타 자가드, 염색 원단:** 칼라 오가닉 코튼이 있지만, 오가닉 인증 기준에 따르다 보면 색상이 화려하지 않는 것은 감안해야할 사항이에요. 대신 다양한 직조 기술로 그 한계를 극복하여 생산된 원단입니다.

9

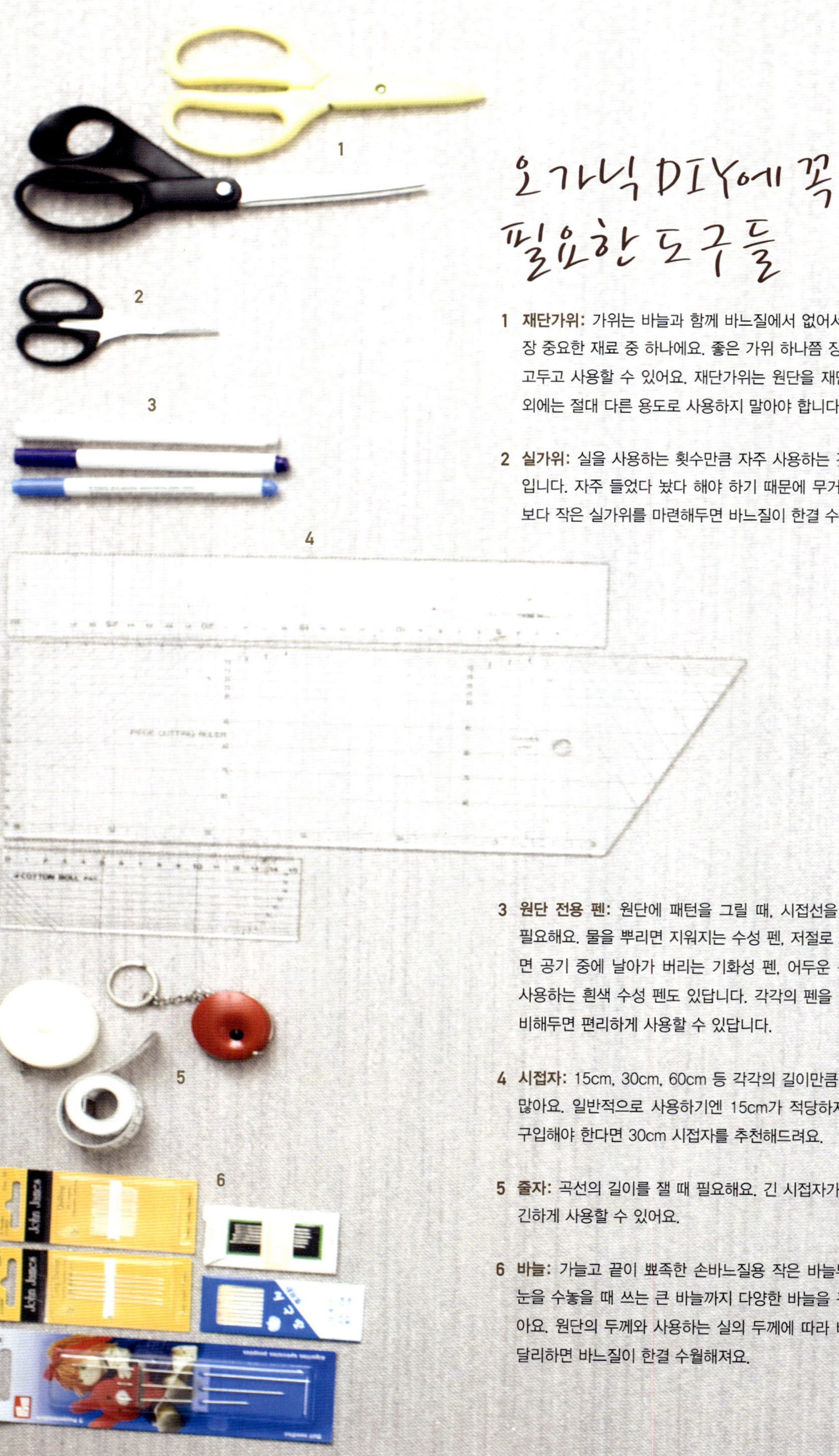

# 오가닉 DIY에 꼭
# 필요한 도구들

**1  재단가위:** 가위는 바늘과 함께 바느질에서 없어서는 안 될 가장 중요한 재료 중 하나에요. 좋은 가위 하나쯤 장만해두면 두고두고 사용할 수 있어요. 재단가위는 원단을 재단하는 것 이외에는 절대 다른 용도로 사용하지 말아야 합니다.

**2  실가위:** 실을 사용하는 횟수만큼 자주 사용하는 것이 실 가위입니다. 자주 들었다 났다 해야 하기 때문에 무거운 재단가위보다 작은 실가위를 마련해두면 바느질이 한결 수월해져요.

**3  원단 전용 펜:** 원단에 패턴을 그릴 때, 시접선을 그릴 때 꼭 필요해요. 물을 뿌리면 지워지는 수성 펜, 저절로 시간이 지나면 공기 중에 날아가 버리는 기화성 펜, 어두운 색의 원단에 사용하는 흰색 수성 펜도 있답니다. 각각의 펜을 다양하게 구비해두면 편리하게 사용할 수 있답니다.

**4  시접자:** 15cm, 30cm, 60cm 등 각각의 길이만큼이나 쓰임이 많아요. 일반적으로 사용하기엔 15cm가 적당하지만, 하나만 구입해야 한다면 30cm 시접자를 추천해드려요.

**5  줄자:** 곡선의 길이를 잴 때 필요해요. 긴 시접자가 없을 때 요긴하게 사용할 수 있어요.

**6  바늘:** 가늘고 끝이 뾰족한 손바느질용 작은 바늘부터 인형의 눈을 수놓을 때 쓰는 큰 바늘까지 다양한 바늘을 구비하면 좋아요. 원단의 두께와 사용하는 실의 두께에 따라 바늘 크기를 달리하면 바느질이 한결 수월해져요.

**7 실:** 사용하는 원단이 오가닉 코튼인 만큼 실도 되도록이면 오가닉 코튼 실이나 에코 스탠다드 테스트(원단의 유/무해성을 검사하는 기준)를 거친 친환경 실을 사용하면 좋아요.

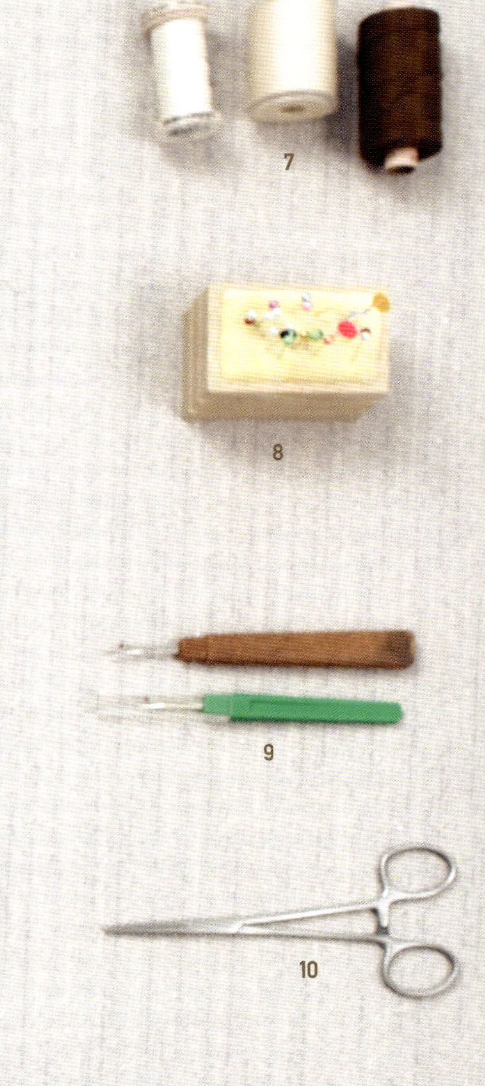

**8 시침핀과 핀쿠션:** 원단 2장을 겹쳐 밀리지 않도록 고정할 때, 아플리케할 때, 바이어스 칠 때 시침핀을 꼭 사용해주는 것이 좋아요. 시침은 가는 것, 굵은 것, 납작한 것 등 다양한데 용도에 따라 선택하면 한결 편리해요.

**9 실뜯개:** 바느질 초보라면 감탄하면서 사용하는 실뜯개는 원단을 상하지 않게 잘못 꿰맨 부분의 바느질 땀을 쉽게 뜯을 수 있어요.

**10 겸자:** 바느질한 작은 부분을 뒤집거나 솜을 채울 때 아주 요긴하게 쓰이는 도구입니다.

**11 솜채움 봉:** 큰 인형 속에 솜을 채울 때 도움을 주는 도구입니다. 끝이 ㄷ자 모양으로 되어 있어 솜을 밀고 들어갈 수 있도록 되어 있어요. 따로 구입이 어렵다면 집에 있는 튀김용 젓가락 2개를 붙여서 사용해보세요.

**12 골무:** 초보일수록 바느질에 도움을 주는 도구를 적절하게 이용하면 조금은 수월하게 바느질할 수 있습니다. 골무도 그 중에 하나지요. 골무는 쓰임만큼이나 그 모양과 소재도 다양합니다.

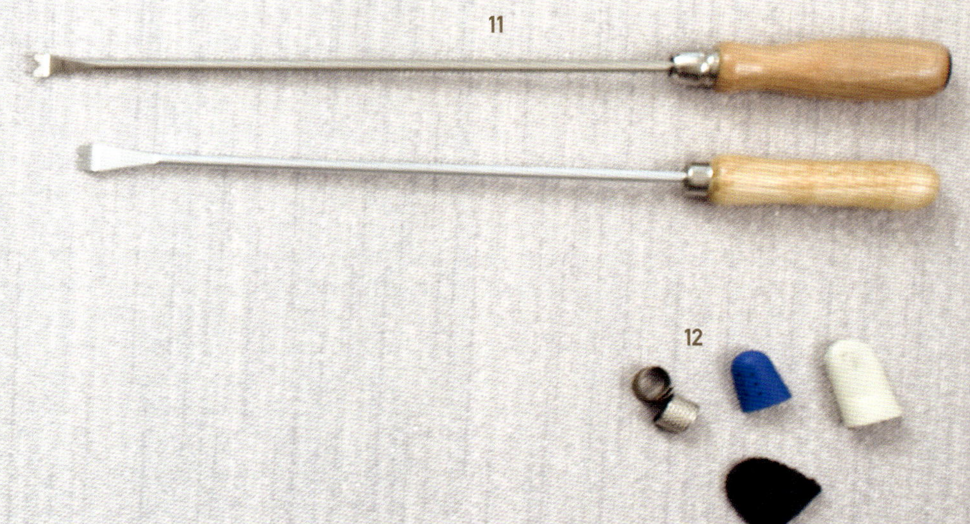

# 오가닉 DIY에
# 필요한 부자재들

**1  지퍼:** 다양한 길이가 있고 5cm 단위로 필요한 크기의 지퍼를 구입할 수 있어요. 아기용품은 쇠로 된 차가운 지퍼보다는 플라스틱 지퍼가 안심할 수 있어 좋답니다.

**2  딸랑이/삑삑이:** 아기 장난감에 사용하는 재료로 솜을 넣을 때 같이 속 채움을 합니다. 모양마다 소리가 다르므로 여러 개를 만들어 아이가 다양한 소리를 경험할 수 있도록 해주세요.

**3  멜로디 박스:** 자장가가 나오는 멜로디 박스는 태엽식이라 따로 건전지가 필요 없어요. 아이 것은 자주 세탁해야 하는 특성상 방수가 되는 제품이 좋아요.

**4  원목 링/나무바퀴:** 아기 장난감 등에 소품으로 사용됩니다. 아가들이 물고 빨 수 있도록 색을 입히지 않은 너도밤나무나 가문비나무와 같은 원목이 아기들에게 가장 좋답니다.

**5  벨크로:** 부드러운 면과 까칠까칠한 면 이렇게 2개가 한 세트로 이루어져 있어요. 아기용품에 많이 사용되진 않지만, 베게 커버나 턱받이 등에는 편리하게 사용하실 수 있어요.

**6  고무줄과 돗바늘:** 일반적으로 파는 고물줄도 있지만 형광표백이 되지 않은 고무줄도 시판되고 있습니다. 오가닉 코튼에 어울리도록 고무줄 하나도 신중하게 골라보세요. 돗바늘이나 고무줄 끼우개를 함께 준비하면 고무줄을 끼울 때 한결 쉬워요.

**7  면끈/레이스:** 오가닉 코튼이 아직 대중화되어 있지 않다보니 면 끈이나 레이스 등에서 오가닉 코튼을 찾기 어려워요. 차선책으로 형광 표백이 되지 않은 자연 색상이나 에코 테스트를 거친 친환경 제품들을 추천합니다.

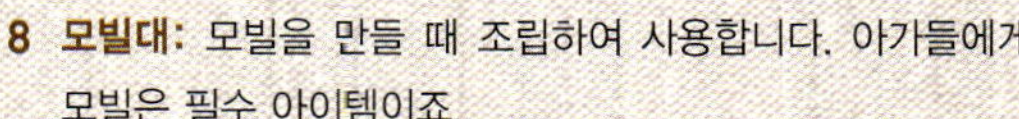

**8 모빌대:** 모빌을 만들 때 조립하여 사용합니다. 아가들에게 모빌은 필수 아이템이죠.

**9 스냅단추들:** 알루미늄과 플라스틱으로 된 2종류가 있습니다. 아가들에게 사용하는 만큼 플라스틱 스냅이 차갑지 않아요. 작은 거 하나에도 현명한 엄마의 선택이 필요해요.

**10 속채움용:** 오가닉 목화솜, 양모솜, 아이크로 극세사 섬유로 만든 웰론(weilor)솜 등이 있어요. 포근한 웰론 솜은 변색이나 냄새 알러지가 거의 없고 물세탁이 용이하여 아이용품에 아주 적합합니다 그밖에도 펠렛, 버찌씨 등등 아이들 장난감, 베게 등에 채우는 속채움 재료는 그 범위가 아주 다양합니다.

**11 수실:** 마감실과 십자수 실로 포인트 줄 때 사용합니다.

**12 패딩솜/이불솜:** 이불을 만들실 때 사용하는 솜으로 폴리에스테르솜, 목화솜, 양모솜 등이 있구요. 밀도를 높이면서 얇게 눌러놓은 솜이 있고 포근하면서 말랑한 느낌을 살린 솜도 있어요.

**13 코바늘:** 코바늘뜨기할 때 사용되며 번호가 커질수록 굵어집니다.

# 행복한 오가닉 코튼
# 바느질의 기초

배냇저고리를 보관할 수 있는 작은 주머니를 만들면서 "바느질의 기초"를 배워 보아요.
작은 주머니를 하나 완성하고 나면 이 책에 소개되어 있는 대부분의 작품들이 어렵지 않게 느껴질 거예요.

#  01 실물 패턴 만들기



## 두꺼운 종이를 이용한 실물 패턴 만들기

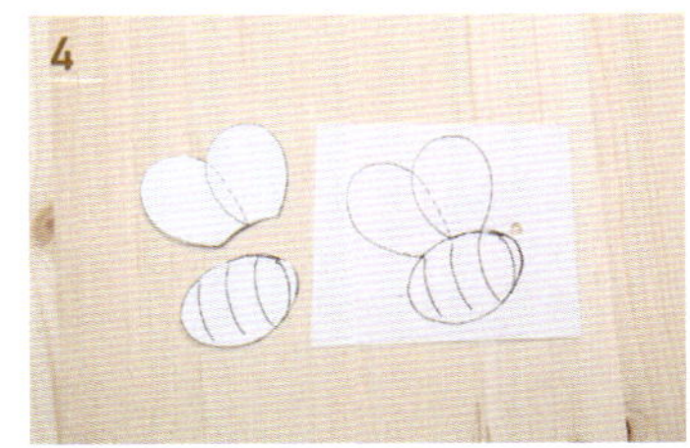

1 실물본을 복사한 후 두꺼운 종이에 풀을 바르고

2 정확하게 패턴을 옮겨 그리기 위해서 복사 해놓은 패턴을 두꺼운 종이에 붙입니다.

3 그려준 패턴의 선을 따라 종이 가위로 잘라냅니다.

4 두꺼운 종이를 이용한 패턴이 완성되었습니다.

##  필름지를 이용한 실물 패턴 만들기

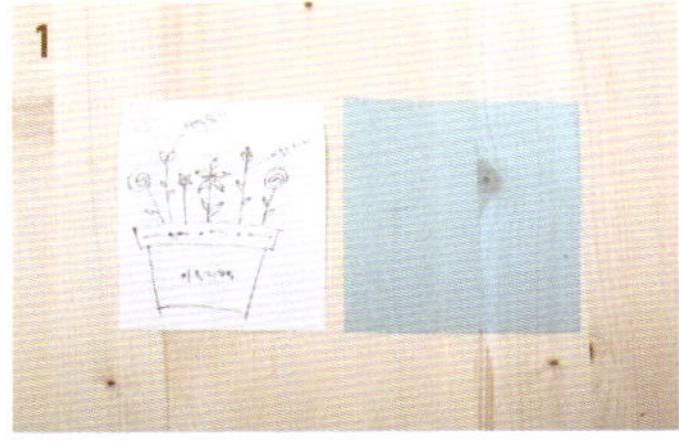
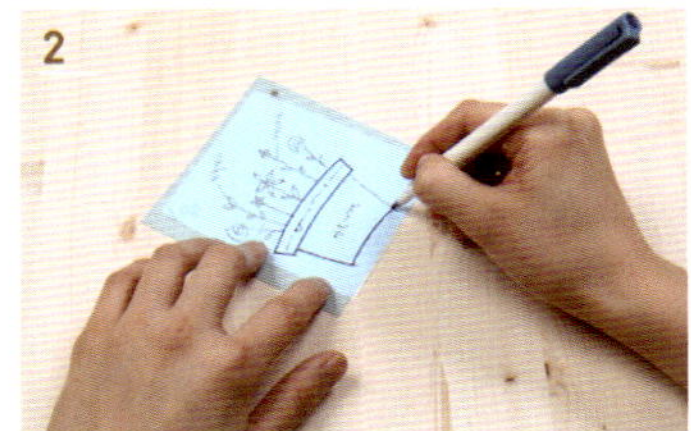
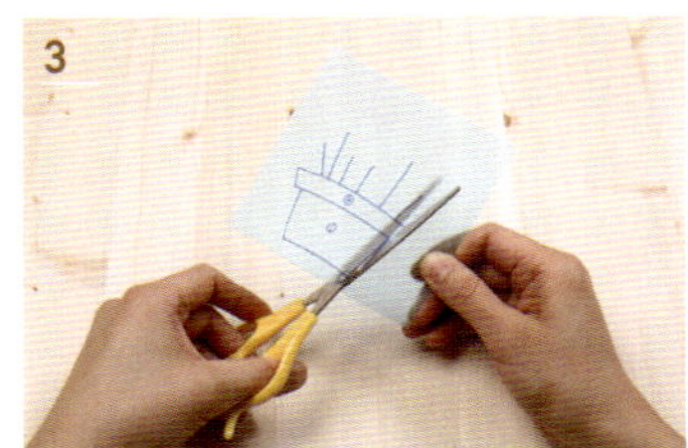

1 실물본과 투명한 필름지를 준비합니다.

2 필름지를 실물본 위에 올려놓고 볼펜이나 펜으로 선을 따라 정확하게 그립니다.

3 그린 선을 따라 가위로 잘라냅니다.

4 화분 패턴 부분은 잘라서 사용하고 수를 놓는 부분은 가위집을 주어 선 부분을 살려둡니다.

## 02 패턴 그리기와 재단하기

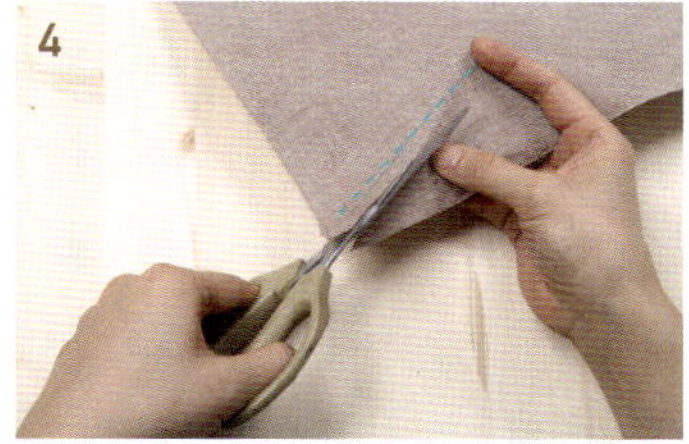

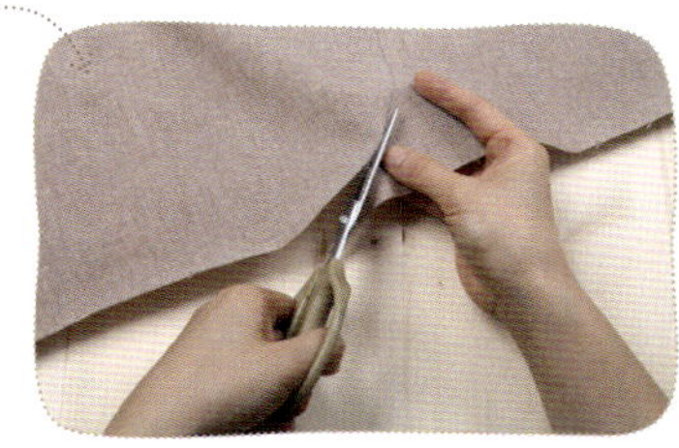

1 원단의 안쪽 면에 패턴을 따라 수성펜으로 반듯하게 그리세요.

2 원단의 식서 방향과 패턴에 표시되어 있는 화살표 방향이 일치하게 놓고 패턴을 그리세요.

3 골선으로 그려야 하는 경우 도안을 뒤집어서 반드시 좌우 대칭이 되도록 그려주세요.

4 수성펜을 따라 그린 선에서 기본 시접(7mm)을 남기고 가위로 잘라주세요.

5 일정하게 시접을 남기고 재단하는 것이 어렵다면 재단선도 일정하게 수성펜으로 그린 후에 그 선을 따라 재단하세요. 시접이 일정해야 바느질도 쉽고 작품도 깔끔하게 완성됩니다.

★ 시접을 정하는 방법과 재단하는 방법

### Tip

**작품의 종류에 따라 시접 크기를 조금씩 조절하세요.**

기본 시접은 7mm 정도이나 때에 따라 조금씩 조절해주면 좋아요. 아플리케할 경우에는 3mm~5mm, 40~50cm 정도 되는 큰 인형일 경우 1cm 정도의 시접이 적당하고 좋아요.

### Tip

**큰 패턴부터 제단하세요.**

큰 것부터 재단하세요. 정해진 양만큼의 원단만 가지고 있을 경우 작은 패턴부터 재단하고 나면, 큰 패턴을 마름질할 때 원단이 모자라 낭패를 보기 쉬우니 주의하세요.

## 03 바늘에 실 꿰기

바느질의 시작은 실을 바늘에 끼울 때부터입니다.

### 실을 사선으로 잘라 끼우는 방법

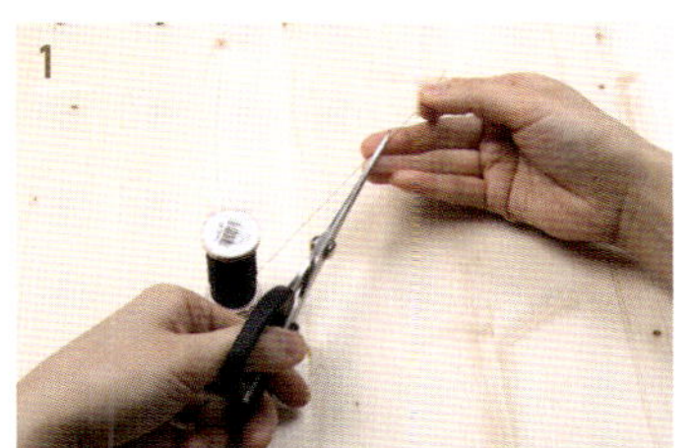
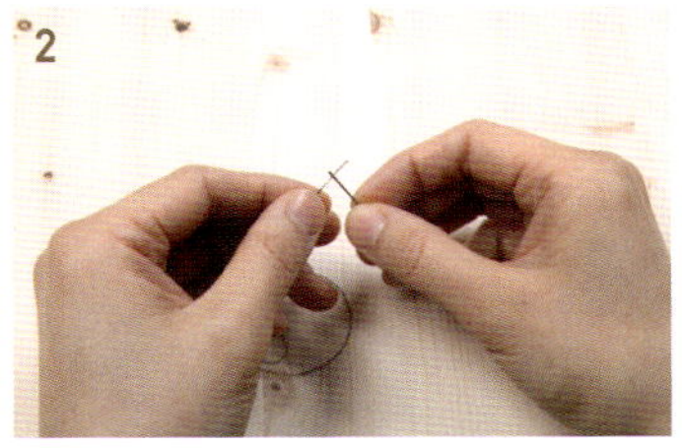

1 바늘귀가 작아 실을 끼우기 어렵다면 실을 자를 때 약간 사선으로 자르세요.

2 사선으로 자른 실은 끝이 뾰족하기 때문에 실을 꿰기가 쉽습니다.

 ## 바늘을 이용하여 실을 끼우는 방법

바늘귀의 크기에 비해 실이 많이 두꺼울 때 사용하기 좋은 방법입니다.

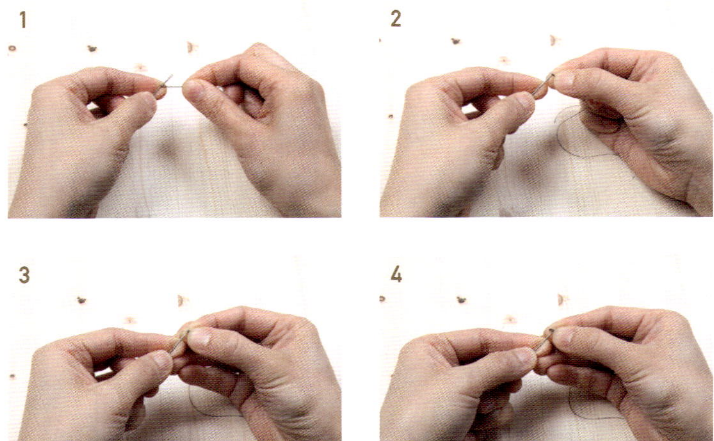

1 바늘귀 부분에 실을 감아줍니다.

2 바늘이 단단하게 조여지도록 실을 잡아당기세요.

3 손톱 끝으로 실을 누른 상태에서 바늘귀로 실을 납작하게 눌러줍니다.

4 최대한 납작하게 누른 실을 바늘귀에 꿰어줍니다.

## 04 매듭짓기

동영상 강의 참고

바늘에 꿴 실의 끝매듭 상태에 따라 튼튼한 바느질인가, 아닌가가 결정되므로 매듭은 매우 중요합니다.

 ## 바늘을 이용한 매듭짓기

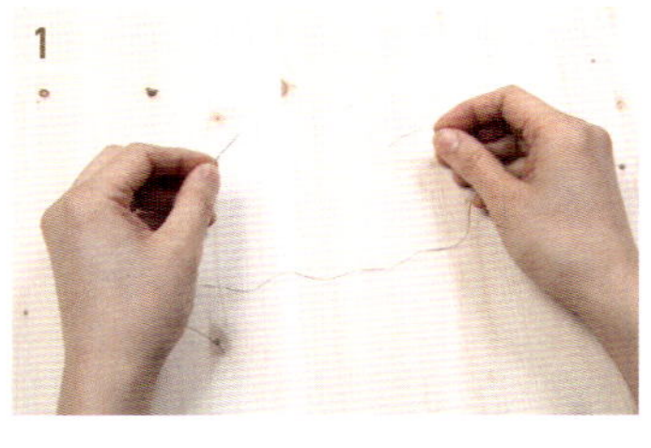
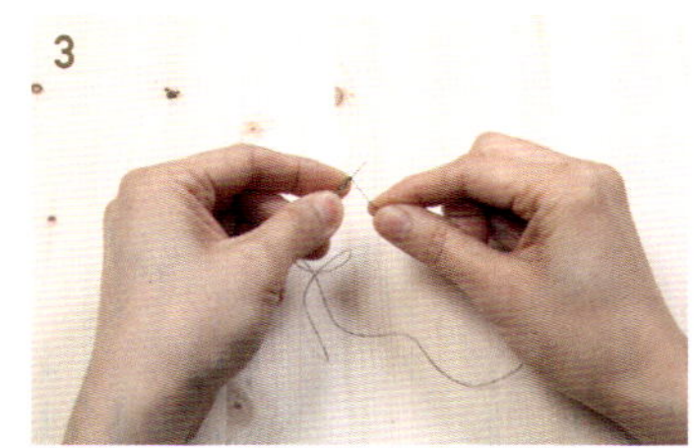

1 바늘은 왼쪽에 바늘에 꿴 실의 끝부분은 오른쪽에 잡으세요.(왼손잡이와 오른손잡이에 따라 방향이 달라질 수 있어요.)

2 바늘 끝의 아래쪽에 실을 넣고 고정합니다.

3 실을 잡았던 손으로 바늘 끝에 두 번 정도(굵은 매듭을 원하면 매듭 크기에 따라 더 감으면 됨) 감습니다.

4 실을 감았던 손으로 실을 감아놓은 바늘 앞부분을 살짝 잡아줍니다.

5 바늘을 밀어 넣으면서 바늘을 잡았던 손으로 바늘 앞쪽을 다시 잡아서 잡아당깁니다.

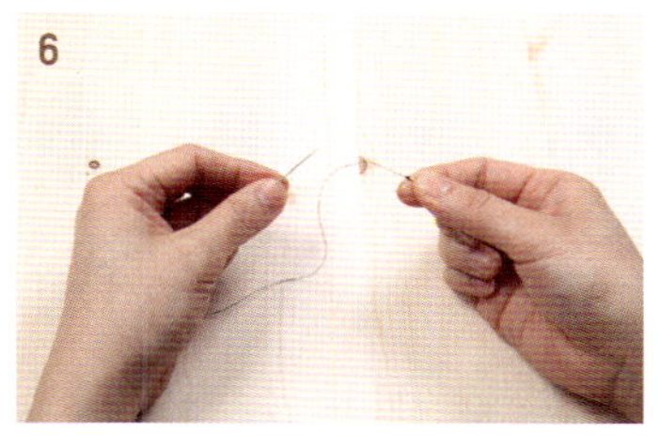 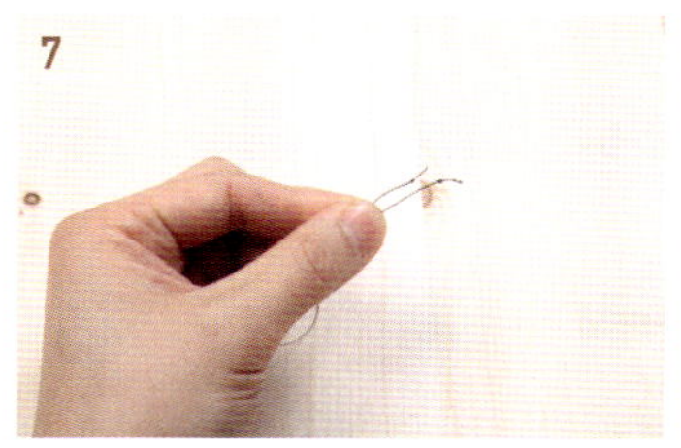

**6** 실을 잡았던 손 안쪽에 동글한 매듭이 생겼습니다.

**7** 바늘에 감은 실의 횟수를 조절하면 매듭의 굵기를 조절할 수 있습니다.

##  검지를 이용한 매듭짓기

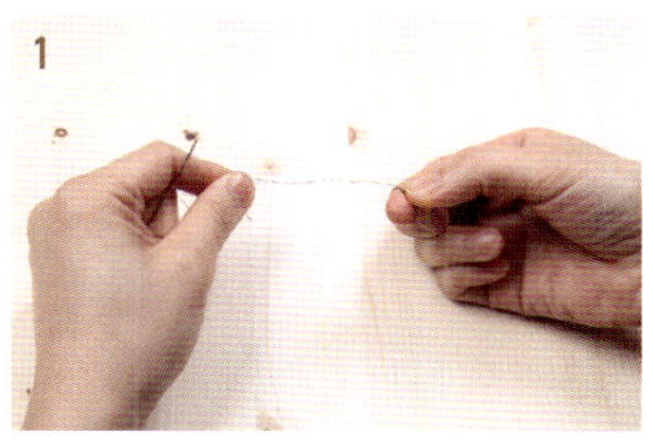 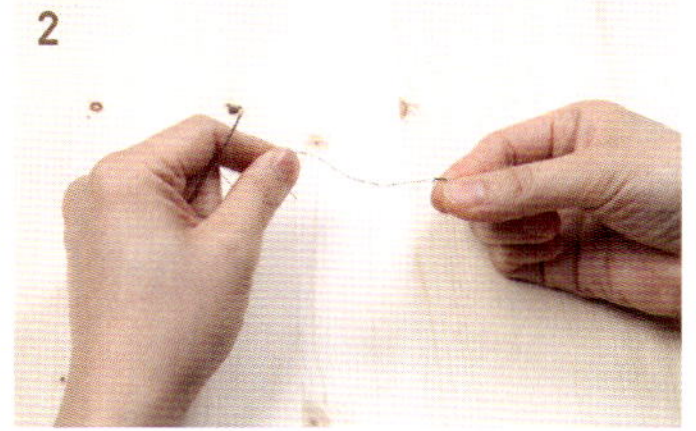

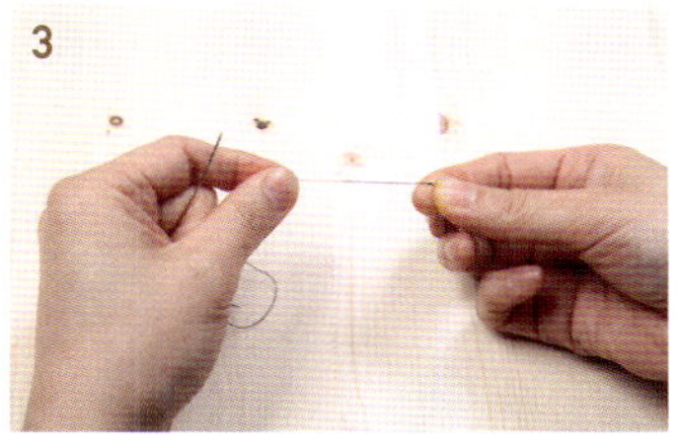

**1** 검지에 원하는 매듭 크기에 따라, 실을 두세 번 검지 끝에 감습니다.

**2** 실 끝부분을 엄지손가락으로 비벼줍니다.

**3** 실을 잡아당기면 검지에 동글한 매듭이 생깁니다.

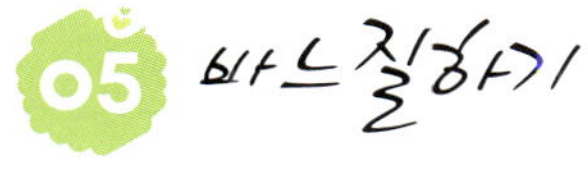  
## 05 바느질하기


###  매듭 숨기기

상침을 할 때나, 겉에서 공그르기 할 때 사용되는 방법으로 깔끔한 바느질을 위해서 꼭 알아두어야 합니다.

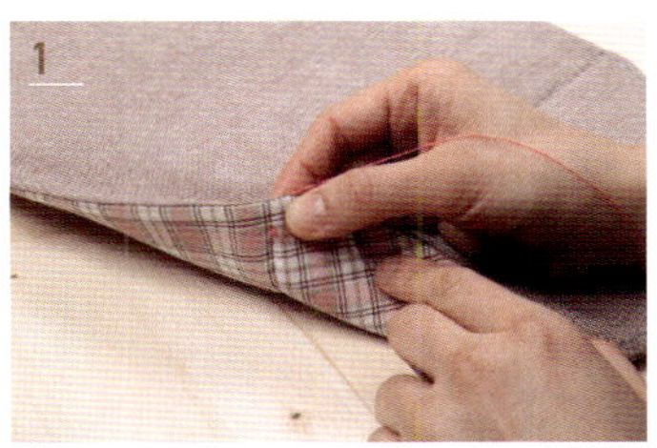 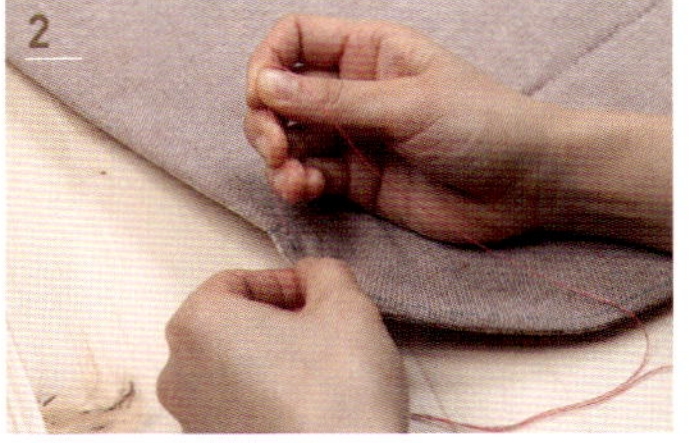

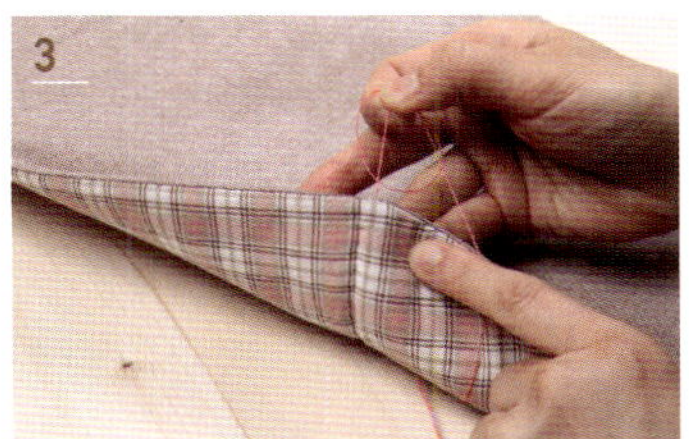 

**1** 바느질을 시작하는 곳에서 3~4cm 떨어진 위치에 바느질을 시작하는 시작점에 바늘을 꽂아 실을 당겨줍니다.

**2** 매듭이 당겨지도록 실을 살살 잡아당깁니다.

**3** 톡 소리가 나면서 매듭이 안쪽으로 들어가는 소리가 나면 매듭이 숨겨집니다.

**4** 바느질이 끝나는 마무리에서도 매듭을 숨겨야 합니다. 매듭을 만들고 매듭을 만들었던 마지막 바늘구멍으로 다시 바늘을 집어넣어 톡 소리가 날 때 까지 잡아 당겨 매듭을 숨깁니다.

## 홈질하기

손바느질의 기본이 되는 간단한 기초 바느질로, 바늘 땀의 크기는 옷감의 두께와 용도에 따라 다르지만, 바늘 땀이 고르고 천에 주름이 지지 않아야 합니다. 레이스를 장식하거나 일명 서양의 러닝스티치로 장식할 때 주로 사용합니다.

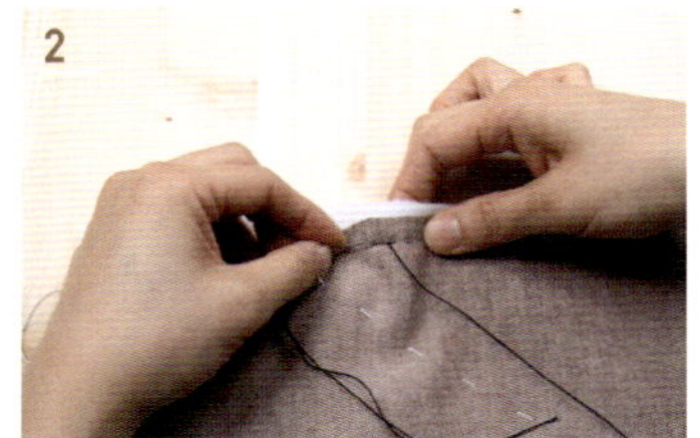

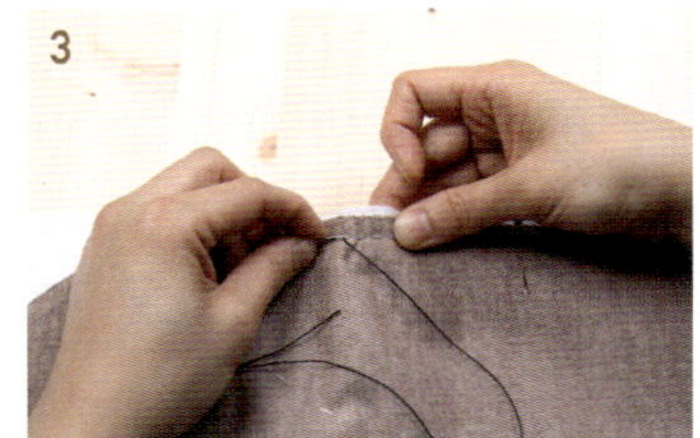

1 홈질을 시작할 지점의 뒤에서 앞쪽으로 바늘을 빼줍니다.

2 일정한 간격(5~7mm 정도)을 두고 천을 위에서 아래로. 다시 위로 떠줍니다.

3 주름을 잡듯이 3~4땀을 한꺼번에 떠줍니다.

4 주름이 잡히지 않도록 한번에 실을 빼주면 빠르게 완성할 수 있습니다.

## 박음질하기

바늘 땀을 뒤로 되돌아가서 다시 앞으로 뜨는 방법으로 표면에는 재봉틀의 박음질과 같은 모양으로 빈틈이 없이 실이 이어져 있습니다. 뒷면은 실이 계속 겹쳐져 나타납니다. 손바느질로는 가장 튼튼한 바느질 방법이며 가장 흔하게 사용되는 방법입니다.

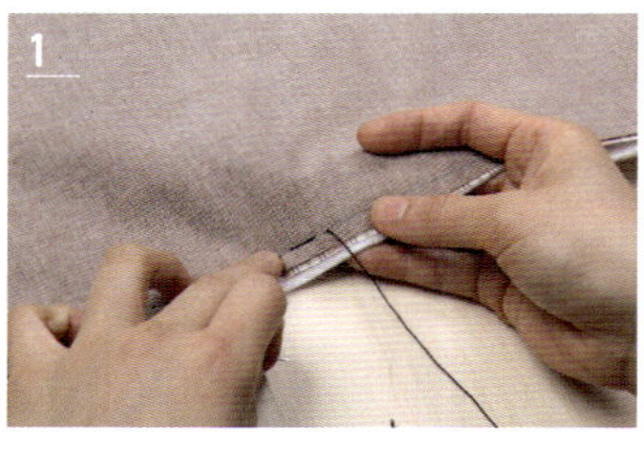

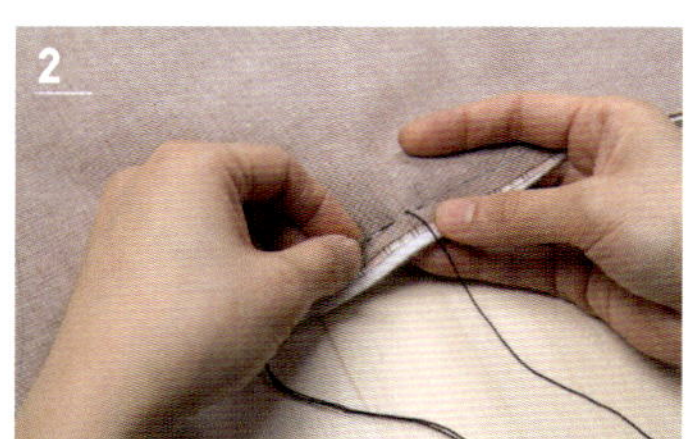

1 시작점 아래에서 위로 바늘을 빼준 후 앞으로 한 땀을 떠주고, 아래에 있는 바늘을 3~5mm 앞으로 나와서 바늘을 윗쪽으로 뽑습니다.

2 처음 땀으로 다시 되돌아가서 바늘을 꽂아 실이 나왔던 지점에서 3~5mm 앞에서 바늘을 꽂습니다.

3 다시 뒤로 가서 다시 앞의 땀 수만큼 나옵니다. 1번과 2번을 반복하여 계속 바느질합니다. 박음질 땀 수는 3mm 또는 5mm 정도로 일정하게 해주어야 합니다.

##  공그르기 하기

시접을 접어 맞대어 바늘을 양쪽에서 번갈아 넣어 실 땀이 시접 겉으로 나오지 않도록 꿰매는 바느질 방법입니다. 바이어스 테이프를 달거나 창구멍을 공그르기 할 때, 가는 끈을 접어 겉에서 꿰맬 때 등에 사용됩니다.

**1** 한쪽 천에서 한 땀을 떠주고 떠준 자리에서 반대쪽 원단의 직각으로 올라온 위치에 다시 한 땀을 떠주고 떠준 자리에서 직각으로 내려와서 반대쪽 원단에 한 땀을 떠줍니다.

**2** 이와 같은 방법으로 2~3땀을 떠준 후 바늘을 잡아 당겨 실을 빼줍니다.

**3** 실이 나온 부분에서 수직으로 반대쪽에서 5mm를 떠줍니다.

**4** 같은 방법으로 바늘을 뽑고 실을 다시 잡아 당겨줍니다. 계속 반복해줍니다.

**5** 주름이 생기지 않을 정도로 살짝 잡아 당겨 실이 감쪽같이 사라지도록 합니다.

##  감침질 하기

덧대어 고정할 때나, 솜을 채우고 임시 고정할 때, 올이 풀리지 않도록 오버록을 대신할 때 등 간단하지만 두루두루 쓰임이 참 많은 바느질 방법입니다.

**1** 바느질을 시작하는 부분으로 바늘을 빼낸 후 붙일 원단에서 바탕 원단 쪽으로 한 땀을 놓아줍니다.

**2** 3mm~5mm 정도 떨어진 덧대는 원단 쪽으로 바늘을 꽂습니다.

**3** 같은 방법을 반복하여 덧댄 원단 끝에 감기듯이 바느질을 해줍니다. 앞에서 보면 직선이 되고 뒷쪽은 사선 모양이 됩니다.

 ## 시침질하기

원단 2장을 겉면끼리 마주 놓고 시침핀으로 고정하는 방법 대신에, 박음질을 할 때 밀려서 예쁘게 바느질이 되지 않는 두껍거나 늘어나기 쉬운 저지 원단, 겉감과 안감의 두께가 다르게 사용되는 원단 2장을 고정할 때, 퀼팅솜과 겉감, 또는 안감과 고정할 때 시침질로 고정하면 본격적인 바느질이 한결 쉬워집니다.

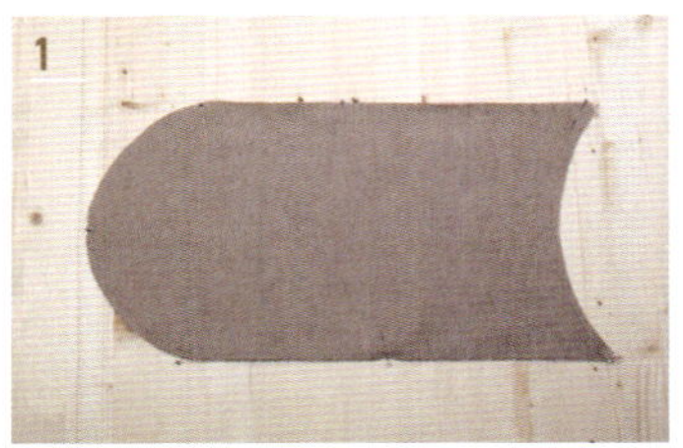
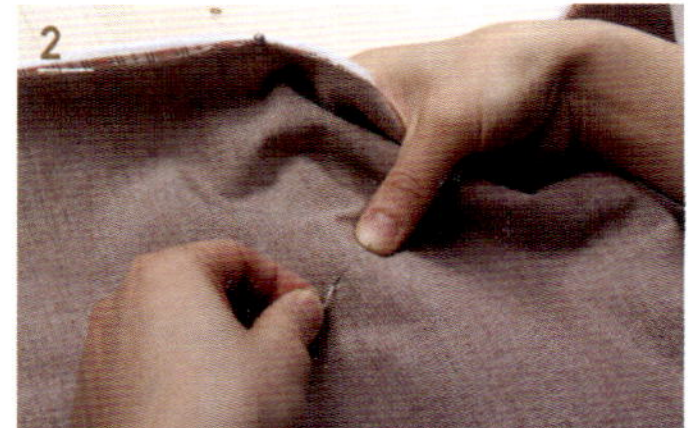

1 사방 가장 자리를 모두 시침핀으로 고정해 놓습니다.

2 매듭을 짓지 않은 실로 정 가운데에서 바늘을 통과시킵니다. 이때 실은 10cm 정도 여유분을 준비합니다.

3 바깥에서 보이는 땀은 작게 안쪽으로 들어가는 땀은 크게 떠줍니다.

4 한꺼번에 2~3땀을 떠주어도 좋습니다.

5 시침한 후에 마지막 부분 역시 처음과 마찬가지로 매듭 없이 10cm 정도 여유분을 남기고 실을 자릅니다.

 ## 눌러박기 (상침하기)

솔기를 장식하거나 튼튼하게 하기 위해서 가장자리에 바느질 땀이 드러나도록 하는 바느질 방법으로 홈질이나 박음질을 이용합니다.

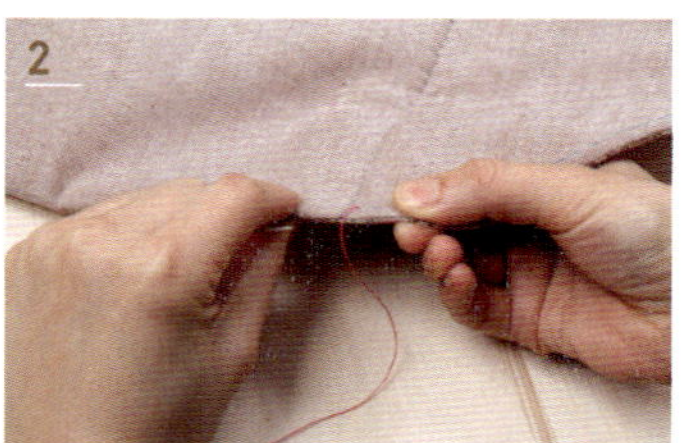

1 가장자리에서 상침을 원하는 위치를 시접자로 표시하여 수성펜으로 그려줍니다.

2 상침은 대부분 바느질 땀이 드러나기 때문에 매듭 숨기기를 반드시 해줍니다.

3 수성펜으로 그린 선을 따라 홈질합니다.

4 홈질로 마무리되는 마지막 부분도 겉으로 들어나는 매듭을 숨겨 마무리합니다.

## 스냅단추 달기

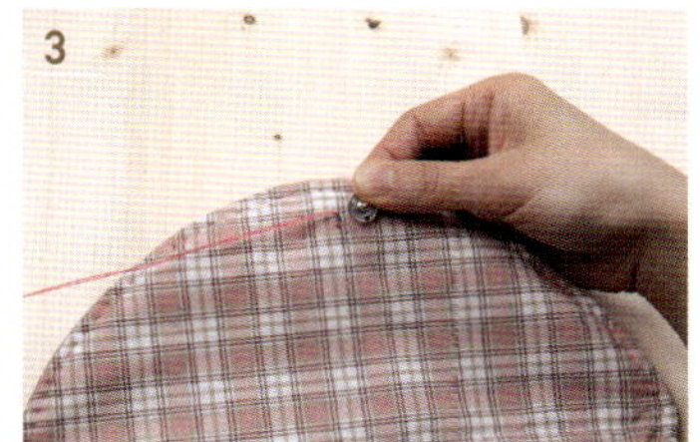

1 스냅단추를 준비합니다.

2 스냅단추가 달리는 부분을 겹쳐 보고 정확한 위치를 찾아 수성펜으로 표시합니다.

3 실매듭이 수성펜으로 표시한 정 가운데에 가도록 한 땀을 떠줍니다.

4 스냅단추를 올리고 한쪽 구멍 쪽으로 바늘을 빼줍니다.

5 한 구멍에 2~번씩 반복해줍니다.

6 매듭을 스냅단추의 안쪽에 숨기고 스냅단추 달기를 완성합니다.

## 06 뒤집기와 가위집 주기

동영상 강의 참고

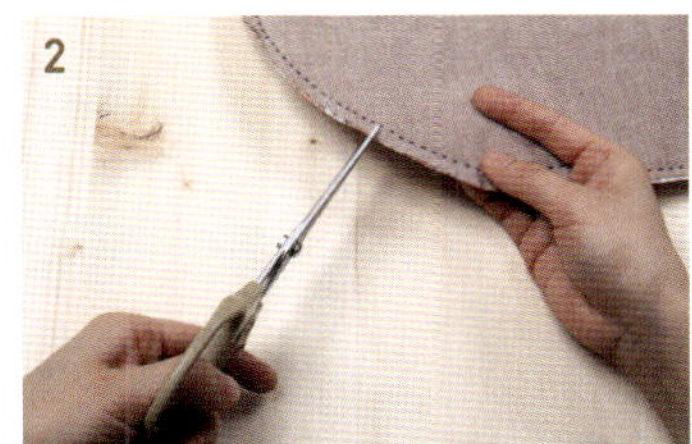

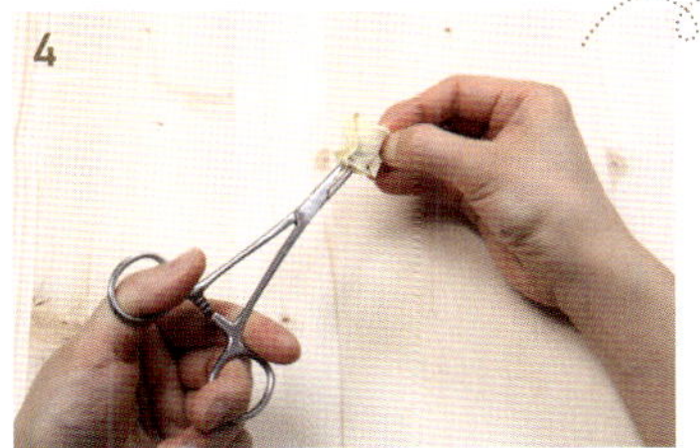
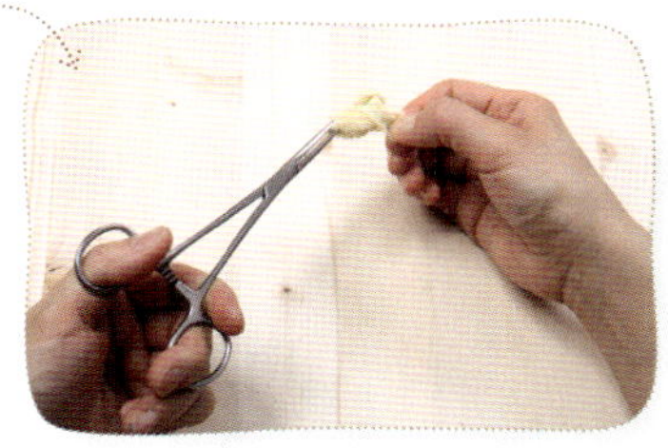

1 사각형의 모서리 부분은 박음질 선에서 약 2mm 정도 올라와 세모 모양으로 잘라냅니다.

2 가위집을 줄 때 곡선인 부분 역시 박음질 선에서 2mm를 남기고 가위집을 줍니다.

3 뒤집을 때는 창구멍에서 가장 멀리 있는 곳을 잡고 뒤집어줍니다.

4 창구멍이 좁고 크기가 작은 경우에는 겸자를 사용하여 뒤집어줍니다.

## 07 솜채우기



솜을 채울 때나 항상 주의해야 할 점은 박음질한 선을 겸자나 솜을 채우는 도구로 쭉 밀어주어 라인을 살려준 뒤에 솜을 채우세요. 솜을 채웠을 때 라인이 예쁘게 사는 비결입니다.

큰 인형이나 작은 인형이나 큰 솜뭉치에서 따로 따로 조금씩 채우지 말고, 한꺼번에 쭉 이어서 채워야 합니다. 세탁 시에 조금이라도 솜이 뭉쳐지는 걸 막아주고 인형을 안았을 때 말랑한 느낌이 한결 좋아집니다.

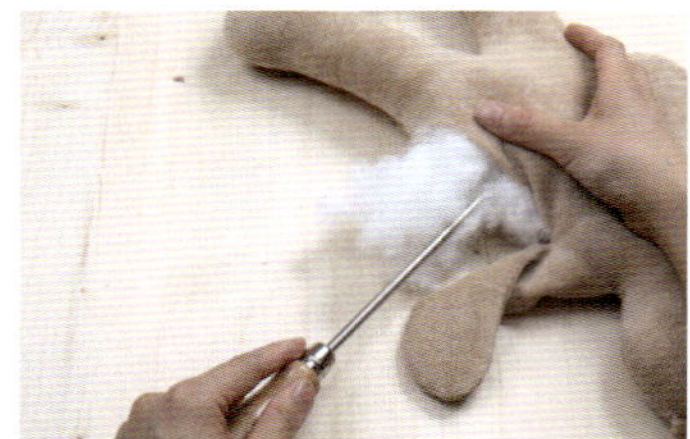

## 08 아플리케 하기



아플리케의 기본 바느질 방법은 공그르기입니다. 아플리케에는 나름의 순서가 있어 순서대로 아플리케를 해주어야 하는데, 오가닉 DIY 작품에는 그리 어려운 아플리케는 사용되지 않는답니다. 일반적으로 아플리케 패턴에는 번호가 매겨져 있으므로 번호 순서대로 아플리케 하면 됩니다.

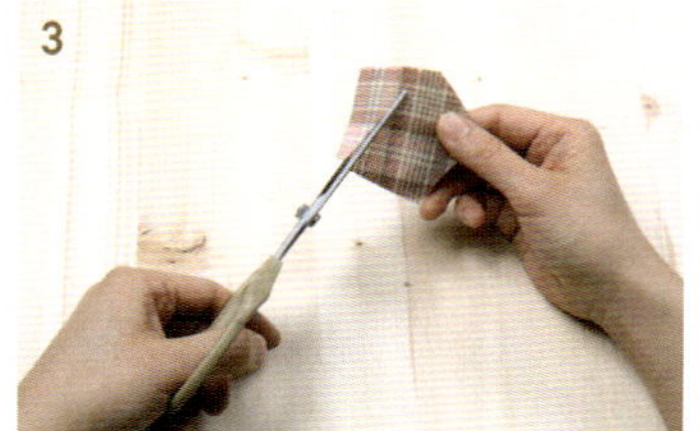

1 아플리케를 할 바닥 천에 아플리케 본을 대고 그려줍니다.

2 아플리케 할 원단에 패턴을 그려줍니다.

3 시접을 5mm 남기고 재단합니다. 아주 작은 부분은 3mm만 남기고 재단합니다.

4 곡선인 부분은 가위집을 주고 시접을 접어줍니다.

5 접어 넣은 시접이 고정되도록 시침합니다.

6 시침핀으로 고정합니다.

7 공그르기 하여 고정합니다.

8 시접을 고정해던 실을 제거하여 완성합니다.

#  09 바이어스

바이어스를 칠 때는 바이어스 방향, 식서 방향(옷감이 늘어나지 않고 힘을 받는 부분으로 원단의 직조 방향)에서 45도 방향으로 재단하여 사용하는 것이 가장 이상적입니다. 하지만, 가방의 입구가 되는 부분이나, 늘어나는 원단의 가장자리 바이어스 칠 때(예, 속싸개 가장자리나 러닝 셔츠)는 푸서 방향(식서 방향의 반대 방향)으로 재단하여 사용합니다. 바이어스의 폭은 7mm 폭이 가장 기본입니다. 7mm의 바이어스 폭이 필요할 때는 5배를 곱하여 3.5cm 크기로 재단해줍니다.

##  바이어스 테이프 재단하기

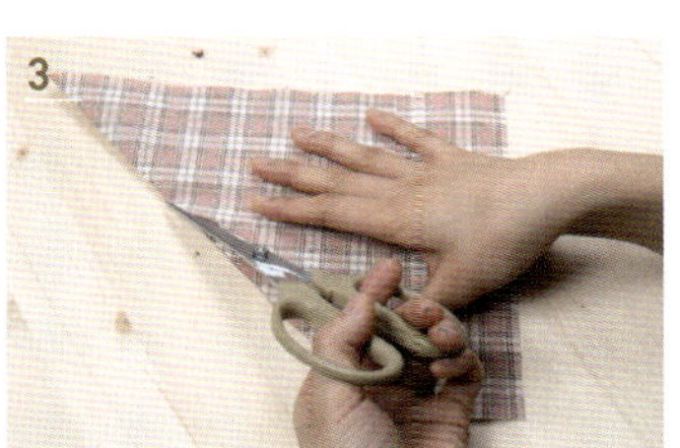

1 바이어스 테이프를 만들 원단을 준비합니다.

2 원단을 접어 올려 45도 각도에 맞추어 정 사각형을 맞추어 줍니다.(45도가 표시되어 있는 방한자를 사용하면 가장 정확합니다.)

3 가위로 접은 선을 잘라줍니다.

4 시접자를 이용하여 3.5cm 폭이 되도록 수성펜으로 선을 그려줍니다.

5 가위로 잘라줍니다.

6 모두 2개를 준비합니다. 정 바이어스 테이프가 완성되었습니다.

##  바이어스 테이프 연결하기

1 준비한 2개의 바이어스 테이프 가장자리를 사선 방향이 같아지도록 놓습니다.

2 오른쪽 바이어스 테이프를 왼쪽에 올리는데 시접 부분을 남기고 원단이 겹쳐지도록 놓습니다.

3 시침핀으로 가장자리를 고정합니다.

4 겹쳐지는 선을 수성펜으로 그립니다.

5 그린 선을 따라 홈질 또는 박음질합니다.

6 시접의 솔기를 가름솔로 만듭니다.

7 양쪽 가장자리의 시접을 잘라냅니다.

8 바이어스를 연결하였습니다.

 ## 바이어스 테이프 치기

1 바이어스 처리가 필요한 원단의 겉면과 바이어스 테이프의 겉면이 마주 보도록 놓고 시작하는 가장자리에서 7mm 접어 원단의 가장자리부터 시침핀으로 고정합니다.

2 5cm 정도의 간격으로 가장자리를 따라 시침핀으로 고정합니다.

3 가장자리에서 7mm 안으로 들어온 선을 따라 홈질 또는 박음질합니다.

4 바깥쪽으로 바느질 선을 따라 접어 올립니다.

5 접어 올린 반대쪽에서 7mm씩 접어 넣습니다.

6 다시 7mm를 접어 올립니다.

7 앞쪽의 바느질 선에서 약 1mm 내려오는 위치까지 접어 시침핀으로 고정합니다.

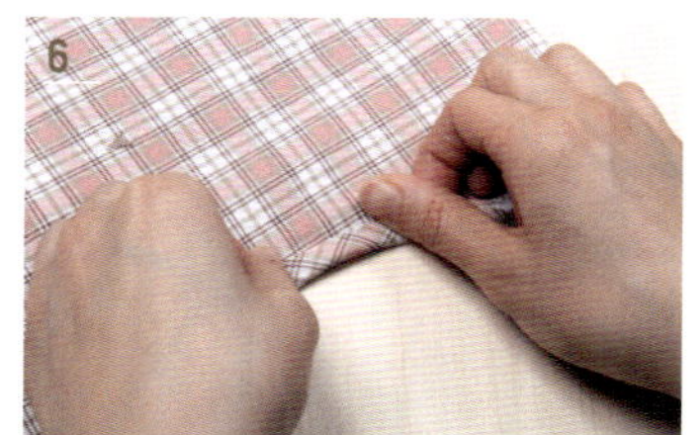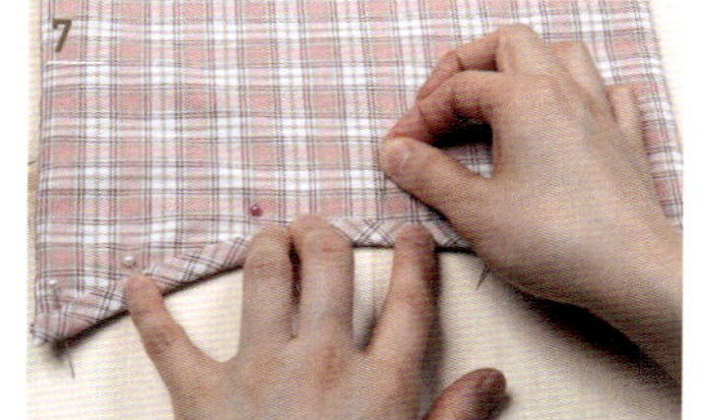

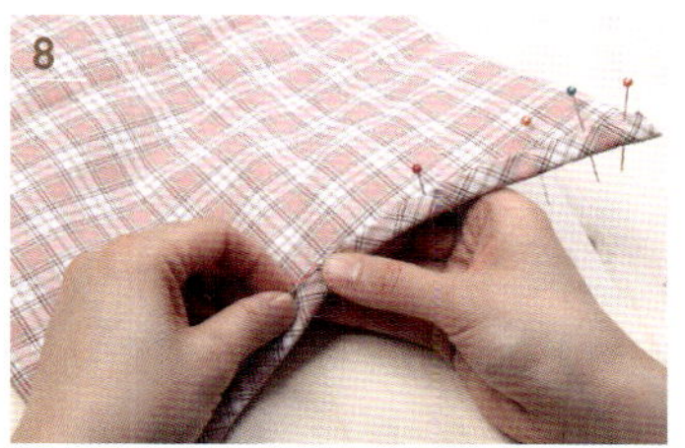
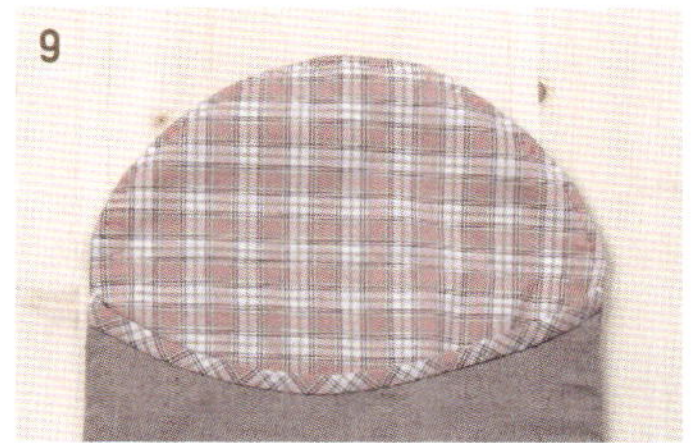

8 5mm 정도의 간격으로 공그르기 합니다.

9 바이어스는 살짝 살짝 당기면서 바느질하면 더 예쁘게 완성됩니다.

##  10 수놓기



###  아우트라인스티치(Outline stich)

반박음질처럼 바늘땀의 겹쳐짐을 많게 하여 굵은 선을 표현하고 덜 겹쳐지게 하면 가는 선이 됩니다. 백 스티치보다 선명한 선을 표현하기에 좋습니다. 사진을 확대해주세요.

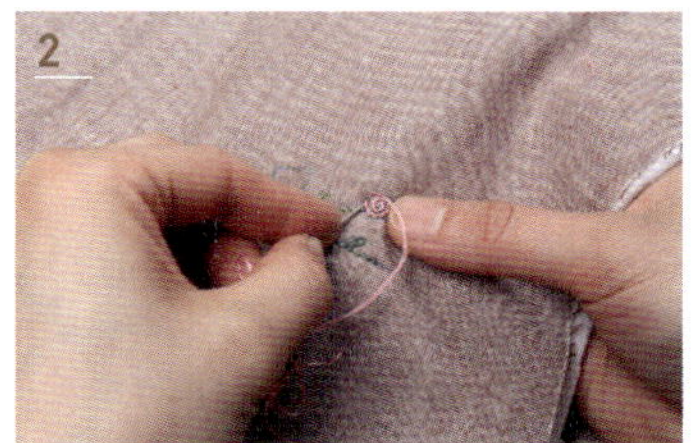

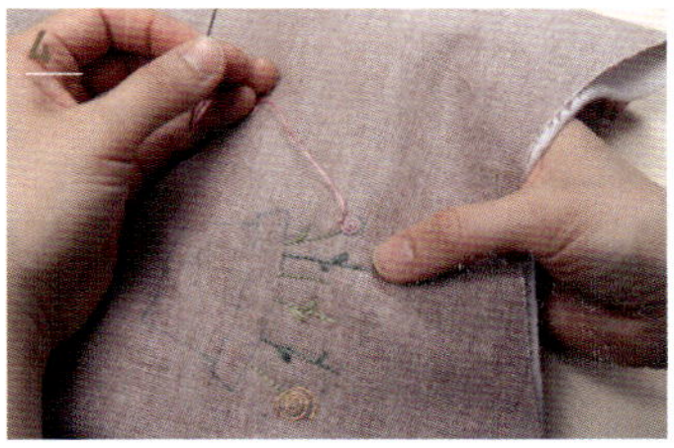

1 뒤에서 바늘을 빼줍니다.

2 뒤쪽의 땀 중간에 바늘을 위에서 아래로 찔러줍니다.

3 처음에 바늘을 빼주었던 곳에서 한 땀 앞으로 나와서 바늘을 아래쪽에서 위쪽으로 올려줍니다.

4 실을 잡아 당겨 완성하여 반복해줍니다.

###  러닝스티치(Running stich)

홈질과 같이 오른쪽에서 왼쪽으로 동일한 간격으로 겉과 안에 동일한 땀을 내는 바느질 방법입니다. 칼라 끝이나 포켓의 장식, 또는 상침할 때 장식을 목적으로 사용됩니다. 사진을 확대해주세요.

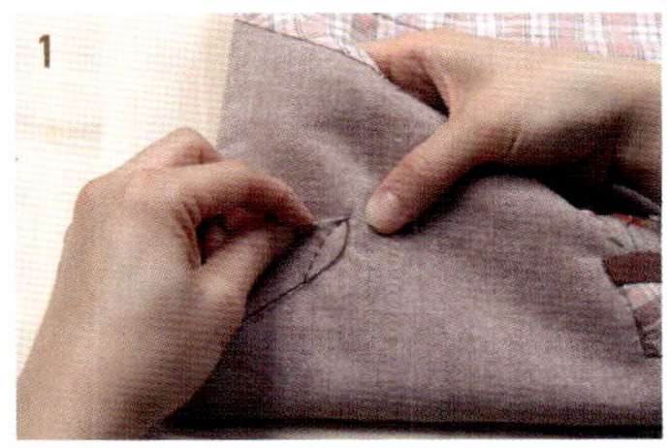

1 바늘을 위에서 아래로 꽂아줍니다.

2 바늘 전체를 아래로 뽑지 않고 바늘 끝만 다시 한 땀 앞으로 올려줍니다.

3 바늘을 잡아 당겨 줍니다.

4 주름이 잡히지 않도록 실을 살짝 잡아 당겨 완성합니다.

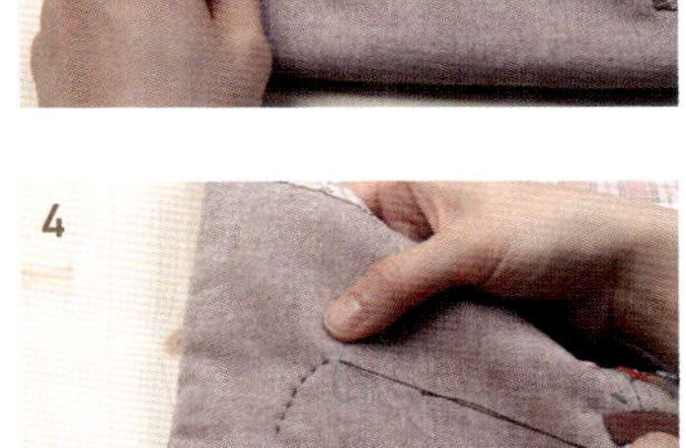

##  백스티치(Back stich)

바느질에서 한 땀은 앞으로 나가고 한 땀 혹은 반 땀씩 바늘을 뒤로 되돌려 박는 방법으로 박음질과 같은 방법입니다. 사진을 조금 더 확대해주세요.

1 한 땀 앞으로 바늘을 아래에서 위쪽으로 올려줍니다.

2 한 땀 남겨둔 뒤쪽으로 되돌아가서 바늘 땀이 겹치지 않도록 다시 한 땀 앞으로 바늘을 아래쪽에서 위쪽으로 올려주어 완성합니다.

##  프렌치너트스티치(Frenchnut stich)

인형의 눈, 점, 씨앗 등을 표현할 때 사용하는 방법으로 매듭수 또는 씨앗수라고 불립니다.

1 바늘을 위에서 아래로 올려줍니다.

2 바늘 앞쪽에 실의 끝을 2-3번 감아 줍니다. 원하는 매듭의 크기에 따라 가감하면 됩니다.

3 매듭을 감은 바늘끝 부분을 엄지손가락으로 가볍게 눌러 줍니다.

4 바늘의 머리 쪽을 잡아 당겨 줍니다.

5 매듭 모양이 완성되었습니다.

##  새틴스티치(Satin stich)

넓은 면을 채울 때나, 인형의 눈을 표현할 때 주로 사용하는 방법입니다.

1 면을 채울 부분의 가장자리에서 아래쪽에서 위쪽으로 바늘을 올려줍니다.

2 수성펜으로 표시된 가장자리 반대쪽에서 처음 바늘이 나온 자리까지 바늘을 꽂아줍니다.

3 바늘을 뽑아줍니다.

4 모양이 틀어 지지 않도록 실을 살짝 잡아 당겨줍
니다. 반복하여 넓은 면을 채워줍니다.

 ## 레이지데이지스티치(Laxydaisy stich)
꽃을 표현할 때 주로 사용하는 방법입니다.

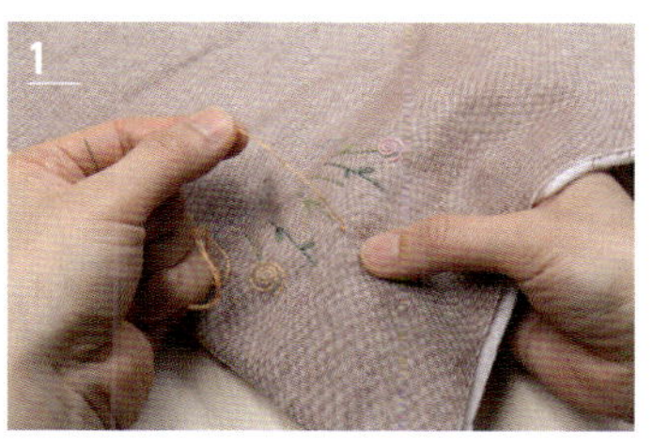 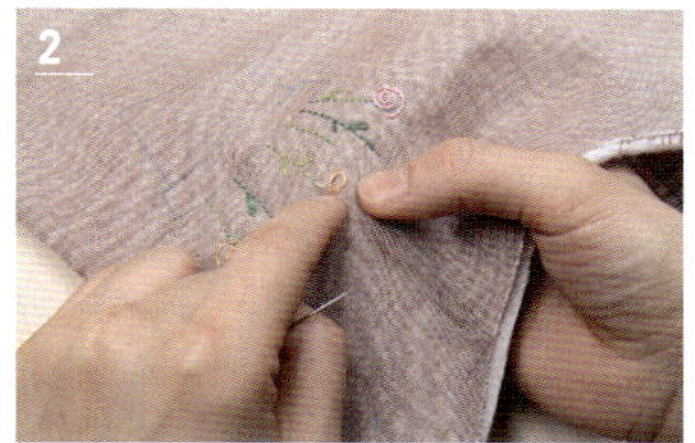

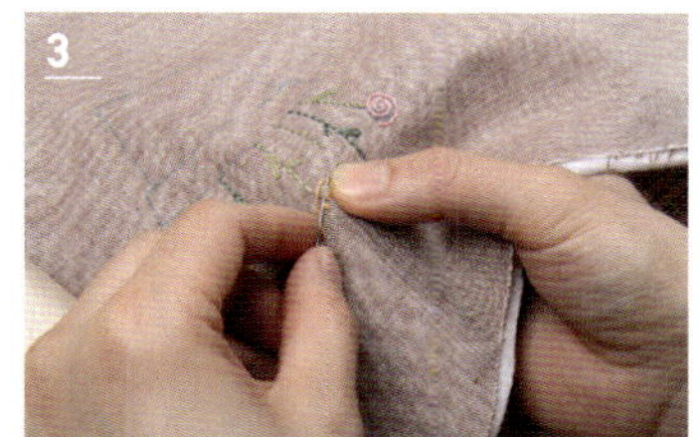 

1 바늘을 아래에서 위로 꽂아 실을 뽑아 줍니다.

2 꽃잎의 예쁘게 모양을 만들어줍니다.

3 바늘을 뺀 자리 바로 옆에서 꽃잎의 끝부분까지
실이 걸리도록 걸쳐줍니다.

4 꽃 잎 모양이 유지 되도록 실을 살짝 잡아당깁니다.

5 꽃 모양의 실 끝부분이 눌러 지도록 실의 바깥쪽
에서 바늘을 꽂아 다음번 꽃잎 모양 위치까지 바
늘을 꽂아줍니다.

6 실을 잡아 당겨 꽃모양을 완성합니다.

7 같은 방법으로 반복하여 꽃을 완성합니다.

# 기본 기법을 익히기 쉬운
# 꿀벌 주머니 만들기

윙! 윙! 꿀벌이 날아다니면서 울 아가에게 행운을 가져다준대요.

실물 도안 : 대형 실물본 2-01

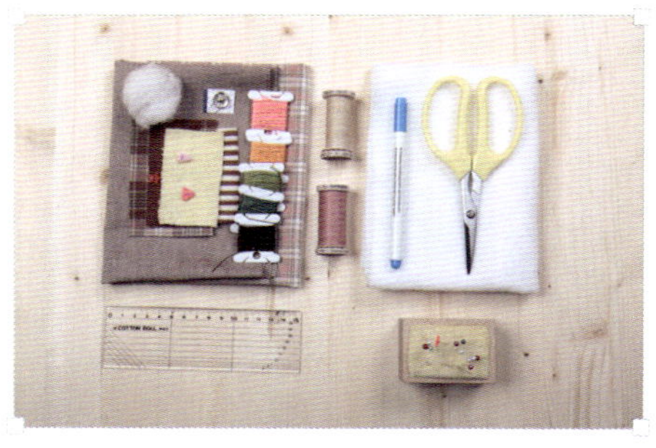

**준비물**

원단 30×70 2종, 조각 원단 약간씩, 수실 5~6종, 다양한 모양의 단추, 퀼팅솜, 스냅 단추

★ 예상 제작 시간: 6시간
★ 예상 재료비: 23,000원
★ 완제품 예상가: 60,000원
★ 완성 사이즈: 가로 25cm, 세로 20cm

# 꿀벌 주머니 만들기

01 원단 2장을 ㅁ·주 놓고 시침핀으로 고정하고 주머니 패턴을 골선으로 그려줍니다.

02 도안대로 잘라주고 겉감과 안감 아래 퀼팅솜을 놓고 시침합니다.

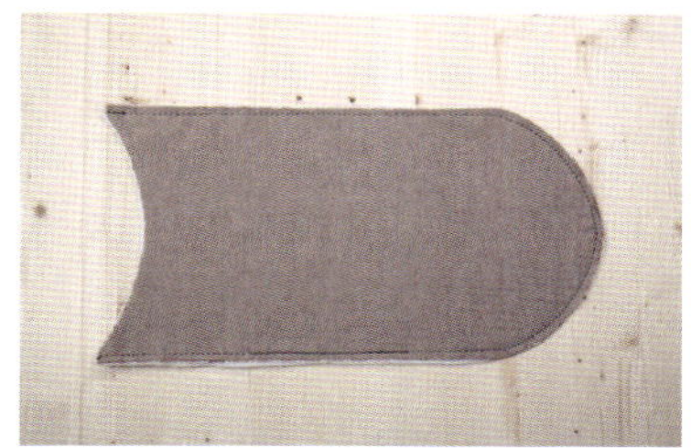

03 창구멍만 남기고 박음질합니다.

04 박음질한 선의 가장자리를 따라 바짝 퀼팅솜을 잘라냅니다.

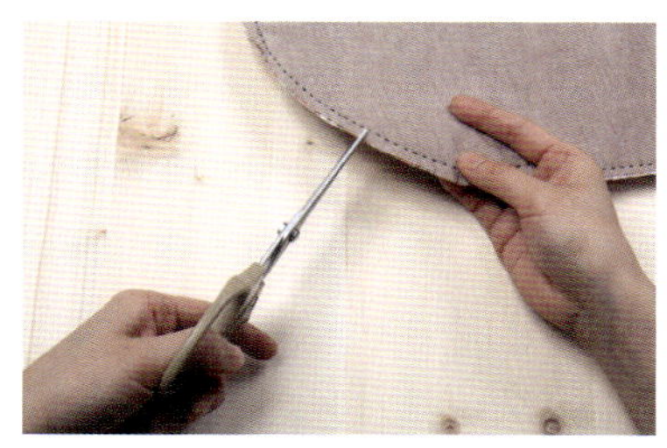

05 사방 모서리에 가위집을 주고 곡선 부분도 가위집을 줍니다.

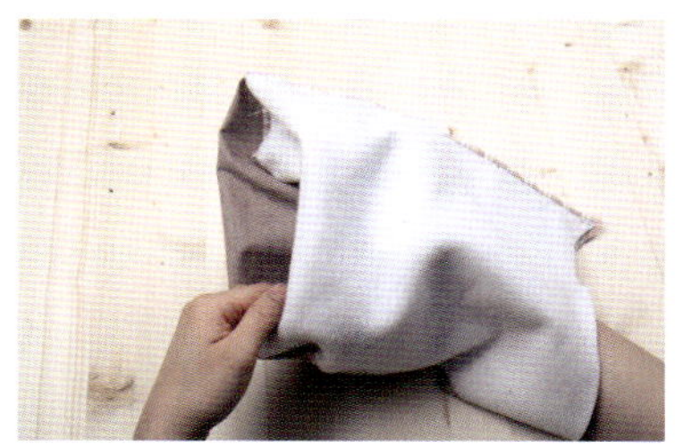

06 창구멍으로 뒤집어줍니다.

07 접어 올려지는 부분을 수성펜으로 표시합니다.

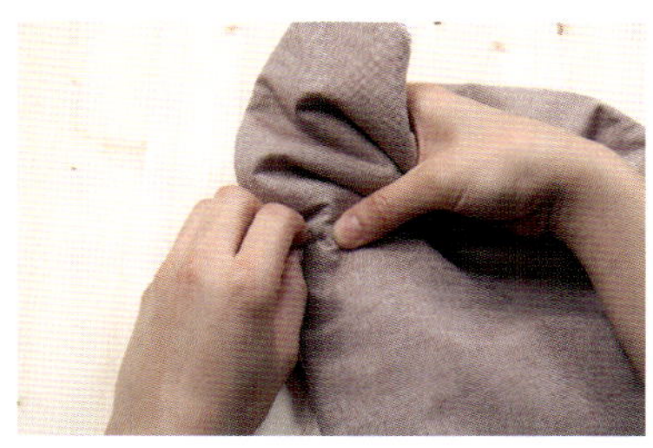

08 수성펜으로 표시한 부분을 따라 홈질합니다.

09 주머니의 뚜껑 부분을 가장자리에서 5mm 안쪽으로 수성펜으로 그린 후, 선을 따라 홈질합니다.

10 꽃과 줄기, 잎 부분을 아웃라인스티치, 백스티치, 레이지데이지스티치, 프렌치너트스티치로 수놓습니다.

11 별, 하트, 꽃 모양의 단추를 달아줍니다.

12 화분을 아플리케합니다.

13 창구멍으로 남겨 두었던 주머니 안쪽 부분을 바이어스 칩니다.

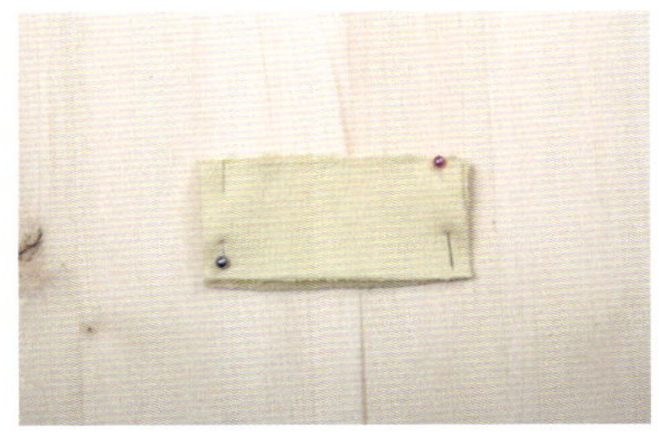

14 날개는 조각 원단 2장을 겉면끼리 마 주 놓고 패턴대로 그려줍니다.

15 창구멍만 남기고 박음질합니다.

16 시접만 남기고 재단하여 뒤집어줍니다.

17 창구멍은 감침질합니다.

18 주머니의 뚜껑 부분에 수성펜으로 꿀 벌을 그려줍니다.

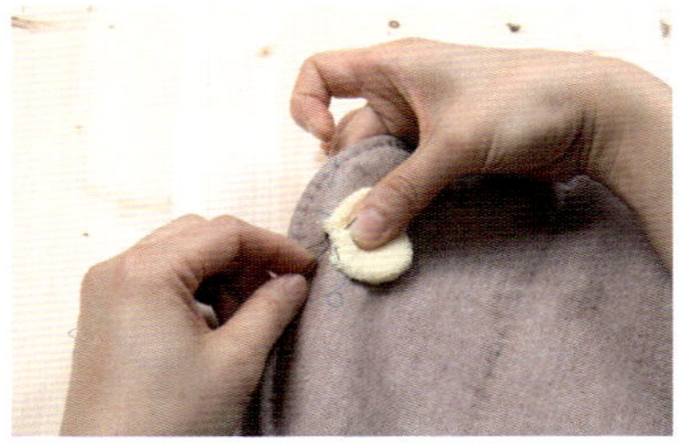

19 날개 위치에 완성해 놓은 꿀벌 날개는 감침질로 고정합니다.

20 꿀벌 몸통을 원단 2장을 겉면끼리 마 주 놓고 그려줍니다.

21 그린 선을 따라 박음질합니다.

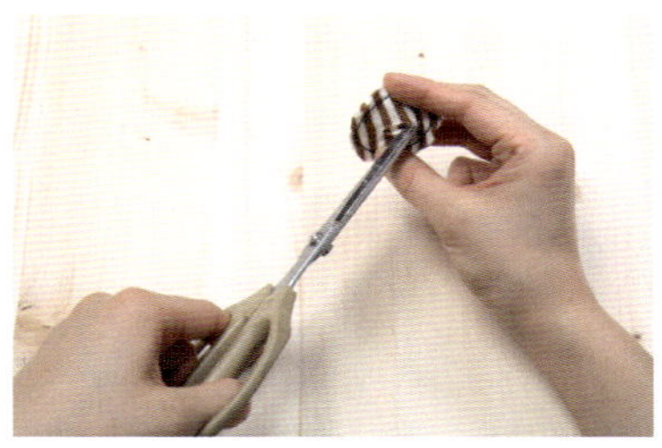

22 반대쪽에 가위집을 세로로 줍니다.

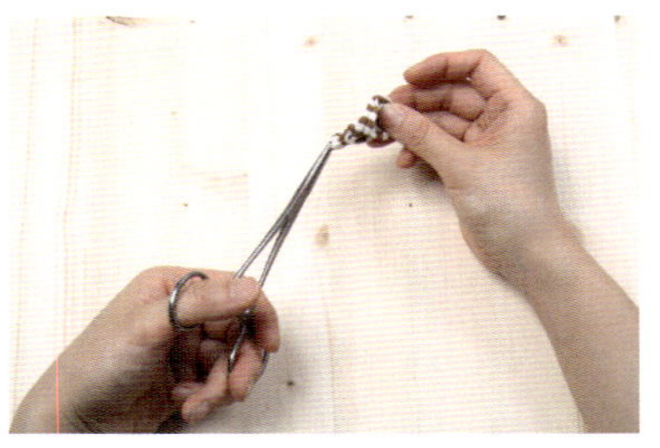

23 겸자로 뒤집어주고

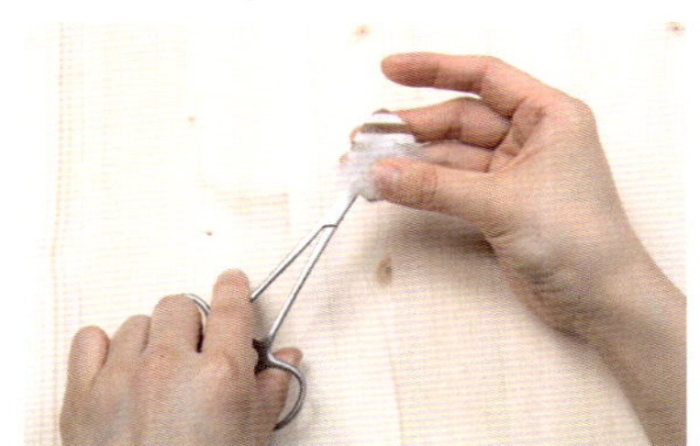

24 솜을 말랑하게 채웁니다.

25 창구멍을 감침질합니다.

26 공그르기로 꿀벌 몸통을 아플리케합 니다.

27 꿀벌 눈은 새틴스티치로 수를 놓아줍니다.

28 꿀벌이 날아가는 흔적은 러닝스티치로 수놓아줍니다.

29 접어 올려 양쪽을 공그르기 하여 주머니 모양을 완성합니다.

30 주머니 뚜껑 부분의 양쪽에 플라스틱 스냅단추를 달아줍니다.

31 브라운 스티치 배냇저고리가 완성되었습니다.

배냇저고리를 보관할 수 있는
작은 주머니가 완성되었어요.
조금은 서툴러도 내 손으로
만들어서 좋아요.
조금은 투박해도 엄마의 마음이
담겨 있어 좋아요

# Part 3

## 엄마의 마음을 담은
## 오가닉 첫 작품

# 베이직 스티치 손싸개

베이직 배냇저고리와 함께 안성맞춤인 손싸개는
신생아 때 아주 잠깐 사용하지만, 꼬물꼬물 귀여운
자기 손으로 천사 같은 얼굴에 상처를 입힐 수 있어요.
아토피가 걱정되는 아가라면 꼭 준비해두세요.

# 01 베이직 스티치 손싸개

DVD: 01. 베이직 스티치 손싸개

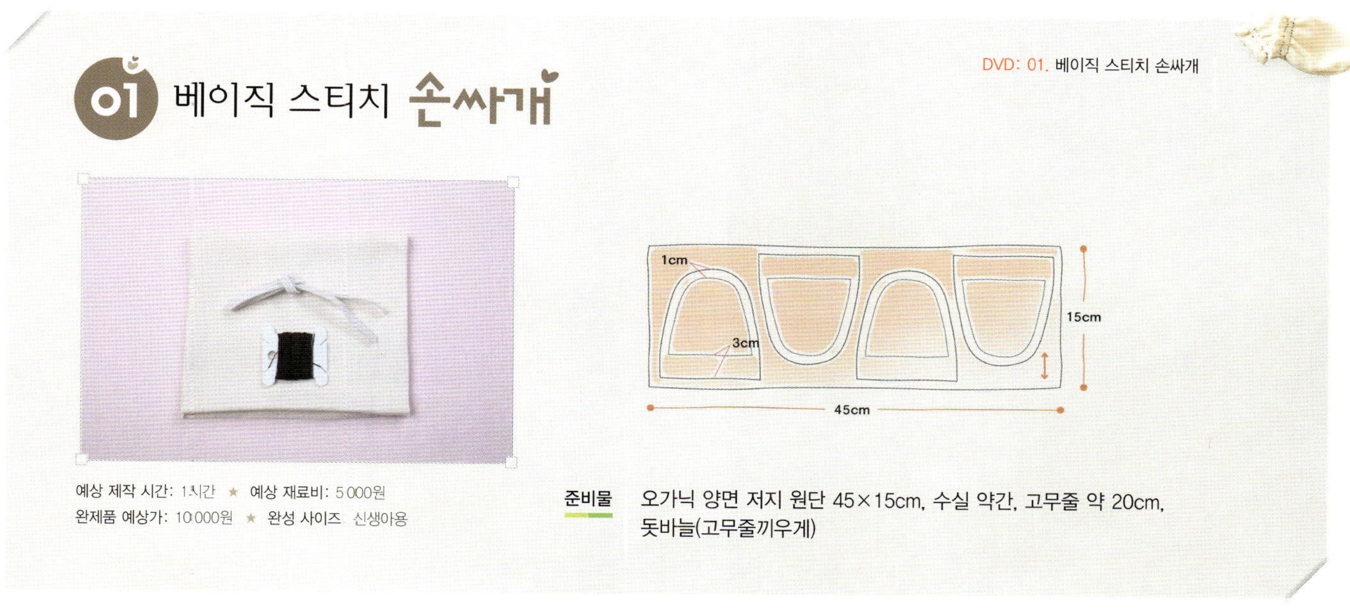

예상 제작 시간: 1시간 ★ 예상 재료비: 5,000원
완제품 예상가: 10,000원 ★ 완성 사이즈  신생아용

**준비물** 오가닉 양면 저지 원단 45×15cm, 수실 약간, 고무줄 약 20cm, 돗바늘(고무줄끼우게)

실물 도안 | 51쪽 참고

# 손싸개 만들기

**01** 오가닉 양면 저지 원단을 두 장 겹쳐 손싸개 패턴을 그려줍니다.

**02** 쌈솔로 만들기 위해 사방으로 시접을 1cm 남기는데, 손이 들어가는 입구 부분은 3cm를 남기고 재단합니다.

**03** 겉면끼리 마주보도록 놓은 뒤 손목 부분을 제외하고 3mm 안쪽에서 홈질 또는 박음질해줍니다.

**04** 곡선인 시접 부분게 약 1~2cm 정도의 일정한 간격으로 가위집을 준 후 뒤집어줍니다.

**05** 홈질하기 편하게 손싸개의 가장자리에서 5mm 안쪽으로 수성펜으로 완성선을 다시 그려줍니다.

**06** 그린 선을 따라 수실로 홈질합니다.

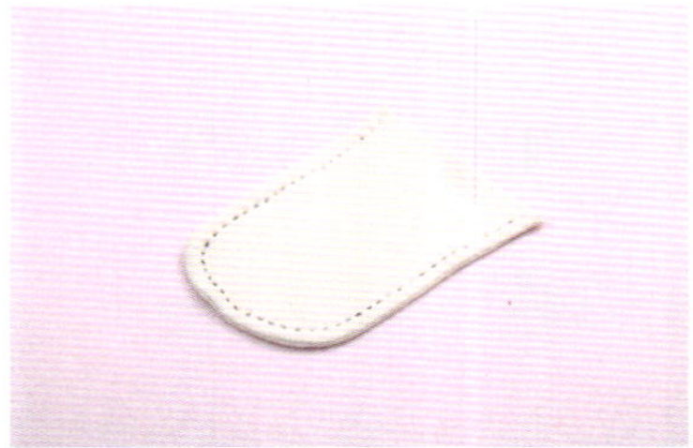

07 홈질을 모두 완성한 모습입니다.

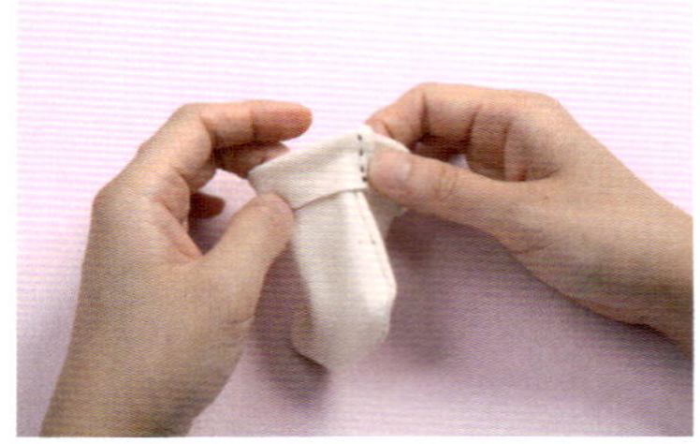

08 손싸개를 뒤집어 손이 들어가는 입구 부분을 안쪽으로 시접 분만큼 접어줍니다.

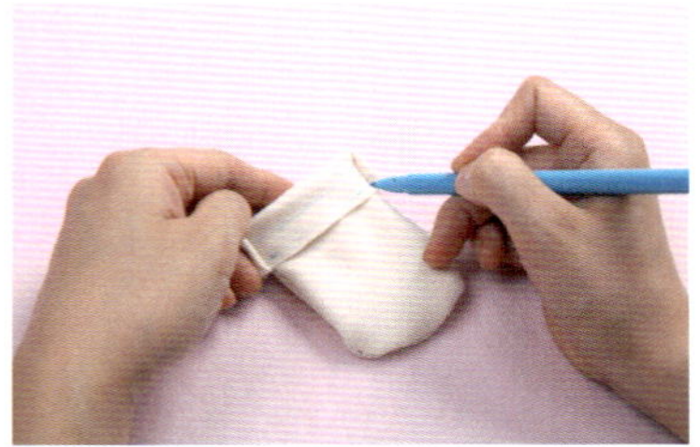

09 고무줄이 들어가는 길을 만들기 위해 수성펜으로 가장자리에서 1cm 내려온 지점과 1.7cm 내려온 곳에 두 줄의 선을 그려줍니다.

10 그린 선을 따라 갈색 수실로 홈질합니다.

11 이때 한쪽 선에 고무줄을 끼울 수 있는 틈을 1cm 남겨 놓고 홈질합니다.

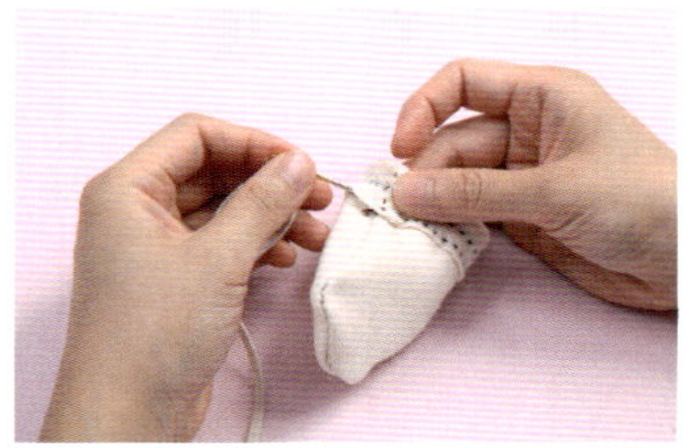

12 돗바늘에 고무줄을 끼워 남겨 놓고 창구명으로 고무줄을 넣어줍니다.

13 고무줄을 모두 끼워준 모습입니다.

14 살짝 주름이 가도록 고무줄을 잡아 당겨준 후 묶어주고 나머지 부분은 잘라줍니다. 그리고 뒤집어줍니다. 나머지 한쪽도 같은 방법으로 만들어주면 완성입니다.

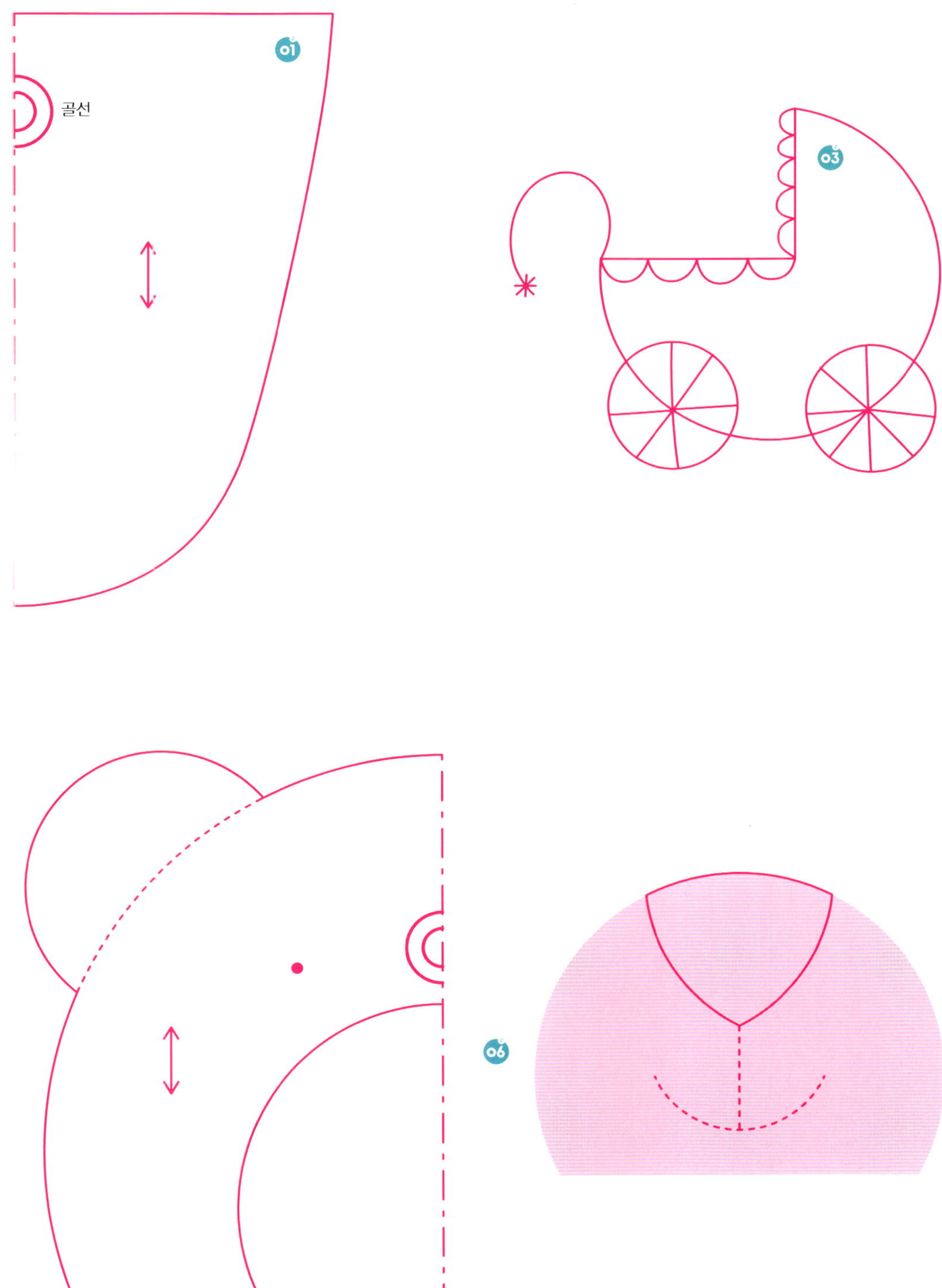
골선

# 베이직 스티치
# 배냇 저고리

세상에 나와서 처음으로 입는 옷 배냇저고리!
배냇저고리 하면 젖물이 든 누런 배냇저고리가 생각나요.

# 02 베이직 스티치 배냇 저고리

DVD: 02. 베이직 스티치 배냇저고리

예상 제작 시간: 6시간 ★ 예상 재료비 : 25,000원
완제품 예상가 : 55,000원 ★ 완성 사이즈 : 신생아용

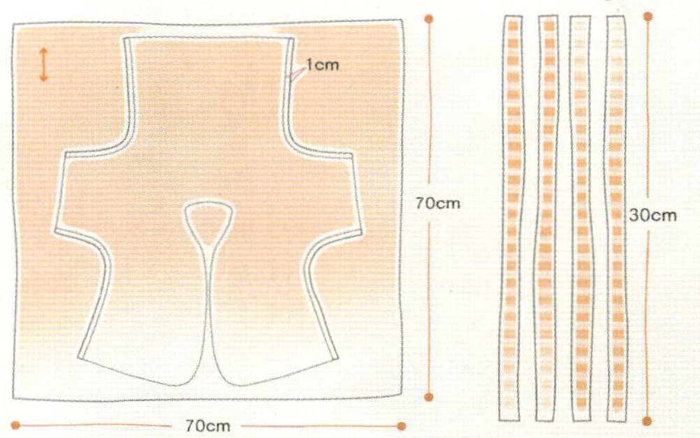


**준비물** 오가닉 양면 저지 가로 70cm, 세로 70cm, 오가닉 줄무늬 조각, 수실 약간

---

실물 도안 : 대형 실물본 3-02

# 배냇 저고리 만들기

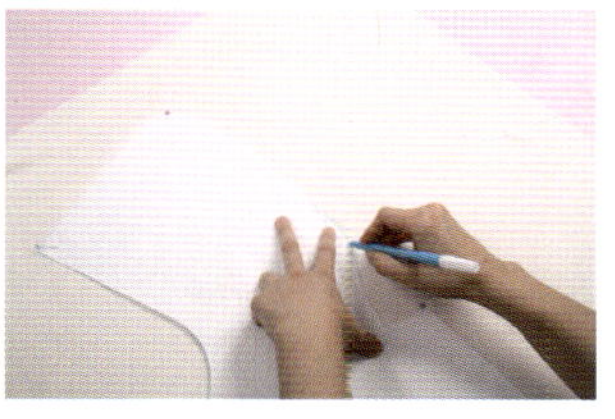

**01** 아이보리색 양면 저지 원단에 배냇저고리 패턴을 올려놓고, 한쪽 면을 그려준 후 뒤집어서 반대쪽을 그려줍니다.

**02** 쌈솔 처리를 위해서 겨드랑이선과 옆선만 시접을 1cm를 남겨 잘라주세요. 나머지 부분은 바인딩 처리를 하기 때문에 시접이 없어도 됩니다.

### Tip

**쌈솔이란**
쌈솔 처리는 시접을 여유있게 1cm 정도 남긴 뒤 겉면이 마주보도록 놓고 3mm 안쪽에서 박음질한 후, 뒤집어 다시 박음질 해줍니다.

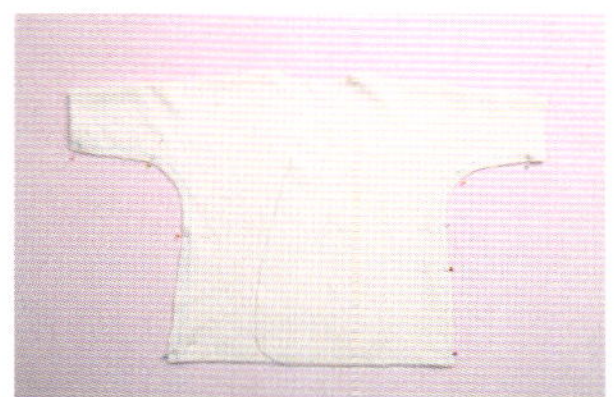

**03** 어깨선을 접어 안쪽 면이 바깥쪽으로 나오도록 접은 뒤 시침핀으로 소매부터 옆선까지 고정합니다.

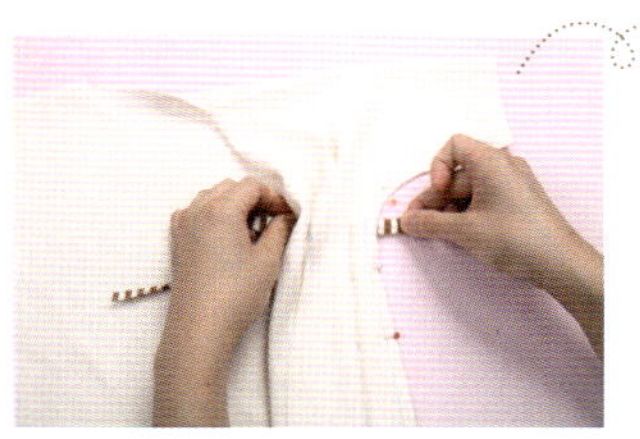

**04** 배냇저고리의 여밈 끈을 길이 30cm, 폭 1cm 정도 되도록 4개를 재단하여 한쪽 겨드랑이 쪽(패턴에 표시되어 있는 위치)에 끼워줍니다.

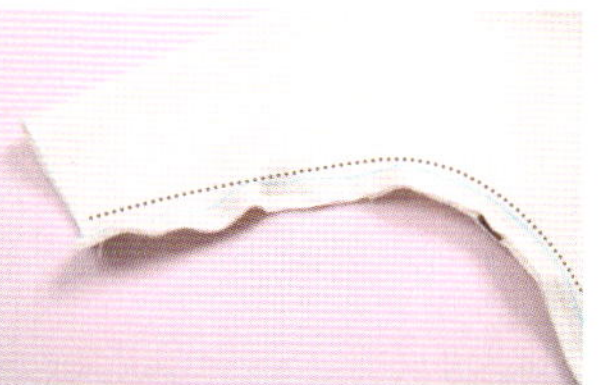

**05** 배냇저고리의 옆선과 겨드랑이 소매 선을 약 3mm 안쪽에서 박음질합니다.

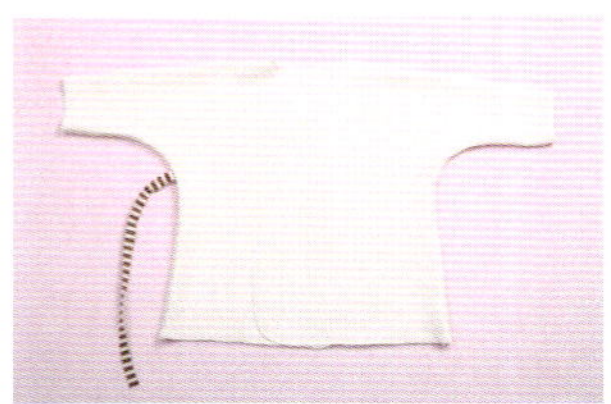

06 배냇저고리를 뒤집어 줍니다. 배냇저고리 여밈 끈 하나가 바깥쪽에 나옵니다.

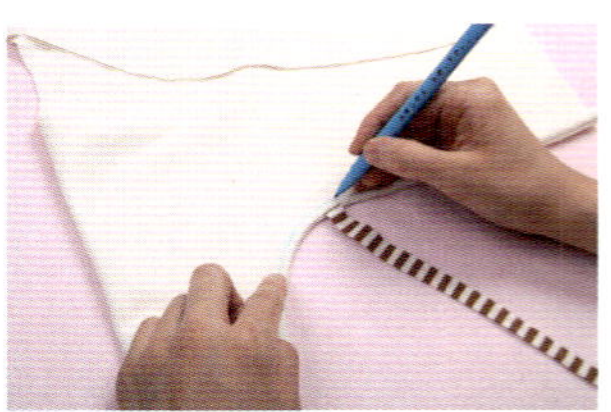

07 가장자리에서 5mm 안쪽으로 들어와서 옆선과 소매 겨드랑이선을 수성펜으로 그려줍니다.

08 옆선과 겨드랑이 선을 갈색 수실로 홈질합니다.

09 여밈 끈이 없는 반대쪽 겨드랑이 안쪽에 여밈 끈을 하나 더 끼워넣고 홈질 스티치합니다.

10 단면 저지 원단으로 폭 3.5cm, 길이는 소매 길이만큼으로 바이어스 테이프를 만듭니다.

11 소매부터 안쪽에서 재단한 바이어스 테이프를 시침핀으로 고정하고 홈질합니다.

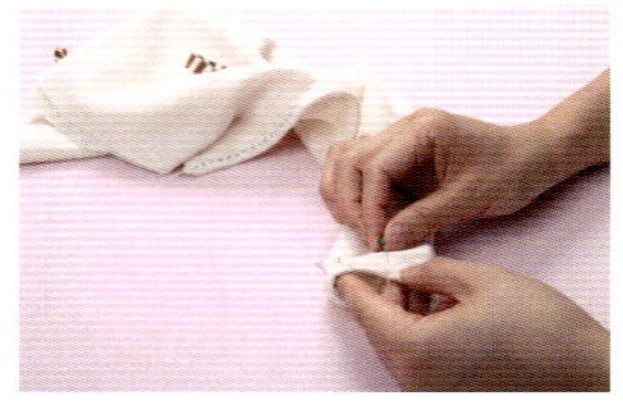

12 소매 끝의 안쪽 가장자리에서 바깥쪽으로 접어 올려 시침핀으로 다시 고정합니다.

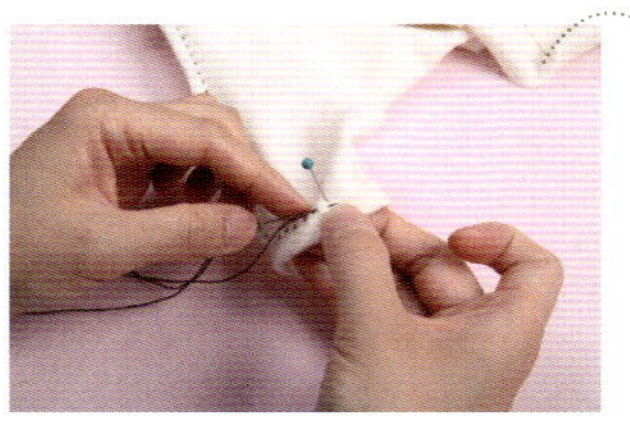

13 소매의 바깥쪽에서 수실로 러닝스티치를 하듯이 홈질로 바이어스 치기를 마무리합니다.

14 배냇저고리의 소매 끝은 모두 바이어스를 쳐줍니다.

15 배냇저고리의 나머지 가장자리를 시침핀으로 고정하여 모두 소매 끝처럼 바이어스 쳐줍니다.

16 배냇저고리의 목둘레선과 앞여밈 부분의 바이어스를 칠 때 가장자리에 표시된 위치에서 배냇저고리 끈을 끼우고 마감해주세요.

17 호랑이 캐릭터를 수놓기 위해서 원하는 위치에 수성펜으로 그려줍니다.

18 러닝스티치와 백스티치로 호랑이를 꼼꼼하게 수를 놓아주세요.

수놓는 방법은 동영상 강의와 39쪽을 참고하세요.

**19** 곱디고운 속싸개가 완성되었습니다.

## Tip

**아기의 띠에 맞게 수를 놓아주세요.**
실물 도안 3-02의 띠별 캐릭터를 참고하여 아기의 띠에 맞게 수를
놓아주면 더욱 멋진 배냇저고리가 된답니다.

덧붙
이기

**조각 원단으로 뚝딱 만드는 수유패드**
배냇저고리를 만들고 남은 조각으로
수유패드를 만들어 보세요. 별것 아닌
듯하지만, 모유 수유를 계획하고 있다
면, 건강한 아기와 엄마를 위해 꼭 필
요한 아이템이에요.

# 03

# 곱디고운 속싸개

속싸개는 엄마 뱃속의 느낌을 연장해주어 잠을 잘 자게 해준답니다.
신생아를 속싸개로 감싸 두는 건, 아기를 잘 키우는
가장 오래된 방법 중의 하나래요. 한 달 정도 요긴하게 사용했다가
아가의 여름 이불로 사용해도 그만이에요.

# 03 곱디고운 속싸개

DVD: 03. 곱디고운 속싸개

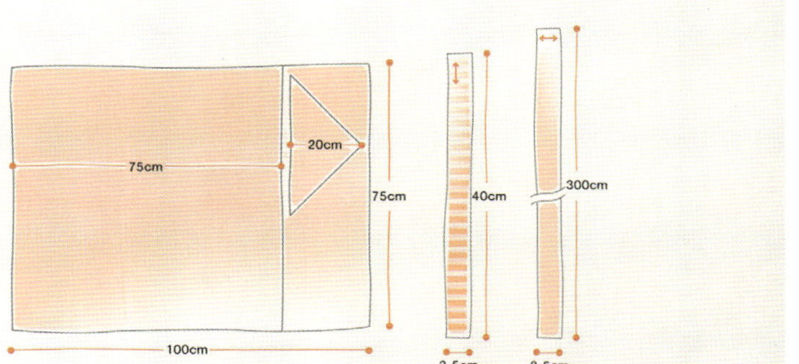

예상 제작 시간: 5시간 ★ 예상 재료비: 28,000원
완제품 예상가: 45,000원 ★ 온성 사이즈: 가로 세로 75cm

**준비물** 오가닉 양면 저지 75×100cm, 오가닉 바이어스 감 단면 저지 약 330cm,
줄무늬 양면 저지 폭 3.5cm 길이 40cm, 수실 약간

스티치 실물 도안 | 51쪽 참고

# 속싸개 만들기

**01** 양면 저지 원단으로 높이 20cm의 삼각형을 재단합니다. 이 부분이 속싸개의 모자가 되는 부분이에요.

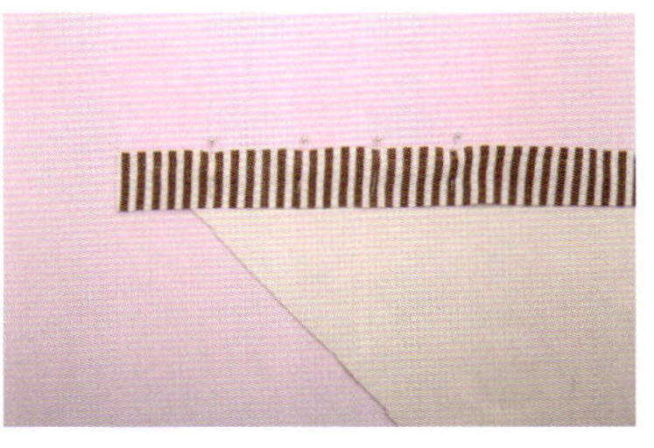

**02** 줄무늬 저지 원단을 폭 3.5cm, 길이 40cm로 넉넉히 재단하여 삼각형의 가장 긴 사선 부분의 가장자리에 겉면끼리 마주 놓고 시침핀으로 고정해줍니다.

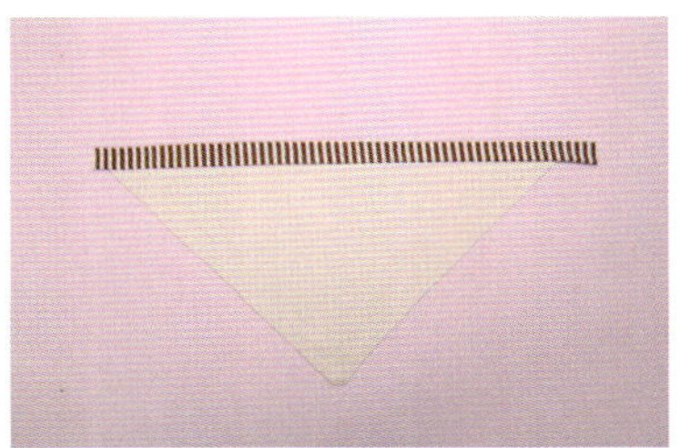

**03** 가장자리에서 7mm 안쪽으로 들어와 홈질 또는 박음질해줍니다.

**04** 바깥 가장자리 쪽으로 바이어스감을 내려 원단의 반대쪽으로 접어 올립니다.

**05** 시접까지 접어 넣고 시침핀으로 고정합니다.

**06** 시침핀으로 고정해 놓은 가장자리 선을 따라 공그르기 해줍니다.

**07** 속싸개의 모자 부분 바이어스 처리가 완성된 모습입니다.

**08** 양면 저지 원단을 가로 세로 75cm로 재단합니다.

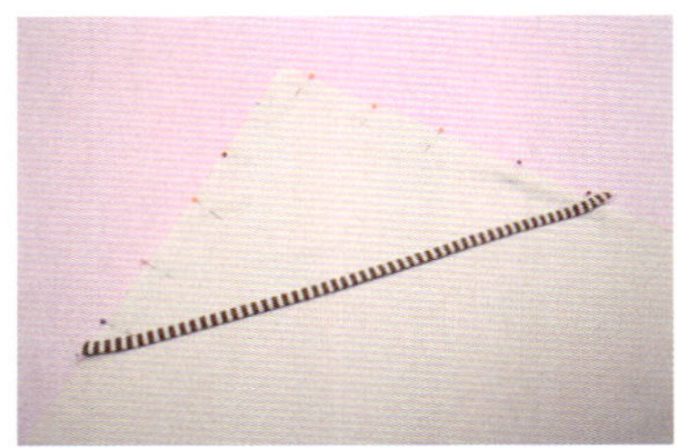

**09** 75×75로 재단해 놓은 원단 위에 모자 덮개 부분을 올리고 시침핀으로 고정합니다.

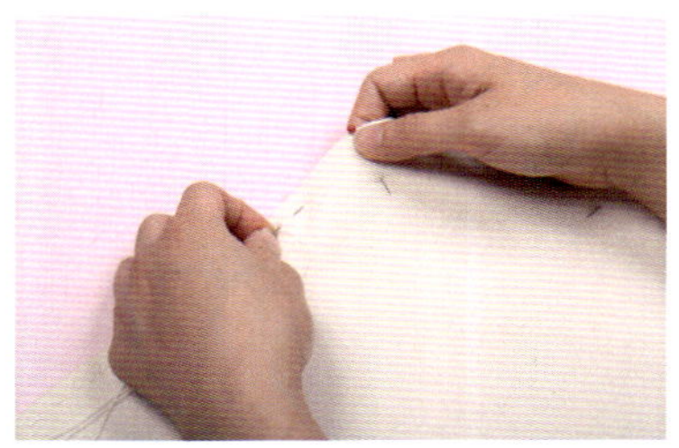

**10** 시침핀으로 고정한 모자 부분을 시침해 둡니다.

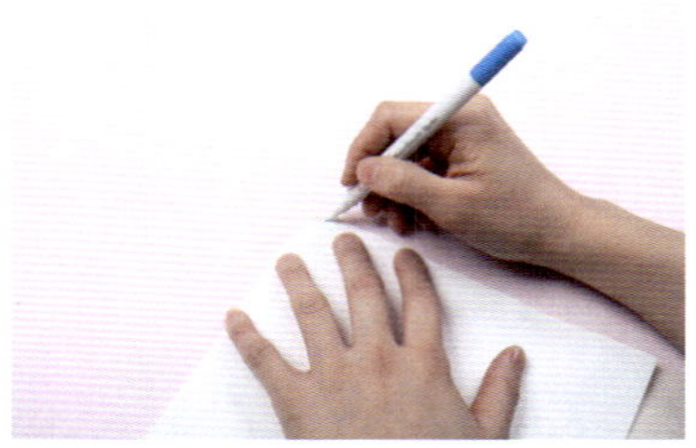

**11** 사각형 속싸개의 네 모서리는 수성펜으로 둥글게 그려줍니다.

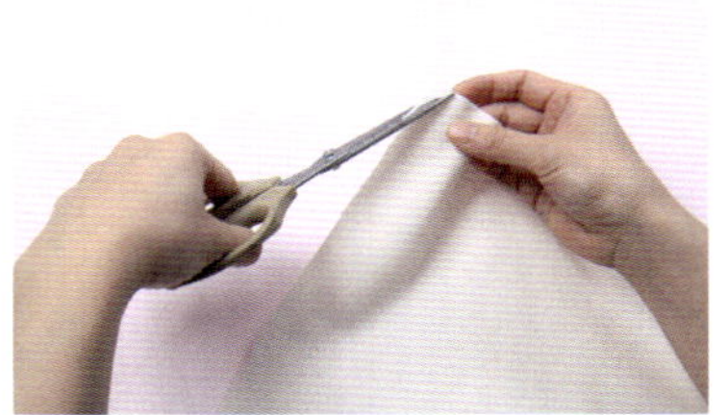

**12** 그린선을 따라 시접없이 재단합니다.

바이어스 테이프 만들기는 37쪽 참고

**13** 3.5cm 폭의 단면 저지 원단을 약 3미터의 길이로 연결하여 바이어스 테이프를 준비 합니다.

**14** 속싸개의 사각형 4면을 모두 바이어스 처리 해줍니다.

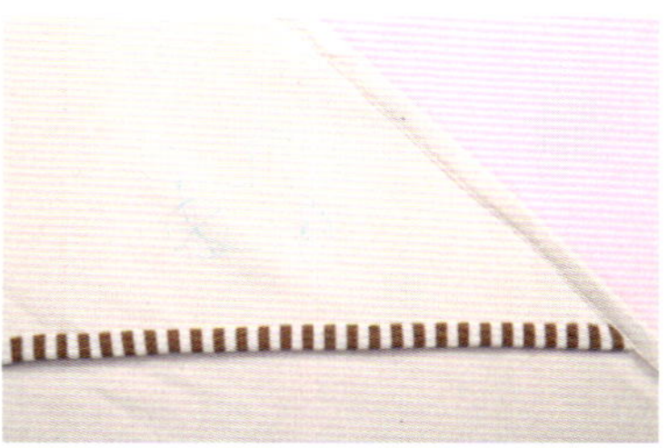

**15** 유모차 모양의 수를 놓기 위해 수성펜으로 패턴을 그려줍니다.

**16** 수실로 꼼꼼히 백 스티치합니다.

**17** 백스티치로 유모차 모양의 수를 완성한 모습입니다.

**Tip**

단면 저지 원단으로 비이어스를 칠 공그르기가 어렵다면 예쁜 수실로 홈질스티치해도 좋아요. 동영상에서는 모자 부분에 수 놓기를 먼저 했어요.

**18** 곱디고운 속싸개가 완성되었습니다.

### 단면 타월 원단을 활용해도 좋아요

단면 타월 오가닉 원단으로 만들어도 쓰임이 아주 좋아요! 신축성이 좋은 건 두말할 나위가 없고요. 속싸개의 용도를 졸업하면 목욕 타월로 아주 좋거든요^^.

사랑스러운

# 배넷 천사 모자

갓 태어난 신생아에게 모자는 엄마의 품과 같대요.

DVD: 04. 사랑스러운 배넷 천사 모자

# 04 사랑스러운 배넷 천사 모자

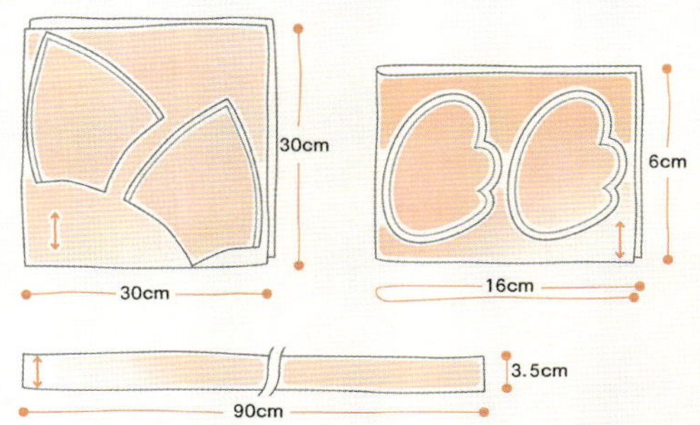



예상 제작 시간: 3시간 ★ 예상 재료비: 18,000원
완제품 예상가: 36,000원 ★ 완성 사이즈: 신생아에서 6개월까지

**준비물** 오가닉 양면 저지 30×30cm 2장, 오가닉 단면 저지 바이어스감 70cm, 천사 날개 아플리케용 단면 타올 조각 약간, 수실 약간

실물 도안 : 63쪽 참고

# 모자 만들기

**01** 오가닉 코튼 원단 2장을 겉면끼리 마주대고 모자 패턴을 그립니다. 겉감과 안감에 따로따로 그려줍니다.

**02** 시접을 남기고 재단합니다. 이때 바이어스 처리를 하는 입구 부분은 시접을 남기지 않습니다.

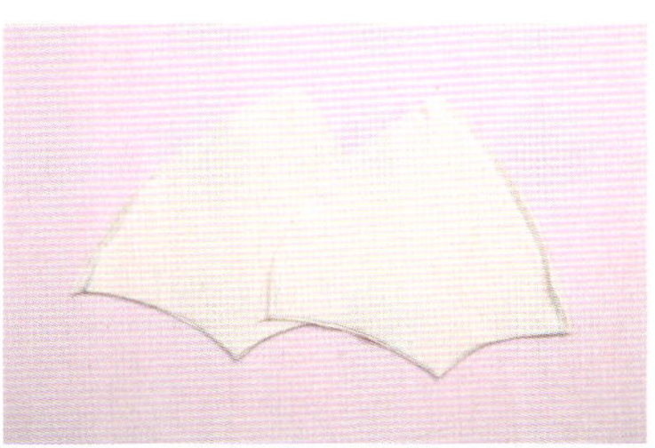

**03** 겉감은 겉감끼리, 안감은 안감끼리 따로 따로 박음질합니다.

**04** 겉감과 안감이 각각 안쪽 면끼리 마주대고 만날 수 있도록 모자 안감을 집어넣습니다.

**05** 모자의 가장자리 선에 맞추어 시침핀으로 고정합니다.

**06** 폭 3.5cm, 길이 약 30cm의 바이어스 테이프를 재단하여 목둘레 쪽에 바이어스를 쳐줍니다.

**07** 바이어스를 칠 때는 배냇저고리 바이어스치는 방법과 똑같이(37쪽 참고) 바깥쪽으로 접어 올려 수실로 홈질합니다.

**08** 얼굴 앞부분 폭 3.5cm 길이 60cm의 바이어스 테이프를 재단하여 바이어스 처리를 해줍니다.

**09** 얼굴 앞부분과 묶을 수 있는 끈까지 모두 함께 바이어스 쳐줍니다.

# 천사 날개 아플리케하여 완성하기

**10** 단면 타월 원단 2장을 겉면끼리 겹쳐 놓고 천사 날개 패턴을 그립니다.

**11** 그린 선을 따라 박음질하여 시접을 남기고 재단합니다.

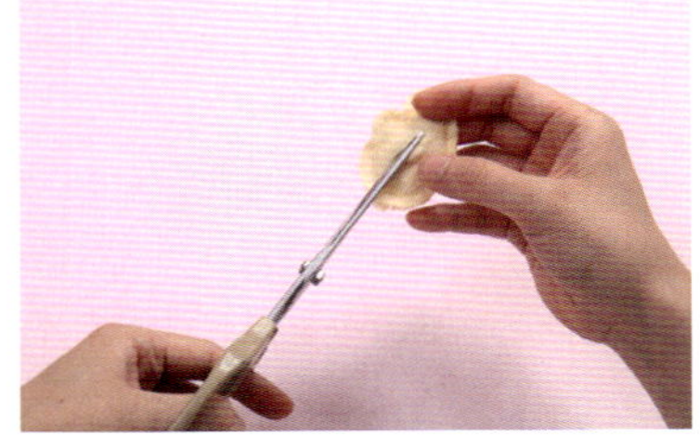

**12** 박음질한 천사 날개의 한쪽 면에서 가위집을 주어 창구멍을 만들어줍니다.

**13** 날개의 모서리 부분과 곡선 부분에 가위집을 주고 뒤집어줍니다.

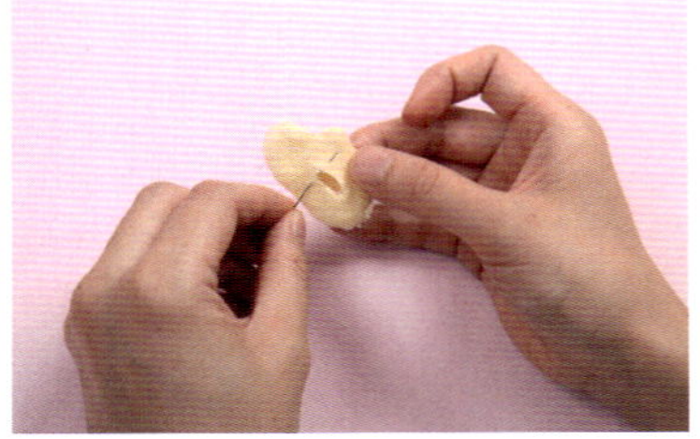

**14** 천사 날개의 창구멍은 감침질로 막아줍니다.

**15** 모자의 양쪽 귀 위치에 완성한 천사 날개를 시침핀으로 고정한 다음 수실로 패턴에 표시되어 있는 선을 따라 아웃라인스티치합니다.

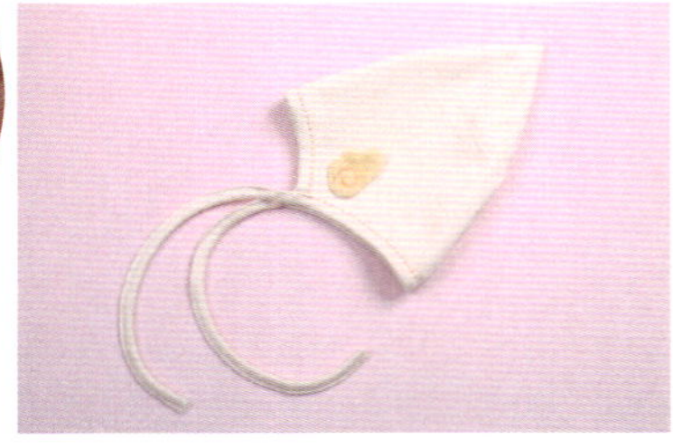

**16** 사랑스러운 배넷 모자가 완성되었습니다.

창구멍
×4
×4
날개 위치
시접없이 바이어스 처리
날개 위치
목둘레
시접없이 바이어스 처리

# 폴짝폴짝 미니멀 토끼

물고 빨아도 걱정 없는 오가닉 코튼은 아이의 장난감으로는
최고의 소재지요. 상큼한 노랑 타월 1장으로
꼼지락 꼼지락 했더니, 예쁜 토끼가 되었어요.

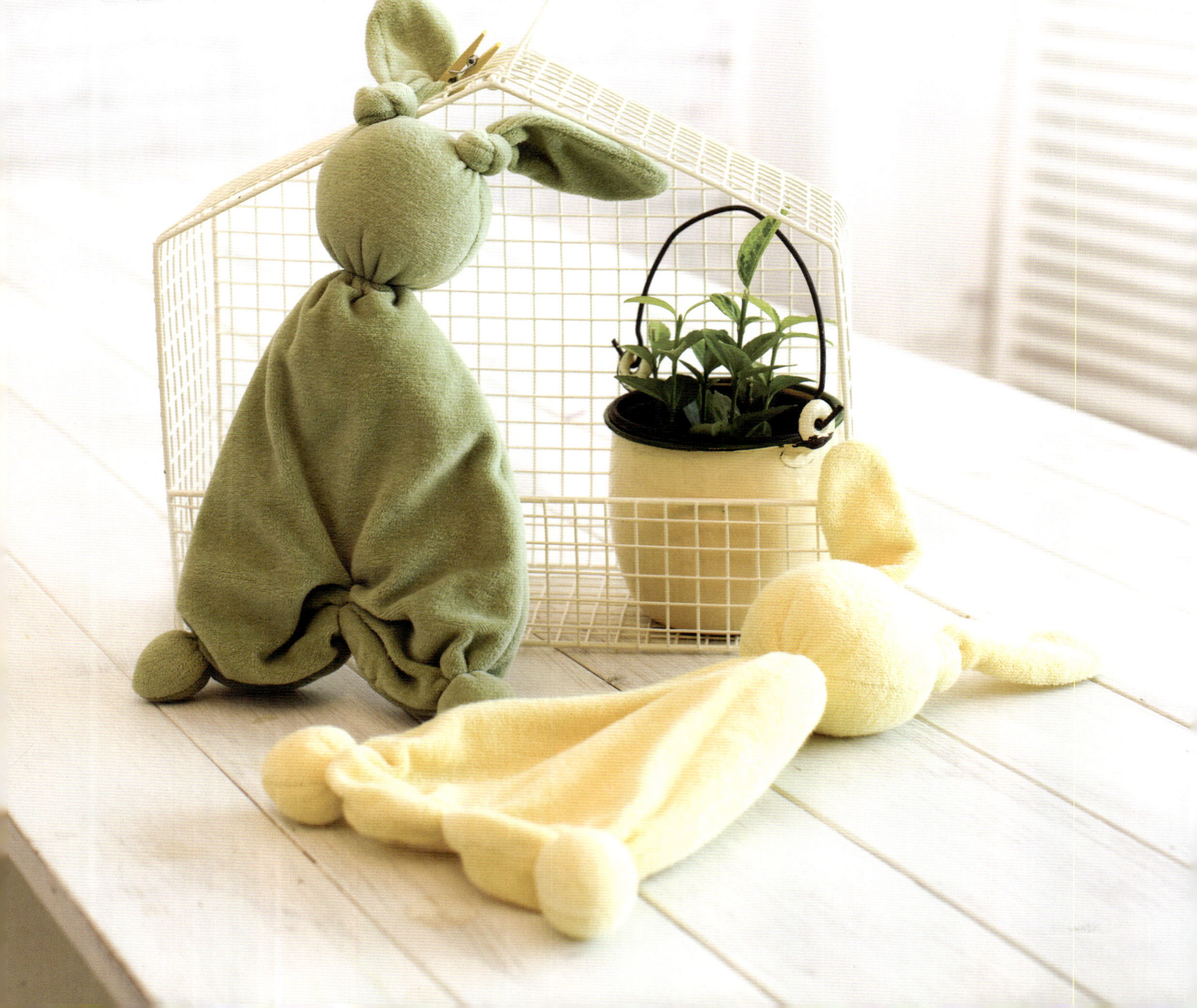

# 05 폴짝폴짝 미니멀 토끼

예상 제작 시간: 2시간 ★ 예상 재료비: 15,000원
완제품 예상가: 25,000원 ★ 완성 사이즈: 가로 20, 세로 30cm 정도

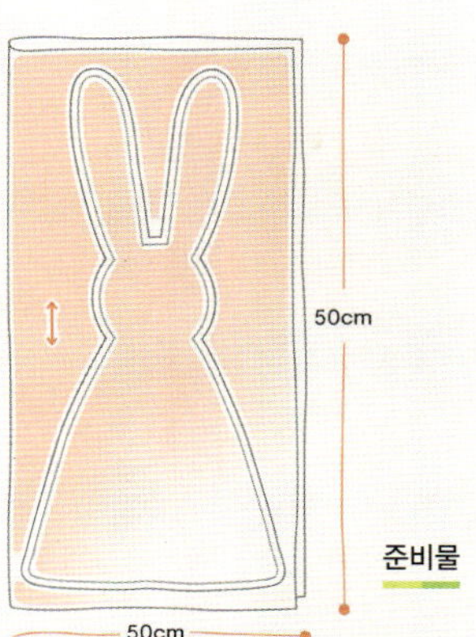


**준비물** 오가닉 단면 타올 50×50cm, 삑삑이.
튼튼한 동여매는 실, 속 채움용 솜 약간

실물 도안 | 대형 실물본 3-05

# 미니멀 토끼 만들기

**01** 원단 2장을 겉면끼리 마주 놓고 토끼 패턴을 그려줍니다.

**02** 창구멍만 남겨 놓고 모두 박음질합니다.

**03** 시접을 일정하게 남기고 재단해주세요. 모서리 부분에는 모두 가위집을 내줍니다.

**04** 박음질하지 않고 남겨 놓은 창구멍으로 겸자를 이용하여 뒤집어 줍니다.

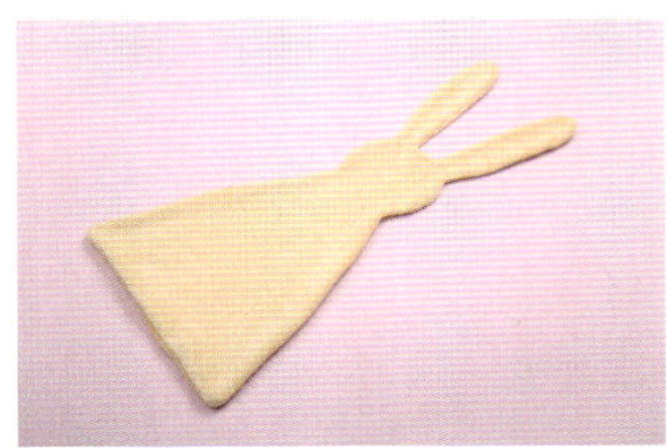

**05** 뒤집어준 모습입니다.

**06** 솜을 채우기 전에 손으로 토끼의 귀를 묶어줍니다.

07 같은 방법으로 토끼의 귀 2개를 모두 묶어줍니다.

08 창구멍으로 솜과 딸랑이를 밀어 넣어 줍니다. 되도록이면 토끼 머리 분량 만큼을 대중하여 한꺼번에 넣도록 합 니다.

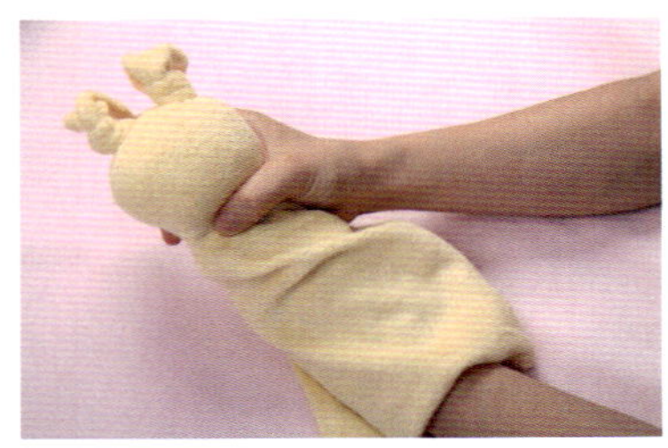

09 토끼의 머리가 되는 부분까지 솜과 딸 랑이를 함께 밀어 넣고 동그랗게 솜을 채웁니다.

10 토끼의 머리 둘레가 약 20cm 정도가 되도록 만들어 목 부분을 꽉 잡아줍 니다.

11 동여매는 실을 새끼손가락에 감아준 후 목을 잡고

12 목 부분을 튼튼하게 2~3번 묶어줍 니다.

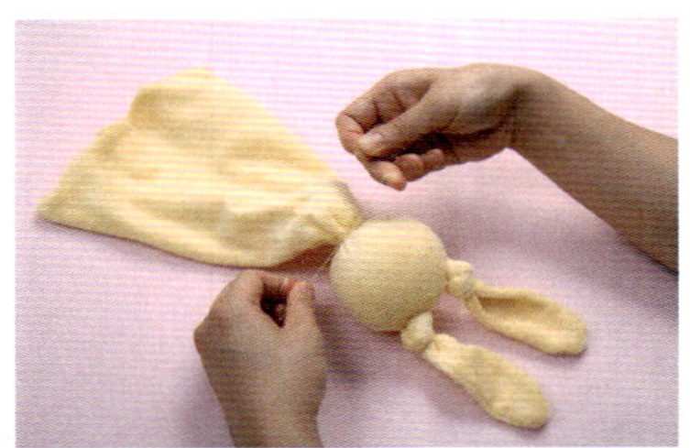

13 풀리지 않도록 2~3번 정도 묶어줍 니다.

14 토끼의 머리 모양이 예뻐지도록 동그 랗게 만져줍니다.

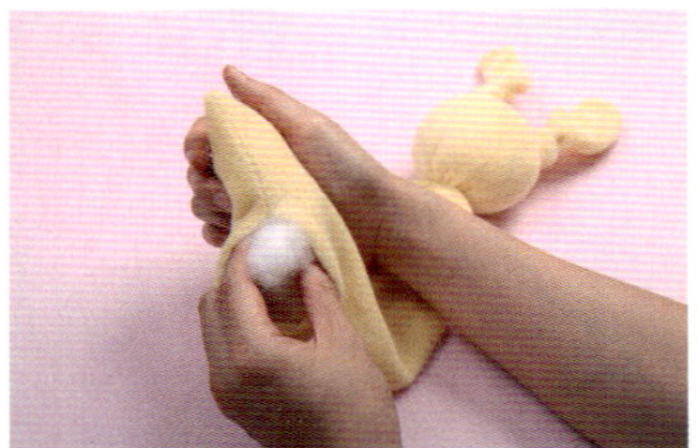

15 머리를 만든 후 사각형의 양쪽 모서리 에 발 모양을 만들기 위해 솜을 채워 줍니다.

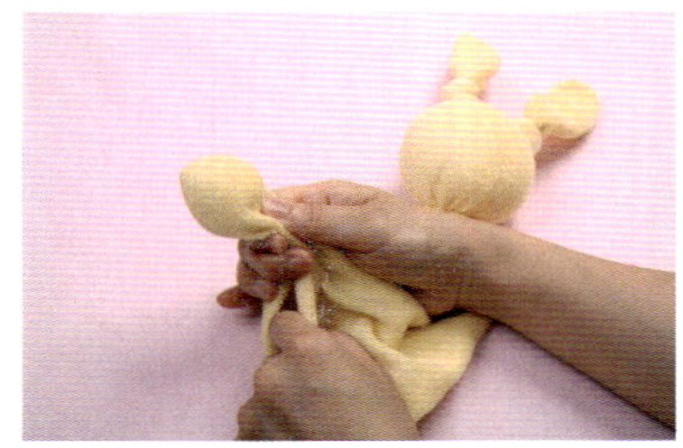

16 전체 길이가 약 4cm가 되도록 말랑말 랑하게 채우고 튼튼하게 동여맵니다.

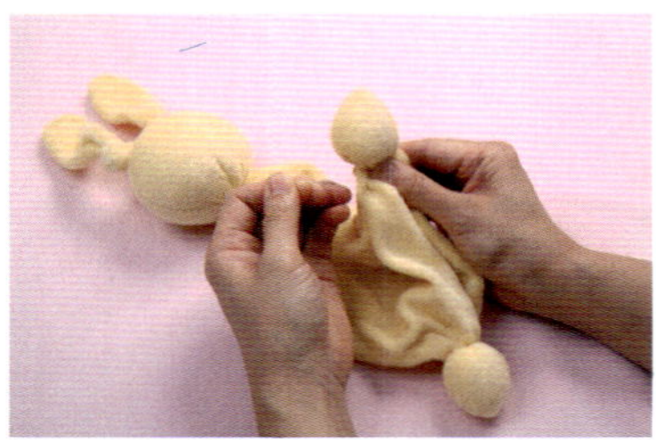

17 반대쪽의 토끼 발도 솜을 채우고 동여 매서 완성합니다.

18 몸통 부분에 삑삑이를 넣어줍니다.

**19** 창구멍을 공그르기로 막아줍니다.

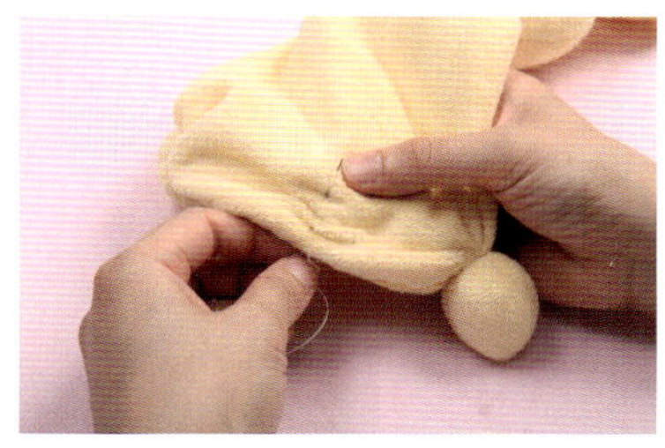

**20** 발과 발사이의 정 가운데에서 위로 10cm를 홈질합니다.

**21** 살짝 잡아당겨 가랑이 부분을 만들어 줍니다.

**22** 폴짝폴짝 미니덜 토끼가 완성되었습니다.

# 딸랑딸랑
# 원목 곰돌이

너도밤나무 원목과 오가닉 코튼이 찰떡궁합인
아기들의 필수 놀이감이랍니다.

# 06 딸랑딸랑 원목 곰돌이

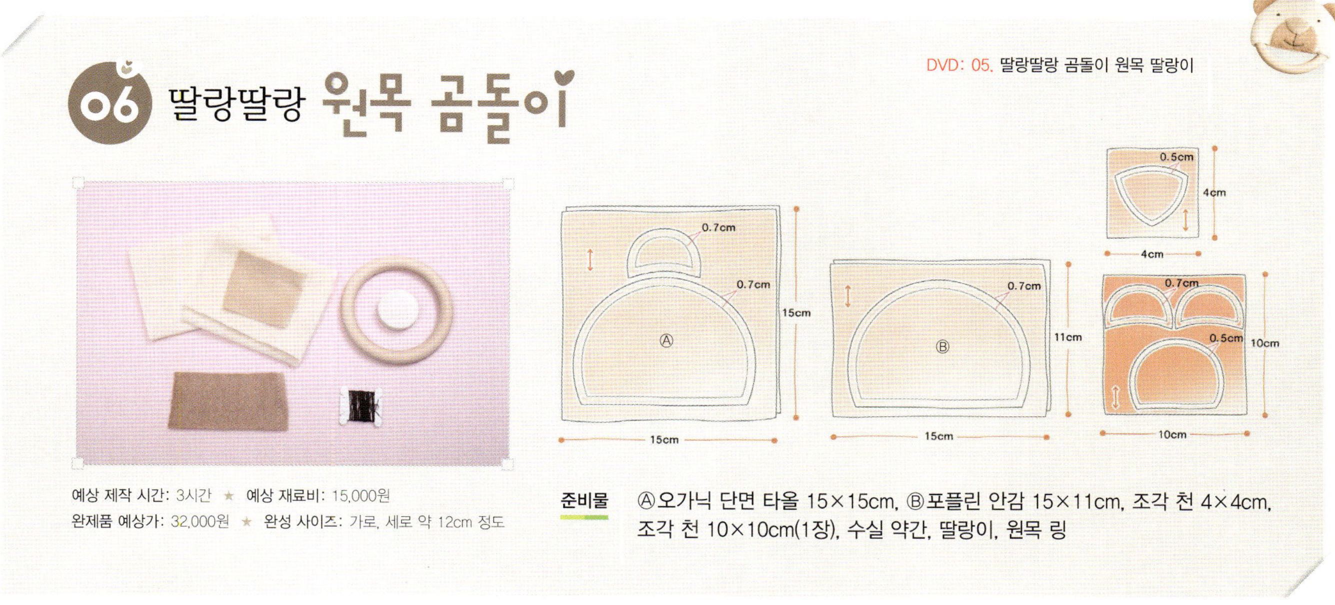



예상 제작 시간: 3시간 ★ 예상 재료비: 15,000원
완제품 예상가: 32,000원 ★ 완성 사이즈: 가로, 세로 약 12cm 정도

**준비물** Ⓐ오가닉 단면 타올 15×15cm, Ⓑ포플린 안감 15×11cm, 조각 천 4×4cm, 조각 천 10×10cm(1장), 수실 약간, 딸랑이, 원목 링

실물 도안 | 51쪽 참고

# 곰돌이 만들기

**01** 아이보리 단면 타월 원단(Ⓐ)과 안감(Ⓑ)을 겉면끼리 2장 마주대고 곰돌이 얼굴 패턴을 그려줍니다.

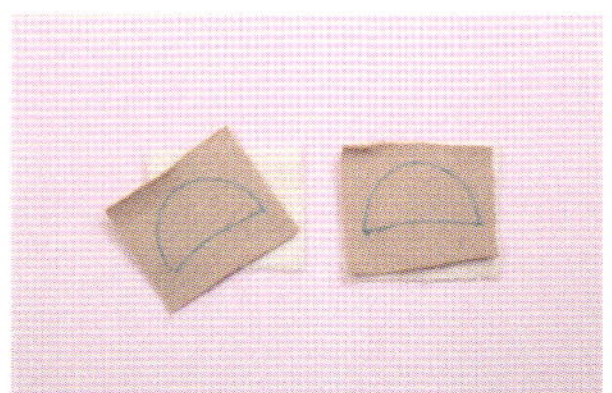

**02** 아이보리색과 갈색 단면 타월 원단을 겉면끼리 마주대고 곰돌이 귀를 수성펜으로 그립니다.

**03** 수성펜으로 그린 선을 따라 시침핀으로 고정하고 창구멍을 남기고 박음질합니다.

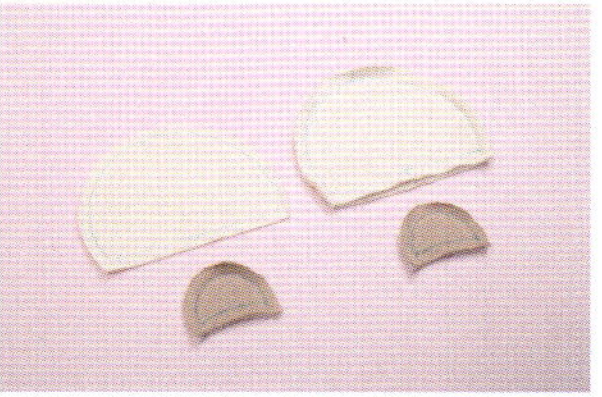

**04** 곰돌이 얼굴과 귀도 모두 박음질합니다.

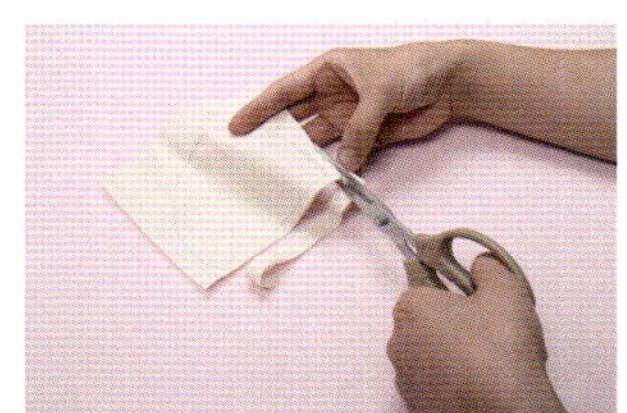

**05** 안감 겉감 모두 시접을 7mm 남기고 재단합니다.

**06** 박음질해 놓은 겉감과 안감을 겉면끼리 마주보도록 시침핀으로 고정합니다.

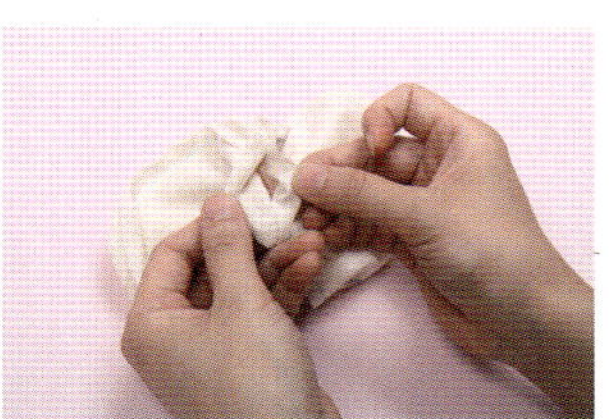

**07** 창구멍만 남기고 박음질합니다.

**08** 남겨놓은 창구멍으로 뒤집어주고 안감은 안쪽으로 밀어 넣어줍니다.

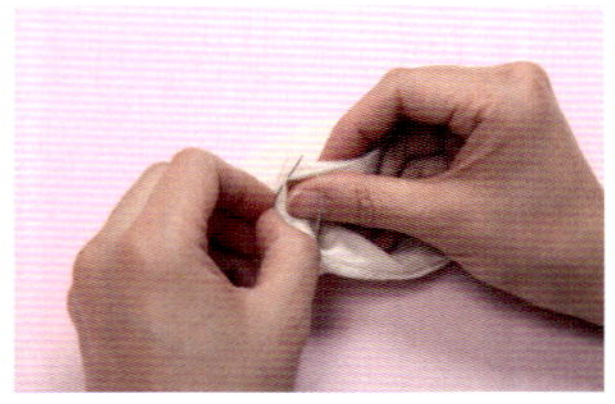

**09** 남은 창구멍은 공그르기로 막아줍니다.

**10** 박음질한 곰돌이 귀도 창구멍으로 뒤집고 창구멍을 공그르기 해줍니다.

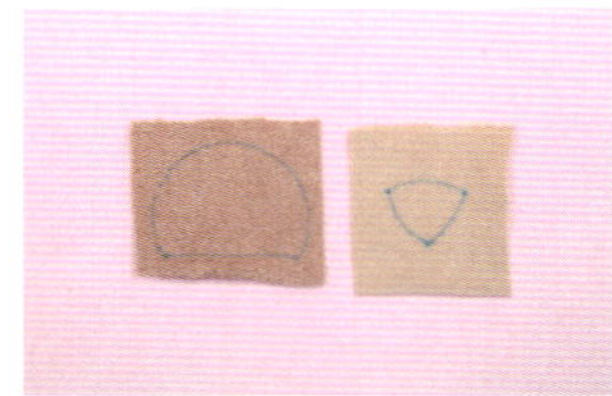

**11** 곰의 입과 코를 아플리케 할 원단을 준비하여 수성펜으로 원단의 겉면에 그립니다.

**12** 곰돌이 얼굴에 입 모양을 수성펜으로 그려줍니다.

**13** 시접을 5mm만 남기고 재단하여 시침핀으로 고정합니다.

**14** 곰돌이의 입 부분은 공그르기로 아플리케 해줍니다.

**15** 곰돌이 입 부분처럼 곰돌이의 코도 아플리케 해줍니다.

원목 링을 넣어 귀의 위치를 잡아주어도 좋아요

**16** 완성해 놓은 곰돌이 귀를 패턴에 표시되어 있는 위치에 시침핀으로 고정합니다.

**17** 곰돌이 귀의 앞면과 뒷면 모두 공그르기로 연결합니다.

**18** 곰돌이 얼굴에 귀가 예쁘게 고정되었습니다.

**19** 수성펜으로 곰돌이 눈과 입을 그려줍니다.

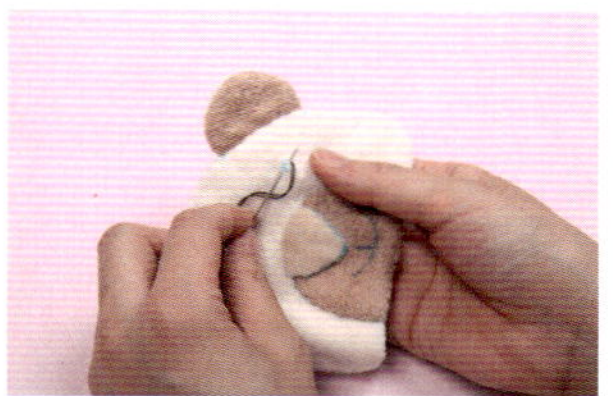

**20** 곰돌이 눈을 수놓아줍니다. 바늘땀의 크기가 눈의 크기를 좌우하기 때문에 원하는 눈의 크기에 맞게 바늘땀을 정해주세요.

백스티치는 40쪽을 참고하세요

**21** 곰돌이 입은 백 스티치로 수를 놓아줍니다.

**22** 곰돌이가 완성되었습니다.

**23** 곰돌이 얼굴 안으로 원목 링과 딸랑이를 넣어줍니다.

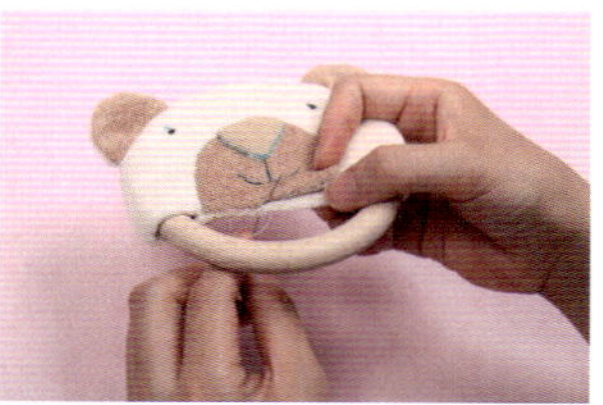

**24** 원목 링이 들어가고 남은 아랫부분은 나무링의 움직임이 없도록 바짝 끼워넣고 공그르기 합니다.

**25** 곰돌이 원목 딸랑이가 완성되었습니다.

**다양한 동물 캐릭터의 딸랑이를 만들어
보세요.**

기본 패턴에서 귀의 모양이나 눈, 코,
입의 수를 조금씩만 바꿔 보세요.^^
다양한 동물 모양 캐릭터가 탄생한답
니다.

쌔근쌔근
# 아기 양 짱구 베개

땀이 많은 아기들에겐 땀 흡수가 좋은 오가닉 코튼으로 만든
베개를 꼭! 준비해주세요.

08

# 사뿐사뿐 아기 양 덧신

귀여운 우리 아이가 처음 신는 신발은
엄마가 직접 만들어 보아요.

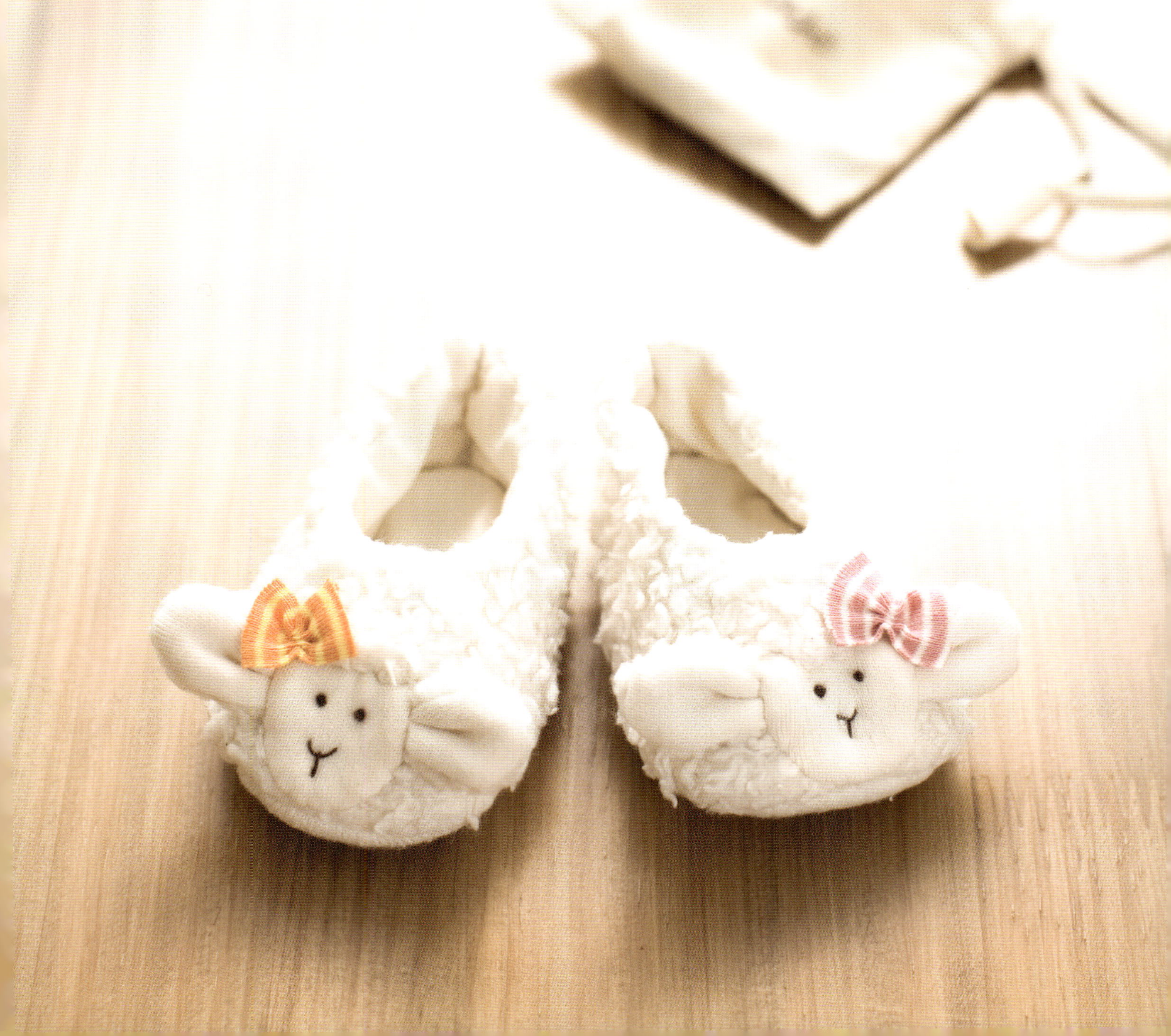

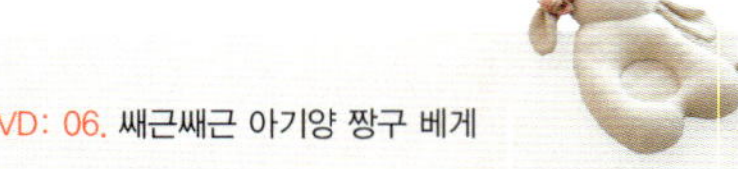

# 07 쌔근쌔근 아기 양 짱구 베게

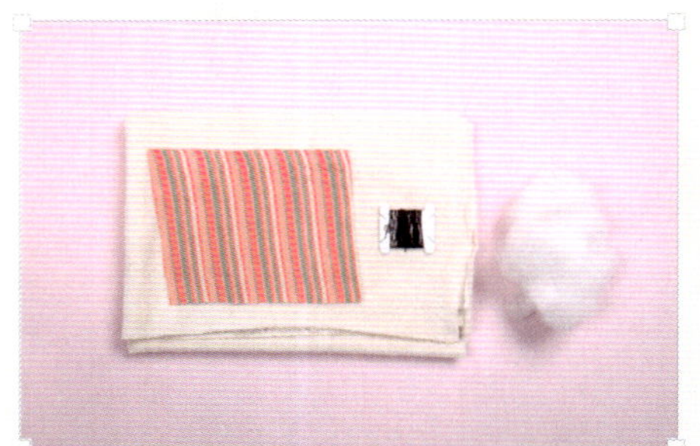

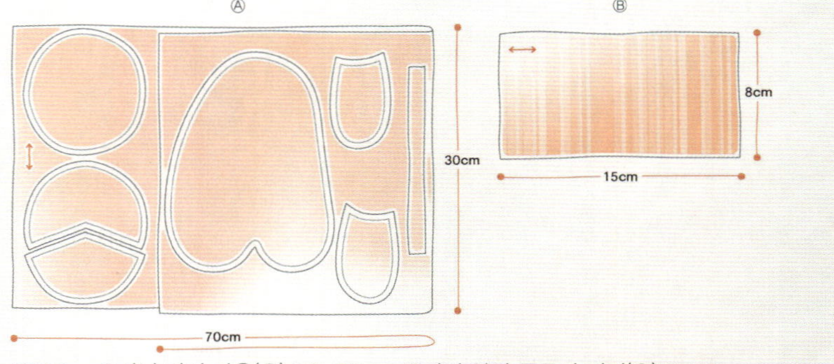


예상 제작 시간: 3시간 ★ 예상 재료비: 20,000원
완제품 예상가: 38,000원 ★ 완성 사이즈: 가로 20, 세로 30cm 정도

**준비물** 오가닉 단면 타올(Ⓐ) 30×70cm, 오가닉 양면 줄무늬 저지(Ⓑ) 8×15cm,
속 채움용 솜 약간, 수실 약간

실물 도안 : 대형 실물본 3-07

# 몸통 만들기

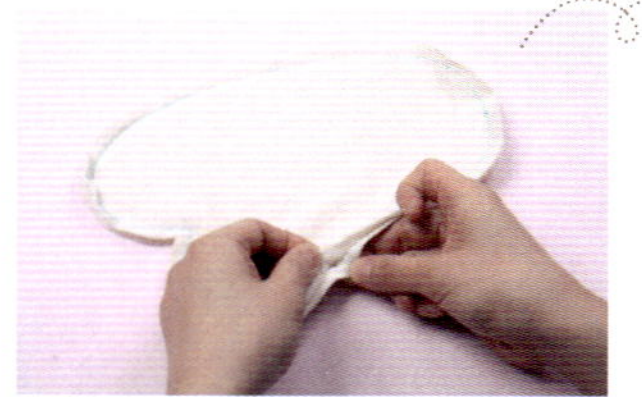

**01** 단면 타월 원단(Ⓐ) 2장을 겉면끼리 마주대고 몸통 패턴을 수성펜으로 그립니다.

**02** 시침핀으로 고정한 후 창구멍 부분과 꼬리를 끼워 넣어야 하는 부분을 남기고 박음질합니다.

**03** 박음질한 선을 따라 시접을 7mm 남기고 재단해 둡니다.

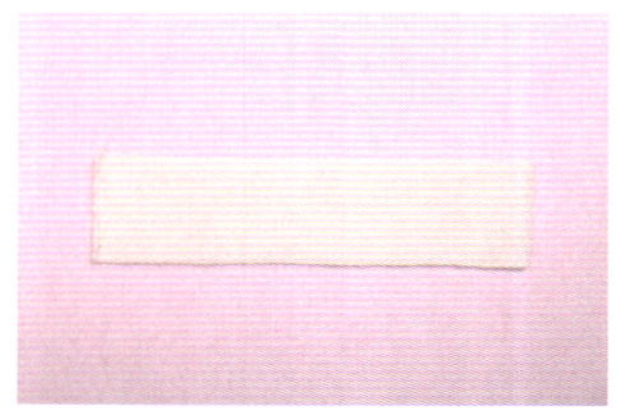
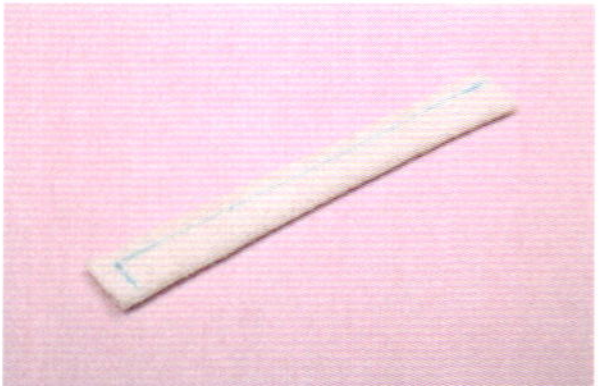
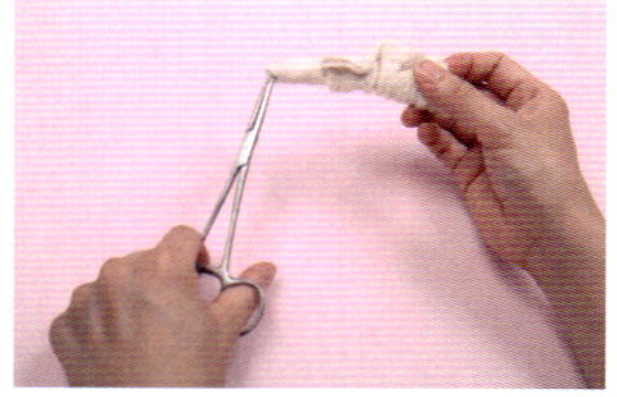

**04** 꼬리를 폭 5cm, 길이 20cm로 재단합니다.

**05** 길게 절반을 접어 한쪽 가장자리에 창구멍만 남기고 박음질합니다. 안쪽 면이 바깥쪽으로 나오도록 하기 위해 안쪽 면이 마주보도록 접어주세요.

**06** 꼬리는 한쪽 끝 모서리만 삼각형 모양으로 잘라준 후 겸자를 사용하여 창구멍으로 뒤집어줍니다.

**07** 몸통에 표시된 꼬리 위치에 완성한 꼬리를 겸자로 끼워줍니다.

08 시침핀으로 고정하고 꼬리를 끼운 부분을 박음질합니다.

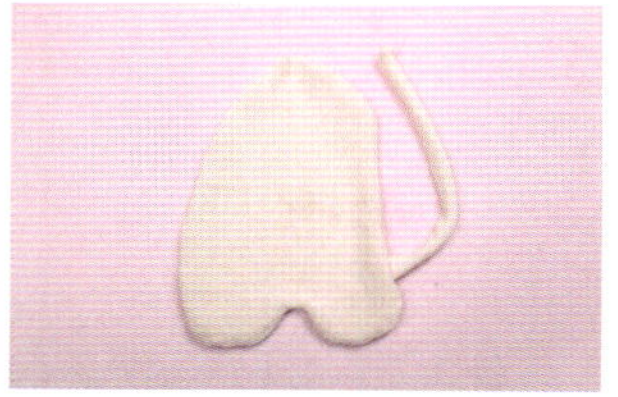

09 몸통의 창구멍으로 뒤집어줍니다.

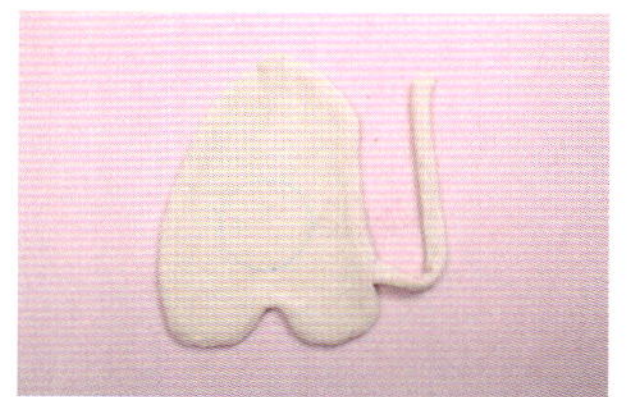

10 도안을 이용해 몸통의 가운데 부분에 7cm의 원을 수성펜으로 그려주고 그 선을 따라 박음질이나 홈질을 해줍니다.

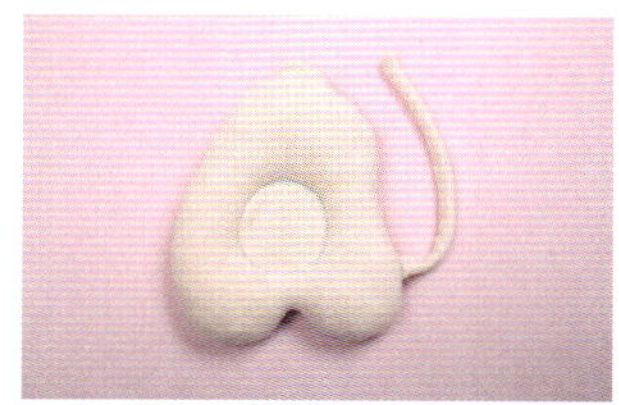

11 말랑하게 몸통에 솜을 채워줍니다.

## Tip

**짱구베개에는 솜을 얼마나 넣으면 좋든가요?**

솜을 너무 많이 넣지 가세요. 신생아부터 약 10여 개월까지 사용하는 짱구베게는 솜을 너무 많이 채우면 곡이 너무 높이 올라가 아가가 힘들어 해요. 수건 3-4장 정도 높이로 약간의 두께감만 있으면 충분합니다.

12 몸통의 창구멍은 공그르기 해줍니다.

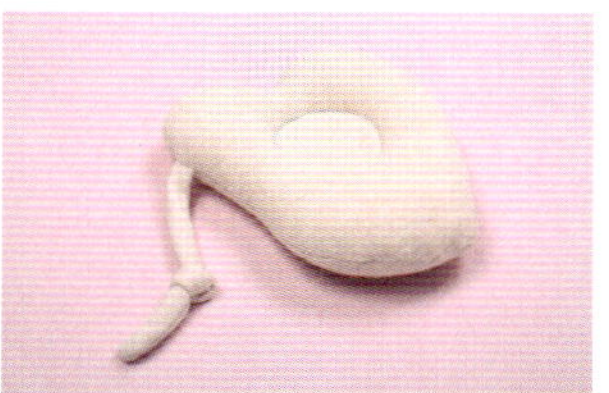

13 짱구베게의 몸통이 완성되었습니다.

# 머리 만들기

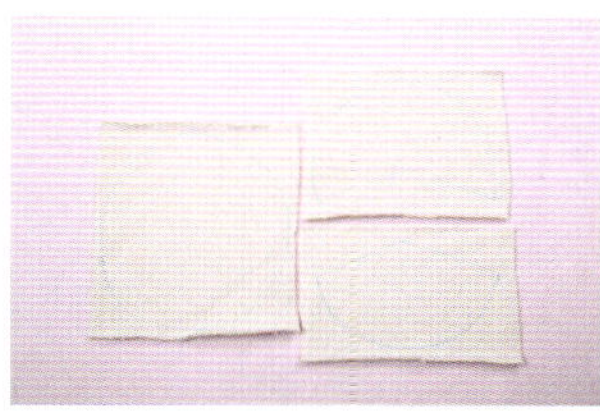

14 아기 양의 얼굴을 수성펜으로 그려줍니다. 0 때 주의할 점은 얼굴의 앞면은 타월 천의 안쪽 면이기 때문에 얼굴 앞면은 패턴을 뒤집어 그립니다.

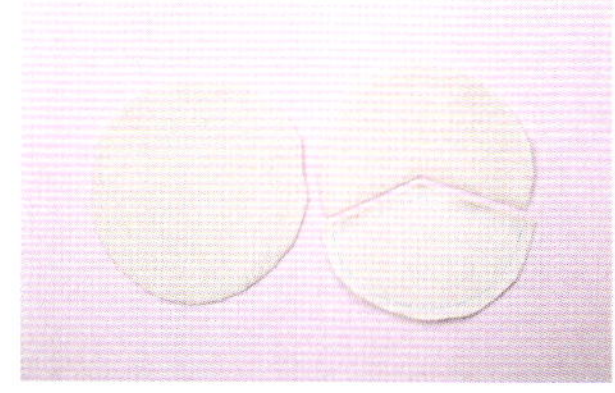

15 앞 얼굴 1장. 머리 부분 1장. 그리고 얼굴의 뒷면 1장을 시접을 일정하게 남기고 재단합니다.

16 얼굴 앞부분은 단면 타월의 안쪽 면이기 때문에 얼굴 앞의 겉면과 머리 부분의 안쪽 면이 마주보도록 시침핀으로 고정합니다.

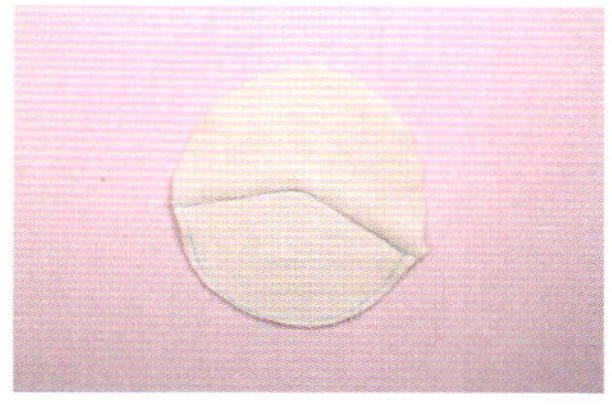

17 박음질하여 얼굴 앞면을 완성합니다.

18 단면 타월 원단 2장을 겉면끼리 마주 놓고 아기 양의 귀를 수성펜으로 그립니다.

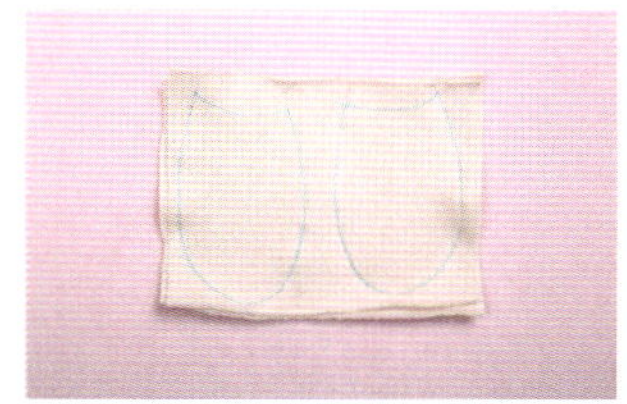

19 그린 선을 따라 아기 양의 귀를 박음질합니다.

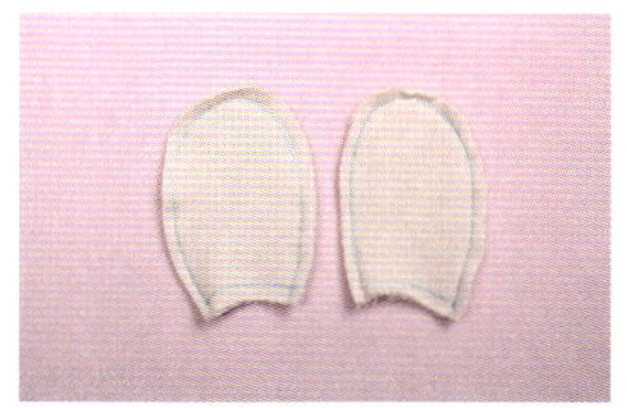

20 곡선인 부분은 1~2cm 간격으로 가위집을 주고 시접을 7mm 남기고 재단해줍니다.

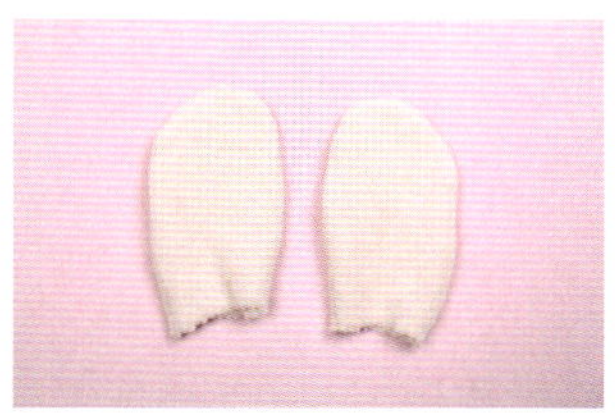

21 아기 양의 귀를 뒤집어 주세요.

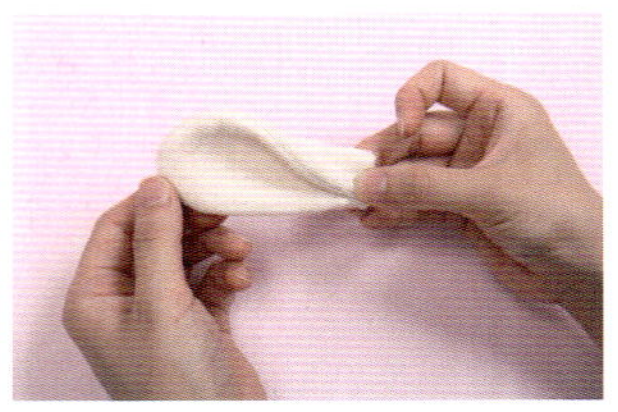

22 아기 양의 귀를 1/3 접어서 시침핀으로 고정합니다.

23 얼굴 앞면에 완성해 놓은 양쪽 귀를 감침질로 임시 고정해주세요.

24 아기 양 얼굴의 뒷면을 올려 겉감끼리 마주 대고 시침핀으로 고정합니다.

25 창구멍만 남기고 박음질하세요.

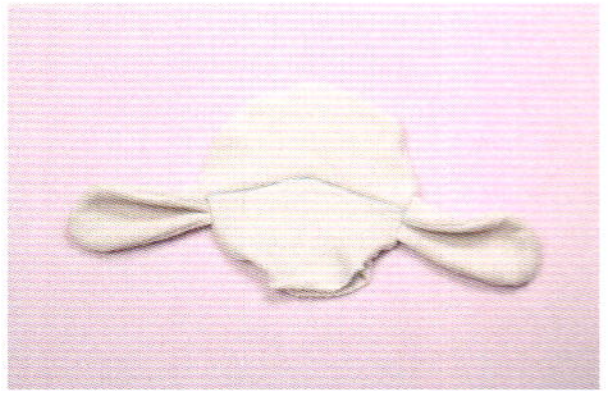

26 창구멍으로 뒤집어주세요.

27 솜을 말랑하게 채우고 눈과 입, 코를 수성펜으로 표시합니다.

28 눈과 입, 코를 백스티치로 수놓습니다.

29 아기 양 얼굴의 창구멍을 공그르기 합니다.

30 아기 양의 얼굴이 완성되었습니다.

# 머리와 몸통 연결하여 완성하기

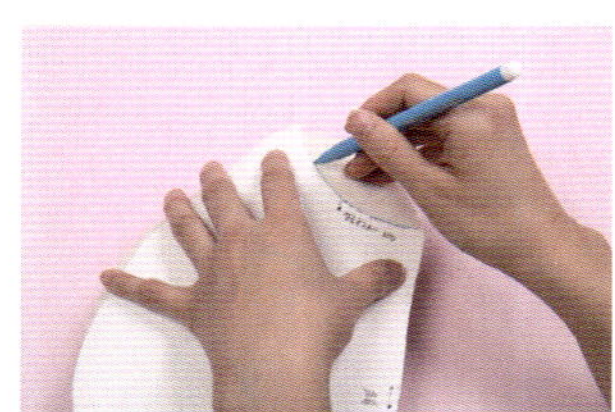

31 몸통과 얼굴을 연결하기 위해 몸통에 머리를 연결할 위치를 잡아 수성펜으로 그려줍니다.

32 공그르기 하기 위해 얼굴 앞면과 몸통을 시침핀으로 고정합니다.

## Tip

**솜이 들어가 있는 상태에서 시침질을 하려면**

솜이 들어가 있는 상태에서 고정하기에는 굵은 시침핀이 있으면 좋아요.

**33** 얼굴 뒷면과 몸통도 시침핀으로 고정합니다.

**34** 몸통과 연결되는 앞/뒷면의 얼굴 박음질 선을 따라 모두 공그르기합니다.

**35** 줄무늬 저지 원단을 가로 8cm 새로 15cm 재단하여 준비합니다(이때는 시접을 따로 주지 않습니다) 가로선에서 1cm 정도 겹치도록 접어줍니다.

**36** 시침핀으로 고정한 후 양쪽으로 세로선만 홈질이나 박음질합니다.

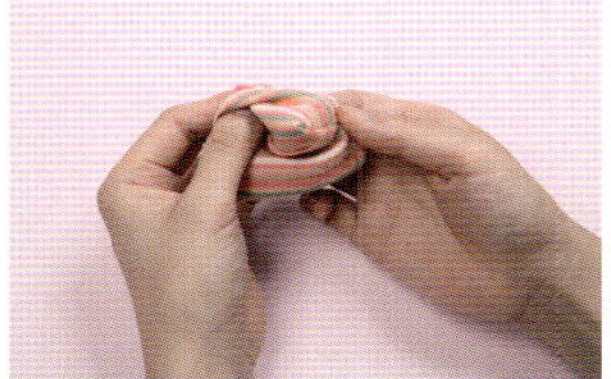

**37** 겹쳐진 곳으로 뒤집어줍니다.

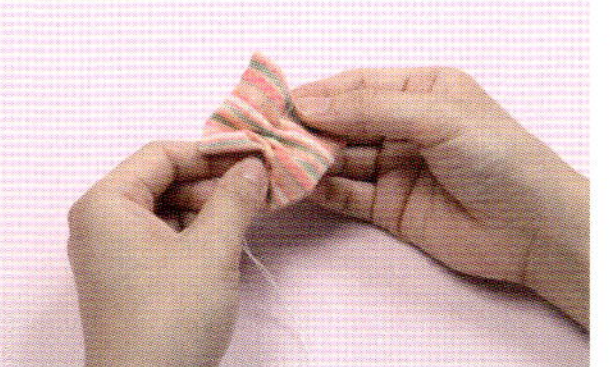

**38** 리본 모양을 내기 위해 리본의 정 가운데를 촘촘하게 홈질합니다.

**39** 홈질한 실을 잡아 당겨 주름을 잡고 그 실로 튼튼하게 동여매줍니다.

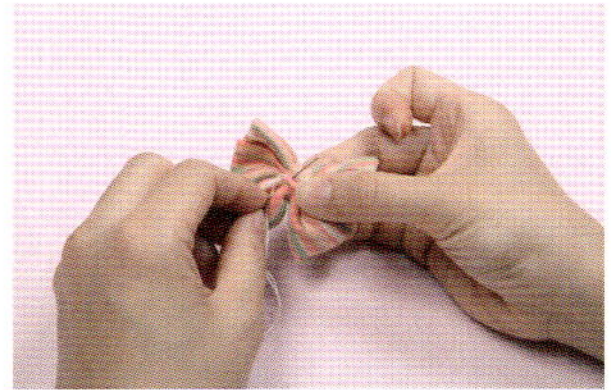

**40** 실로 동여맨 부분을 조각 천으로 길게 감싸서 뒷부분에서 공그르기 해줍니다.

**41** 예쁜 리본이 완성되었습니다.

**42** 아기 양의 한쪽 귀에 공그르기로 튼튼히 고정해주면 아기 양 짱구베게가 완성됩니다.

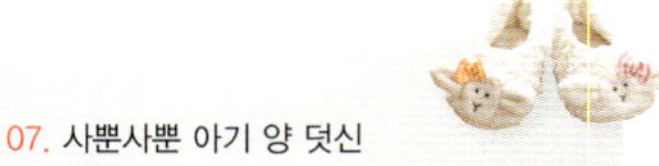


# 08 사뿐사뿐 아기 양 덧신

**예상 제작 시간:** 4시간 ★ **예상 재료비:** 15,000원
**완제품 예상가:** 32,000원
**완성 사이즈:** 3개월부터 8개월 정도까지의 사이즈(아기의 성장에 따라 조금씩 차이가 있어요)

**준비물** 오가닉 털 원단(Ⓐ) 15×45cm, 오가닉 안감 15×45cm, 오가닉 양면 저지 5×5cm, 오가닉 줄무늬 저지 3×5cm, 수실 약간

실물 도안 | 91쪽 참고

# 덧신 만들기

**01** 겉감(Ⓐ)과 안감(Ⓑ)에 신발의 바닥 부분과 윗부분을 각각 패턴을 따라 그려줍니다.

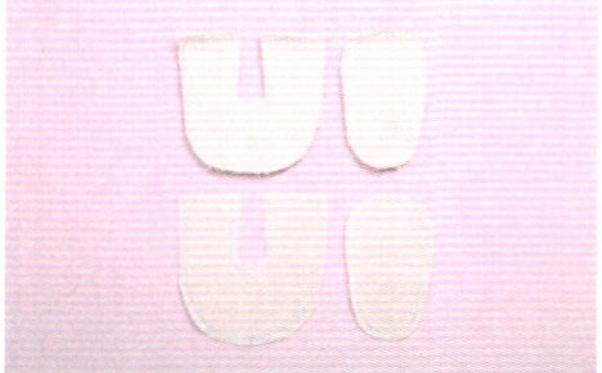

**02** 신발 윗부분과 아랫부분을 겉감과 안감 모두 시접을 남기고 재단합니다.

**03** 신발 윗부분과 바닥 부분을 겉감과 안감을 겉면끼리 마주대고 시침합니다.

## Tip

**겉감과 안감의 원단 두께 차이가 클 경우 시침 방법**
겉감과 안감의 원단 두께 차이가 클 경우에는 시침핀으로 고정하고 바느질하는 것 보다는 바늘로 시침해 두는 것이 좋습니다. 밀리지 않고 한결 쉽게 바느질할 수 있어요.

**04** 신발 윗부분과 바닥 부분 모두 창구멍만 남기고 박음질 해줍니다.

**05** 시침한 실을 뽑아내고 가위집을 준 후 창구멍으로 뒤집어 줍니다.

**06** 뒤집은 후 창구멍을 공그르기로 막아줍니다.

**07** 신발 윗부분의 뒷 중심선을 겉면끼리 마주잡고 공그르기 해줍니다. 겉면과 안쪽 면에서 모두 공그르기 해줍니다.

**08** 공그르기를 완성한 모습입니다.

**09** 신발 바닥 부분에 앞 중심점과 뒷 중심점을 표시하고 완성한 신발 뒷부분을 올린 뒤 신발 바닥 부분과 윗부분을 시침핀으로 고정합니다.

**10** 겉면에서 공그르기를 한 번 하고, 뒤집어 안쪽에서 다시 한 번 공그르기 하여 신발 윗부분과 아랫부분을 연결해줍니다.

# 아기 양 아플리케하여 완성하기

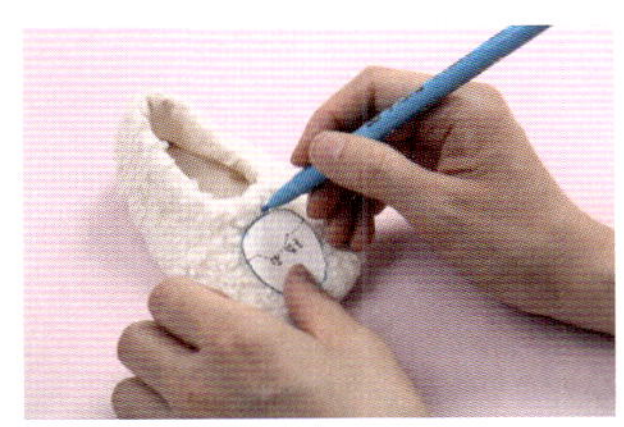

**11** 아기의 신발에 아기 양의 얼굴을 수성펜으로 그려줍니다.

**12** 조각 원단 2장을 한 장은 안쪽 면, 한 장은 겉면을 마주대고 아기 양의 귀를 수성펜으로 그려줍니다.

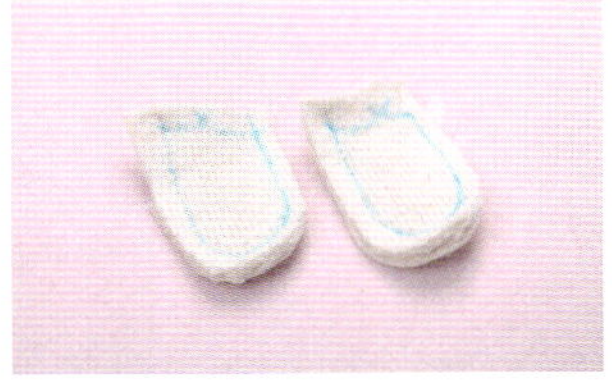

**13** 시침핀으로 고정한 후 창구멍을 남기고 박음질하여 시접을 5mm 남기고 재단합니다.

**14** 재단한 후에는 뒤집어줍니다.

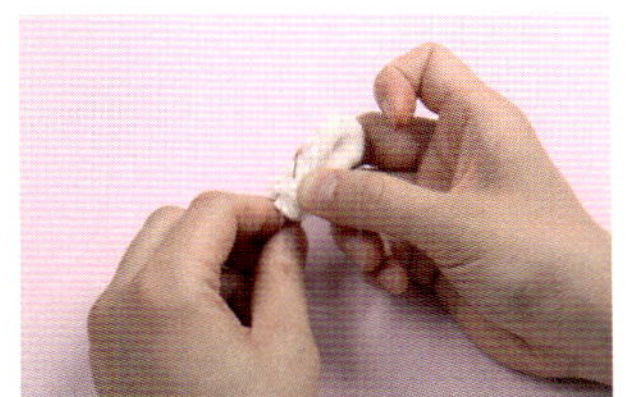

**15** 귀의 뒷부분을 1/3을 아래로 내려 접어 감침질 해줍니다.

**16** 두 개의 귀를 모두 감침질하여 완성한 모습입니다.

**17** 귀가 놓이는 위치에 시침핀으로 고정한 후 감침질 하여 연결해줍니다.

**18** 감침질 하여 고정해준 모습니다.

19 아플리케할 조각 원단을 준비하여 겉면에 수성펜으로 양의 얼굴을 그립니다.

20 시접을 5mm 남기고 재단합니다.

21 아기 양의 얼굴을 시침핀으로 고정합니다.

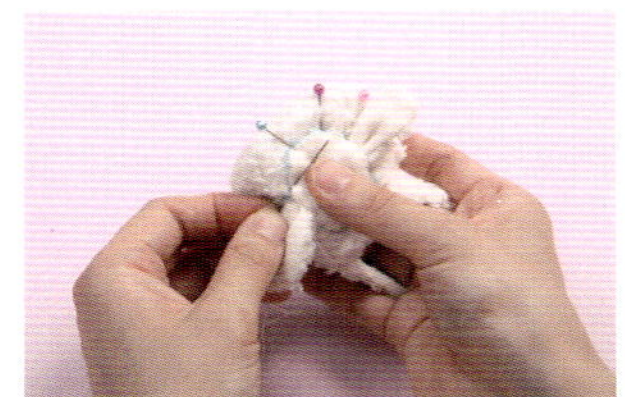

22 고정한 양의 얼굴 가장자리 선을 따라서 공그르기합니다.

23 아기 양 얼굴 가장자리의 공그르기를 완성하였습니다.

24 뽀글한 양의 머리 부분 패턴을 신발 뒷부분에 올려 수성펜으로 그려준 후 머리 부분도 아플리케 해줍니다.

25 양 머리의 원단도 수성펜으로 그려 재단한 후 아기 양의 머리 부분을 공그르기 해줍니다.

26 아기 양의 눈과 코, 입을 그리고 수놓아줍니다. 눈은 매듭수로, 나머지 부분은 백스티치합니다.

27 눈, 코, 잎을 수놓아 완성한 모습입니다.

28 줄무늬 조각 원단(Ⓓ)을 가로 3cm, 세로 2.5cm로 재단해주세요.

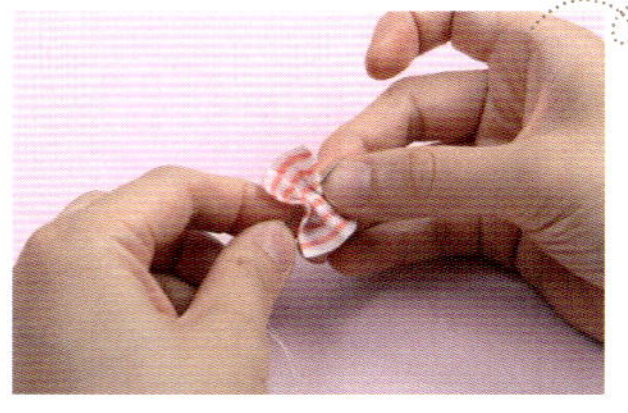

29 재단한 원단 조각의 가운데 부분을 홈질하여 주름을 잡고 동여맨 후 매듭을 짓고

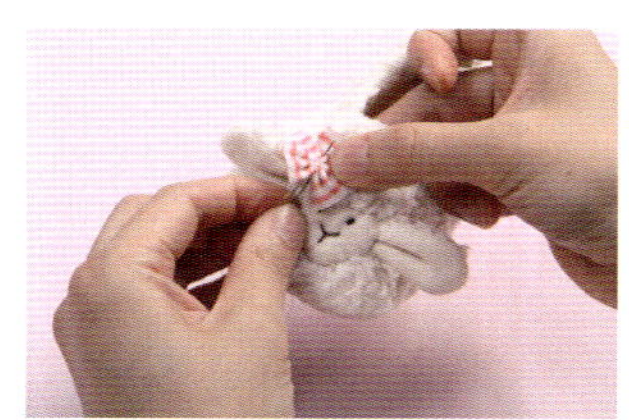

30 아기 양의 한쪽 귀 윗부분에 바느질로 고정합니다.

31 양의 귀 부분에 리본을 달아 포인트를 살려준 모습입니다.

32 앙증맞은 아기 양 덧신이 완성되었습니다.

**덧붙이기**

**동물 모양의 다양한 덧신을 만들어 보세요.**
기본 신발 패턴에 아플리케만 달리 해
보세요. 다양한 형태의 덧신을 만들 수
있어요.

09
쓰임새 많은
소트라이프 턱받이
옹알이가 시작되면, 아기들이 침을 흘리기 시작해요.
이유식을 시작할 때까지 요긴하게 사용하는 턱받이를 여러 장 준비해볼까요?

# 09 쓰임새 많은 스트라이프 턱받이

DVD: 08. 쓰임새 많은 스트라이프 턱받이

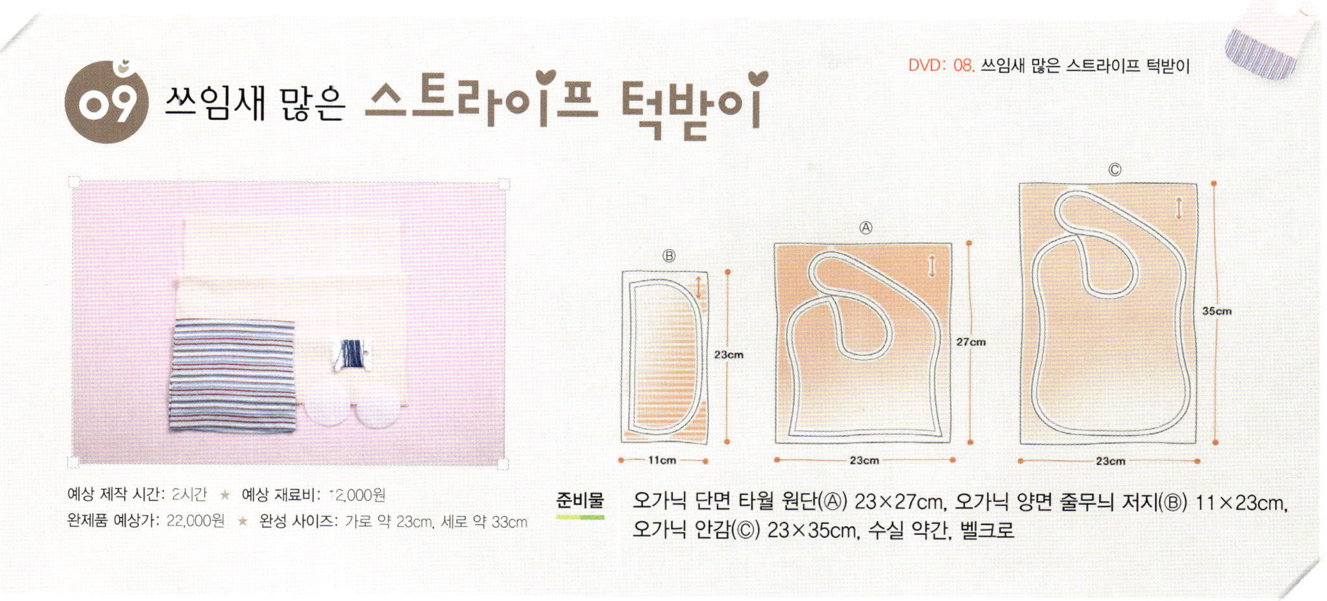



예상 제작 시간: 2시간 ★ 예상 재료비: 12,000원
완제품 예상가: 22,000원 ★ 완성 사이즈: 가로 약 23cm, 세로 약 33cm

**준비물** 오가닉 단면 타월 원단(Ⓐ) 23×27cm, 오가닉 양면 줄무늬 저지(Ⓑ) 11×23cm, 오가닉 안감(Ⓒ) 23×35cm, 수실 약간, 벨크로

실물 도안 | 대형 실물본 3-09

# 턱받이 만들기

**01** 오가닉 단면 타월 원단(Ⓐ)에 턱받이의 윗부분 패턴을 그려줍니다.

**02** 오가닉 안감(Ⓒ)에는 턱받이 전체 패턴을 그려줍니다.

**03** 줄무늬 저지 원단(Ⓑ)에 턱받이 아랫부분의 패턴을 그려줍니다.

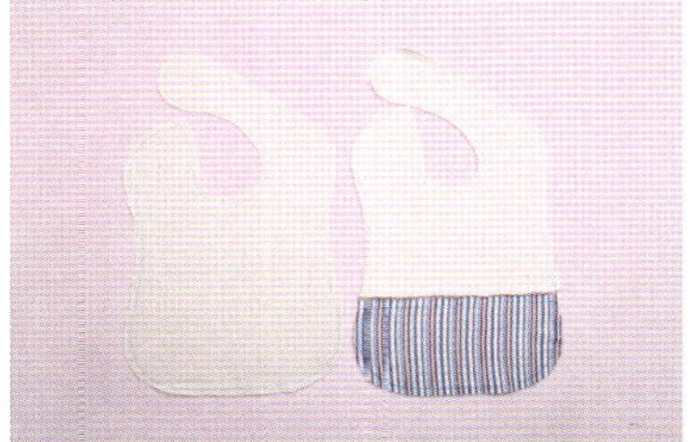

**04** 시접을 7mm 남기고 재단합니다.

**05** 오가닉 단면 타월 원단과 줄무늬 저지 원단을 연결하기 위해 겉면끼리 마주 놓고 시침핀으로 고정합니다.

**06** 턱받이의 겉감을 박음질한 후 펼쳐줍니다.

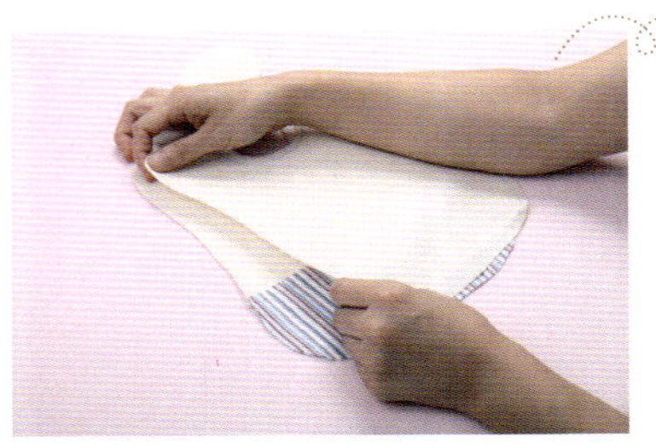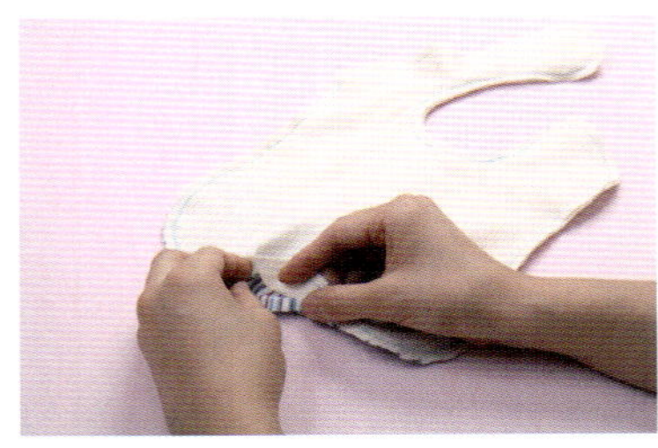

07 연결한 겉감 위에 안감을 올리고 겉면끼리 마주댄 후 시침핀으로 고정합니다.

08 턱받이의 창구멍만 남기고 박음질합니다.

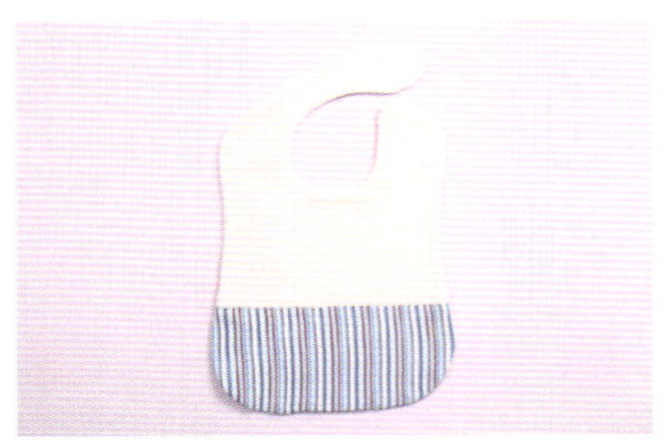

09 곡선인 부분은 가위집을 주고 창구멍으로 뒤집어줍니다.

10 창구멍을 공그르기합니다.

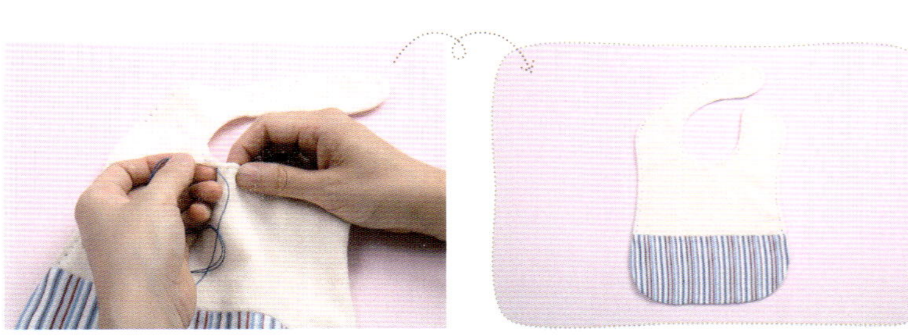

11 가장자리를 따라 파랑색 수실로 러닝스티치하여 턱받이의 가장자리를 눌러줍니다.

12 밸크로를 동그랗게 재단하여 시침핀으로 고정하고 감침질을 해줍니다.

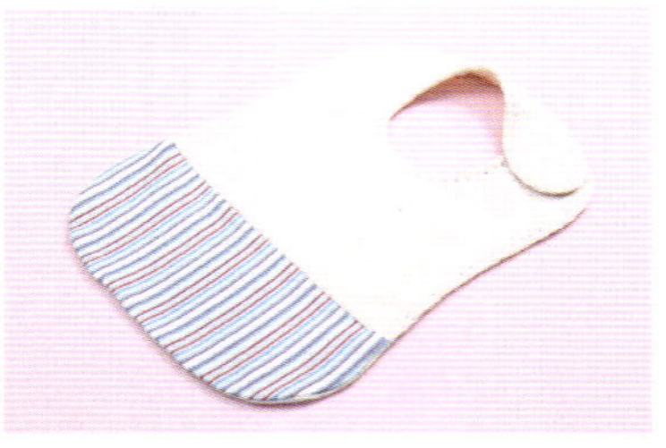

13 감침질을 완성한 모습입니다.

14 쓰임새 많은 스트라이프 턱받이가 완성되었습니다.

**다양한 동물 모양 턱받이를 만들어보세요.**
이유식을 시작하는 5~6개월 즈음부터
요긴하게 사용하는 턱받이는 1~2장으
로는 부족해요.
만들기 쉬운 만큼 넉넉하게 준비해야
한다는 사실 잊지 마시구요. 다양한 모
양으로 엄마의 센스를 발휘해보세요.

# 품에 안고 싶은
# 말랑말랑 강아지

배밀이를 하면서 엉거주춤 기어 다니던 아기가 어느 날
불쑥 뒤로 일어나 앉아요. 흔들흔들 이리 넘어질까 저리 넘어질까
걱정스러울 때, 말랑말랑한 강아지 한 마리를 옆에 두면 어떨까요?

# 10 품에 안고 싶은 **말랑말랑 강아지**

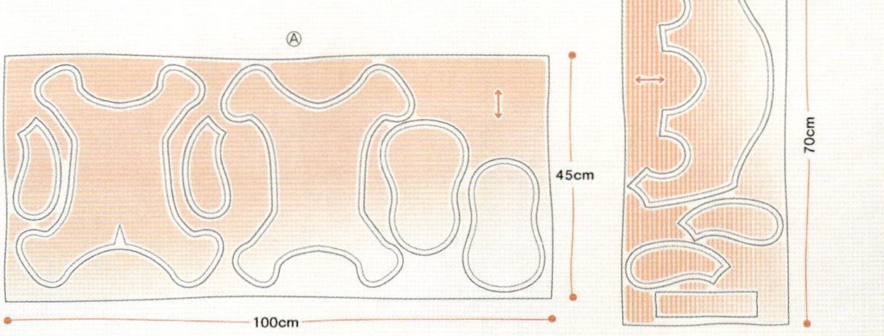



예상 제작 시간: 6시간 ★  예상 재료비: 38,000원
완제품 예상가: 80,000원
완성 사이즈: 가로 38cm, 세로 45cm(부피감이 있는 인형이라 제법 커요)

**준비물**  오가닉 단면 타월 원단 가로 100cm×45cm, 오가닉 줄무늬 저지 30×70cm,
수실 약간, 똑딱 단추 1개, 속 채움용 솜 500g

🏠 실물 도안 : 대형 실물본 3-10

# 몸통 만들기

**01** 단면 타월 원단(Ⓐ)에는 강아지 몸통 윗면과 아랫면, 얼굴 앞면과 뒷면 강아지 귀 2장을 그려줍니다.

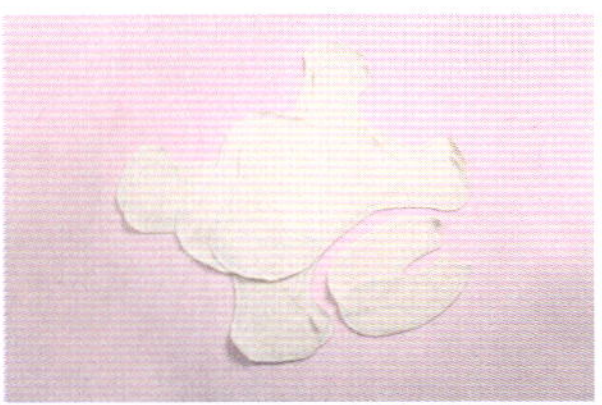

**02** 단면 타월 원단으로 몸통 윗면과 아랫면, 귀 2장, 얼굴 앞/뒷면 모두 시접을 남기고 재단합니다.

**03** 줄무늬 저지 원단((Ⓑ)에는 귀 2장과 조끼를 시접을 남기고 재단합니다. 폭 5cm 길이, 20cm로 꼬리도 재단해주세요.

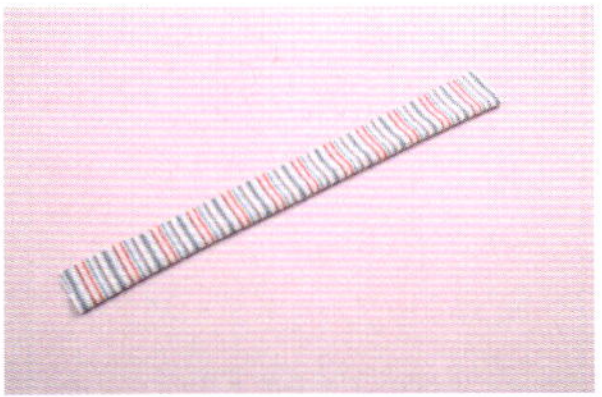

**04** 재단 해놓은 꼬리는 길게 절반을 접어 ㄱ자 모양으로 박음질 해줍니다.

**05** 겸자를 이용해 뒤집어주세요.

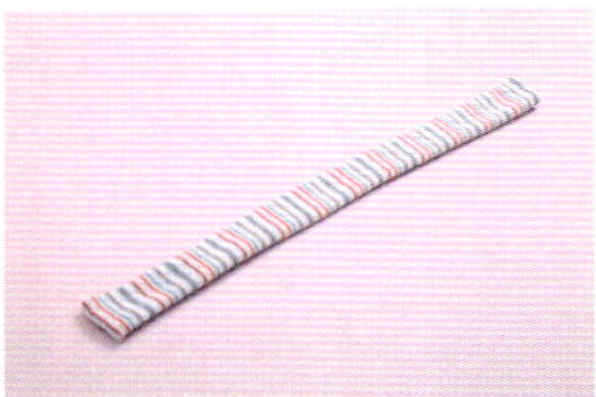

**06** 꼬리를 완성하였습니다.

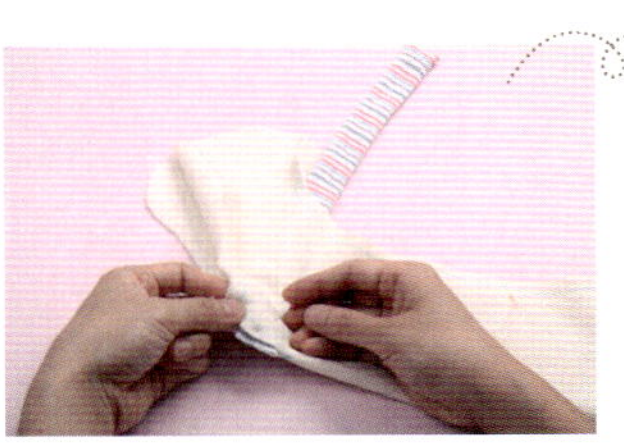

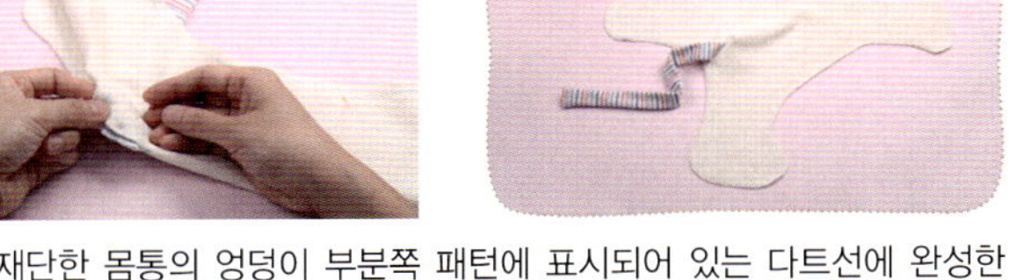

**07** 재단한 몸통의 엉덩이 부분쪽 패턴에 표시되어 있는 다트선에 완성한 꼬리를 끼우고 다트선을 박음질 해줍니다.

08 몸통 아랫면의 다트선을 박음
질 해주세요.

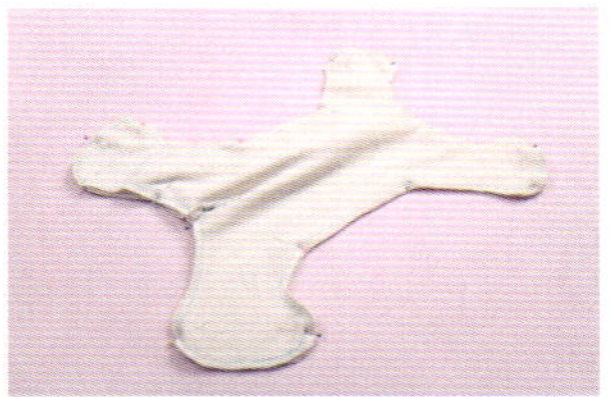

09 몸통의 윗면과 아랫면을 겉면
끼리 마주 놓고 시침핀으로
고정합니다.

10 몸통의 창구멍만 남기고 모두
박음질 해줍니다.

11 몸통의 창구멍으로 뒤집어주
세요.

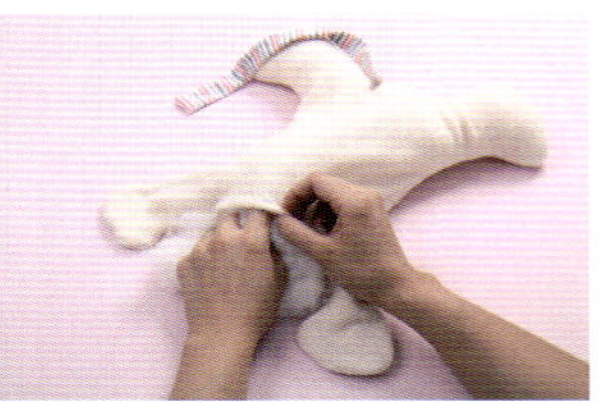

12 말랑말랑하게 솜이 뭉치지 않
도록 채워 넣습니다.

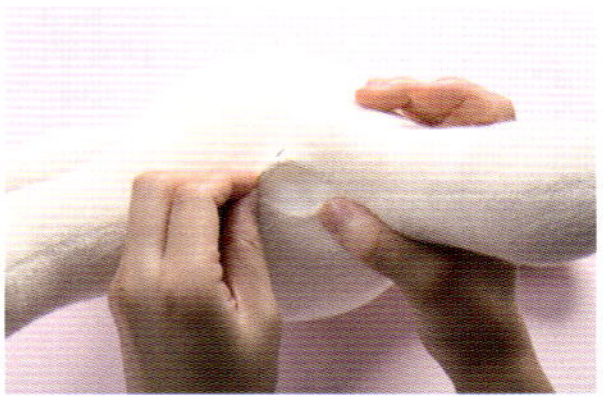

13 강아지 몸통의 창구멍을 공그
르기합니다.

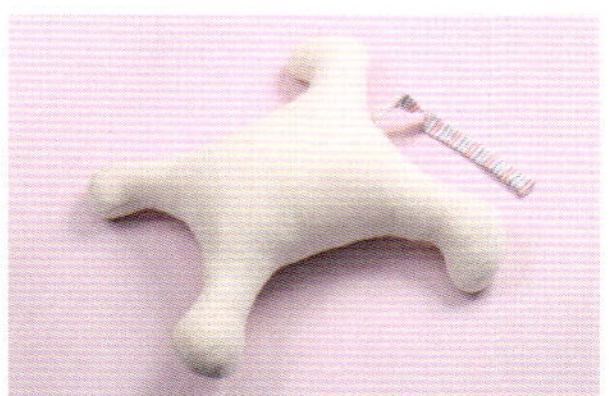

14 말랑 강아지의 몸통이 완성되
었습니다.

# 얼굴 만들기

15 재단되어 있는 얼굴 앞면의
다트 부분을 시침핀으로 고정
하여 박음질합니다.

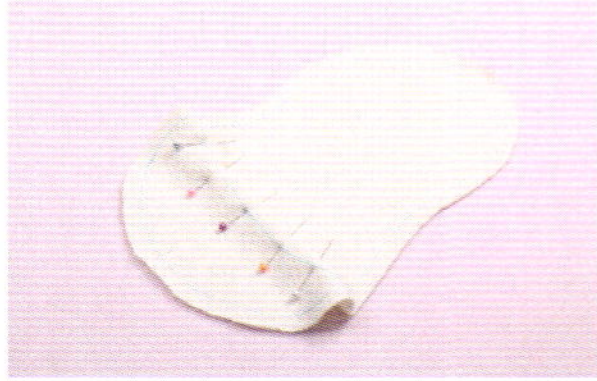

16 얼굴 뒷면의 다트선을 시침
핀으로 고정하여 박음질 해
주세요.

17 얼굴 앞면과 뒷면을 겉면끼리 마주대고 시침핀으로 고정하고 강아지
얼굴을 창구멍만 남기고 박음질합니다.

18 얼굴은 겸자를 이용하여 창구
멍으로 뒤집어줍니다.

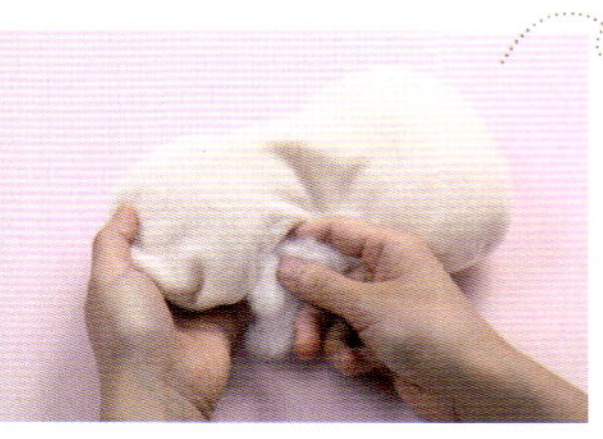

19 솜을 말랑말랑하게 채우고 눈과 입을 수놓기 전에는 시침핀으로 창구
멍을 임시로 고정합니다.

20 단면 타월 원단과 줄무늬 저
지 원단으로 강아지 귀를 재
단합니다. 재단한 귀 2장은
겉면끼리 마주대고 시침핀으
로 고정합니다.

 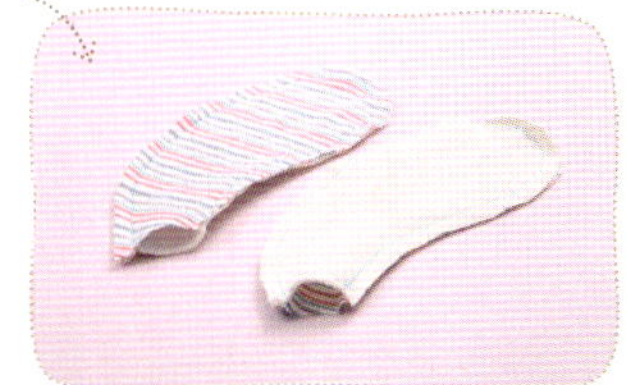

21 창구멍만 남기고 박음질하여 뒤집어줍니다.

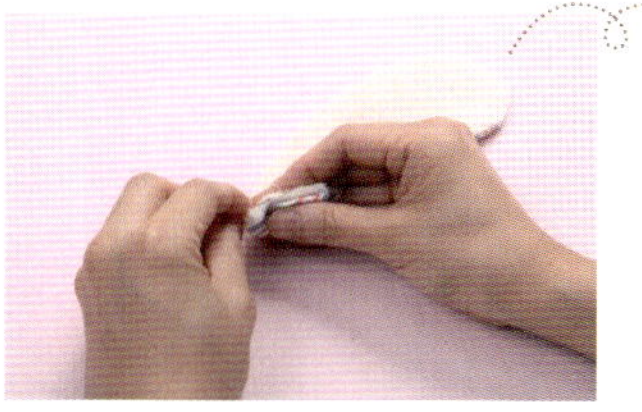 

22 창구멍을 공그르기 하여 강아지 귀 2개를 완성합니다.

23 만들어 놓은 얼굴에 완성한 귀를 시침핀으로 고정하여 위치를 잡아줍니다.

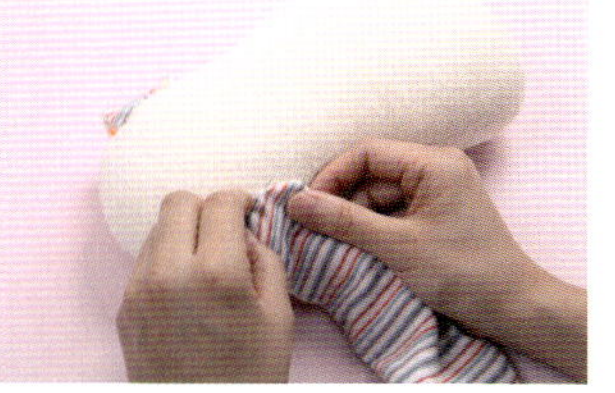

24 강아지 귀를 앞뒤로 모두 공그르기 합니다.

25 강아지 귀를 모두 연결하였습니다.

26 강아지 코를 줄무늬 조각 원단으로 시접 5mm만 남기고 재단하여 준비합니다.

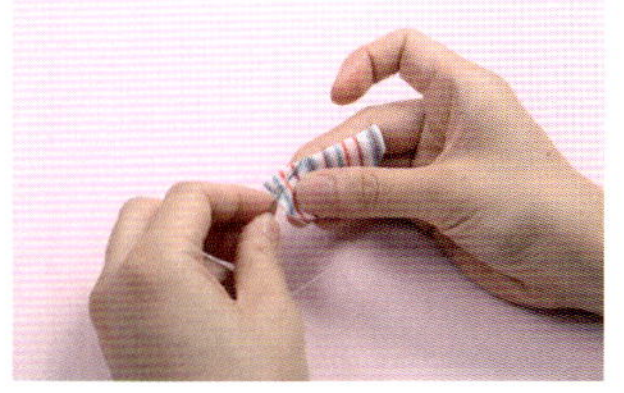

27 재단한 코의 다트 부분을 박음질 해줍니다.

28 강아지 얼굴에 코를 수성펜으로 그려줍니다.

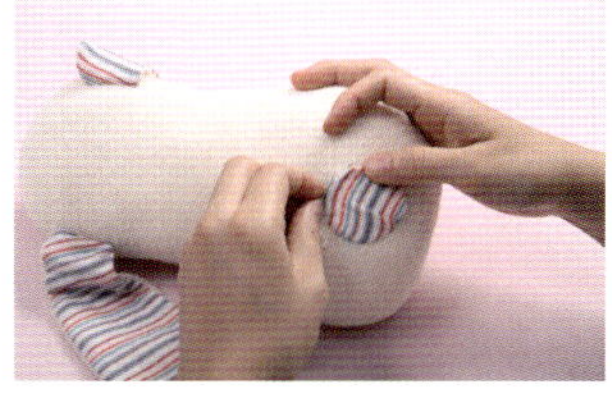

29 재단한 조각 원단으로 강아지 코를 얼굴에 시침핀으로 고정하고 코의 가장자리 선을 따라서 공그르기 해줍니다.

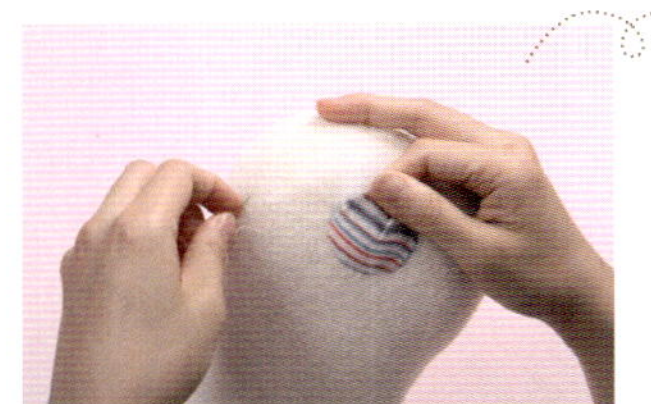 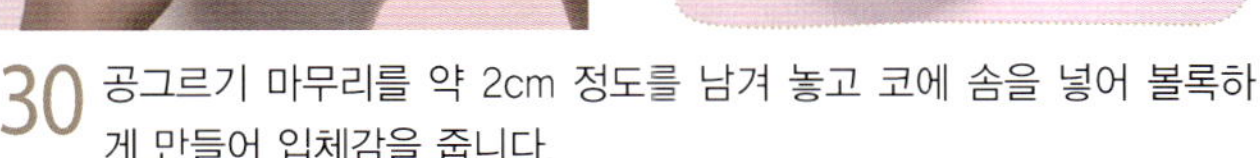

30 공그르기 마무리를 약 2cm 정도를 남겨 놓고 코에 솜을 넣어 볼록하게 만들어 입체감을 줍니다.

31 강아지의 눈과 입을 수성펜으로 그려줍니다.

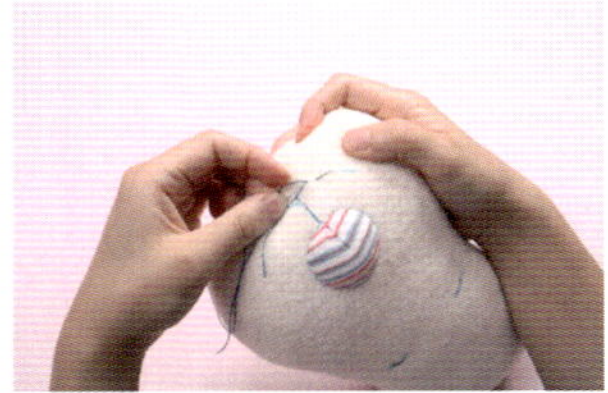

32 강아지의 눈과 입을 수놓아주세요. 눈은 새틴스티치로 입은 백스티치로 수놓아줍니다.

33 강아지의 눈과 입을 수놓아 완성한 모습입니다.

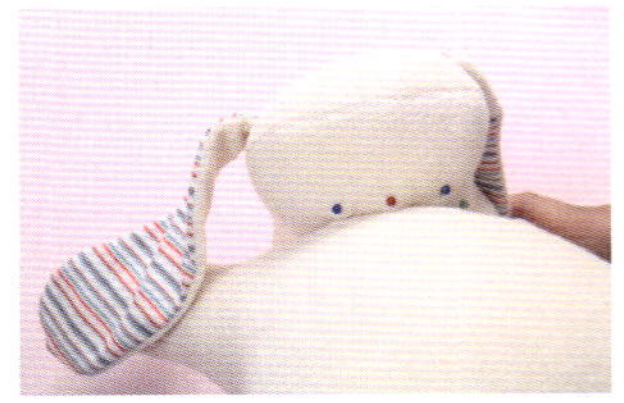

34 강아지의 몸통에 얼굴을 올리고 시침핀으로 고정합니다.

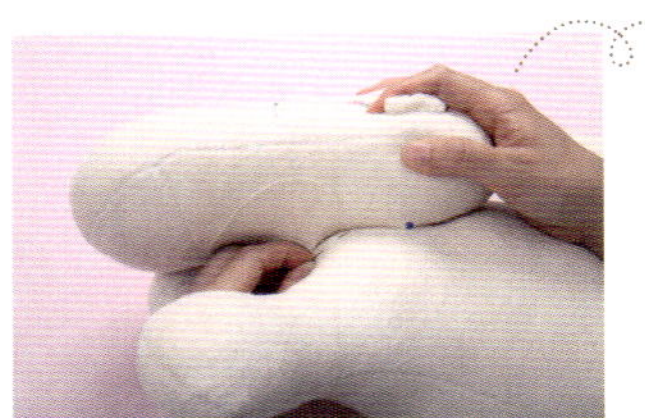

35 몸통 위에서 동그랗게 돌아가면서 공그르기로 마무리하면 말랑 강아지가 완성되었습니다.

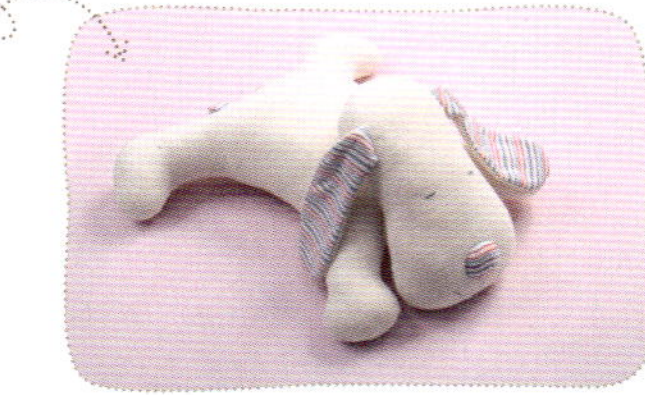

# 말랑 강아지 조끼 만들기

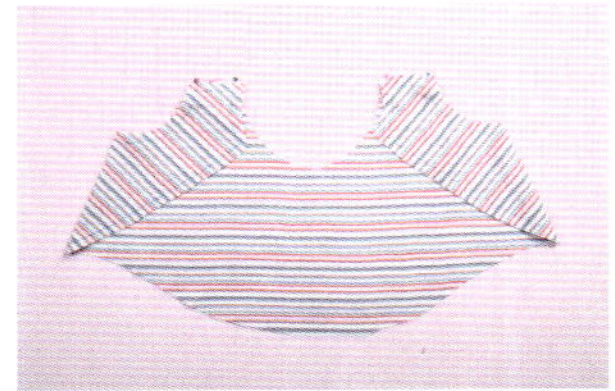

36 재단해 놓은 조끼의 어깨선 부분을 시침핀으로 고정합니다.

37 조끼의 어깨선을 박음질합니다.

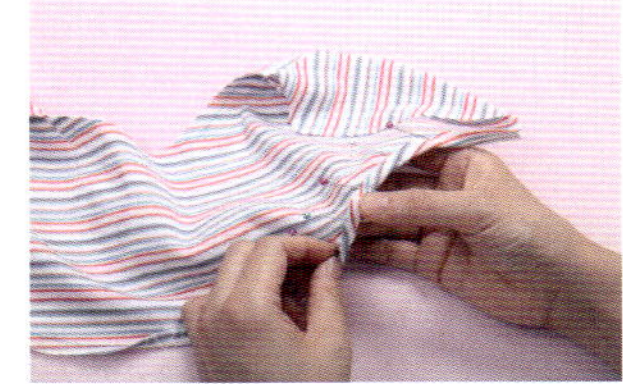

38 조끼 가장자리 부분의 모든 시접을 접어 넣고 시침핀으로 고정합니다.

39 시접 부분의 가장자리를 따라 꼼꼼하게 홈질해주세요.

40 스냅단추를 달아줍니다.

41 완성된 조끼를 강아지에게 입혀주면 품에 안고 싶은 말랑 말랑 강아지가 완성됩니다.

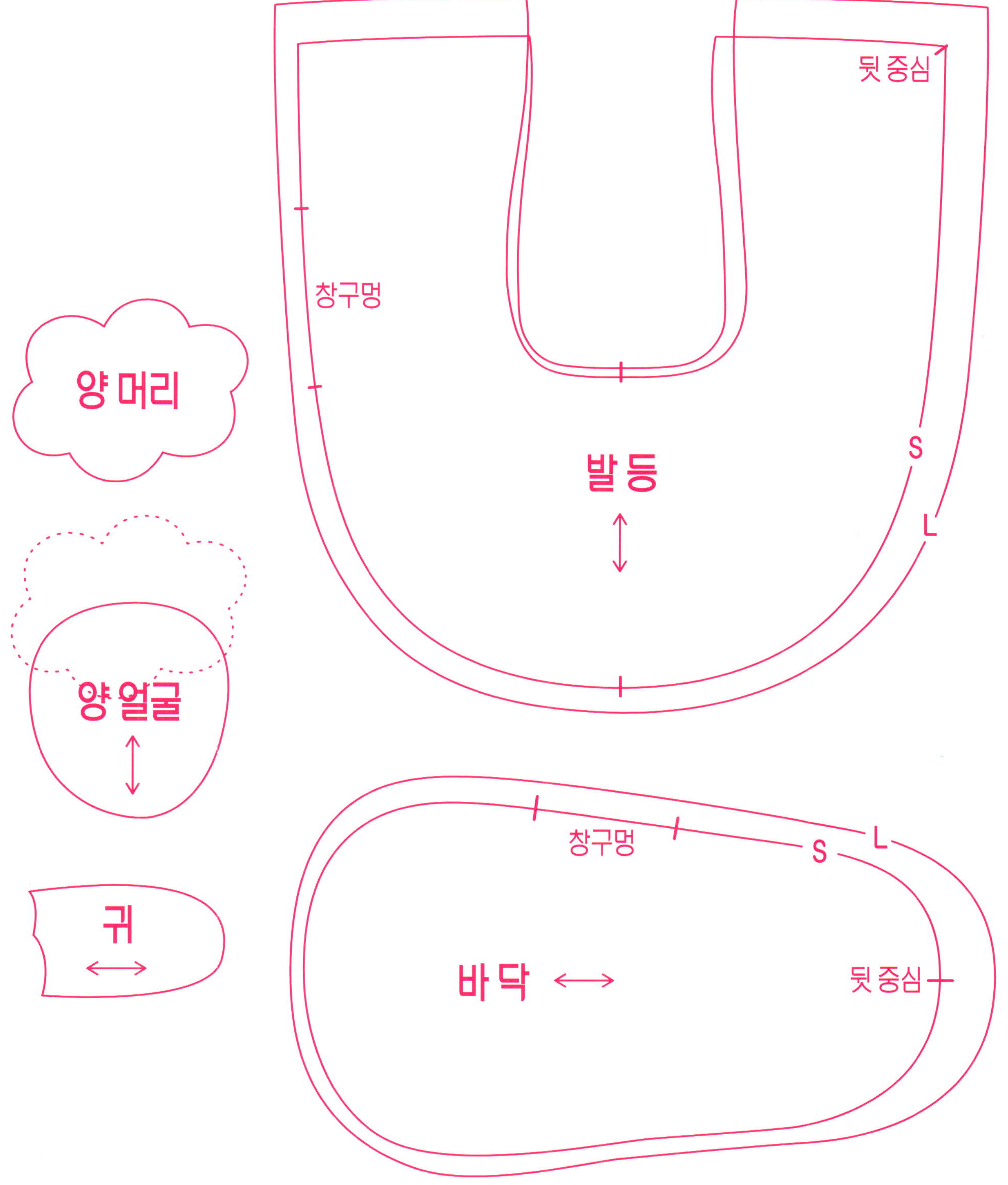
양 머리
양 얼굴
귀
창구멍
발등
뒷 중심
S
L
바닥
창구멍
S
L
뒷 중심

# Part 4

## 엄마의 사랑 가득한
## 출산용품 DIY

# 엄마의 센스가 빛나는
# 배색 배냇저고리

베이직 스티치 배냇저고리가 아주 오랫동안 보관할 베이직 아이템이라면,
이 스트라이프 줄무늬 배색 배냇저고리는 카디건으로도 센스 있게
사용할 수 있는 멋쟁이 아이템이에요.

## 11 엄마의 센스가 빛나는 **배색 배냇저고리**

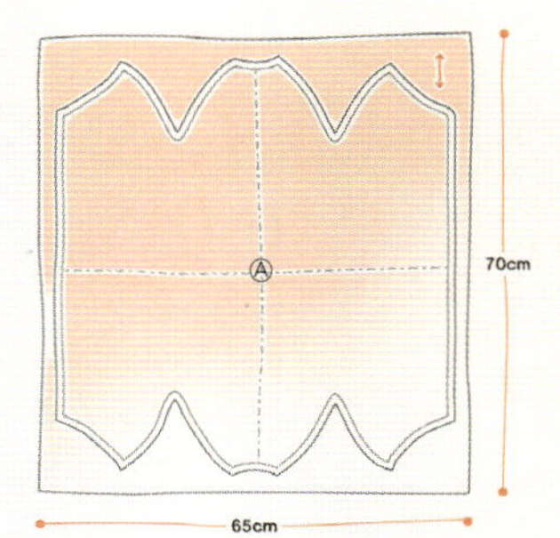

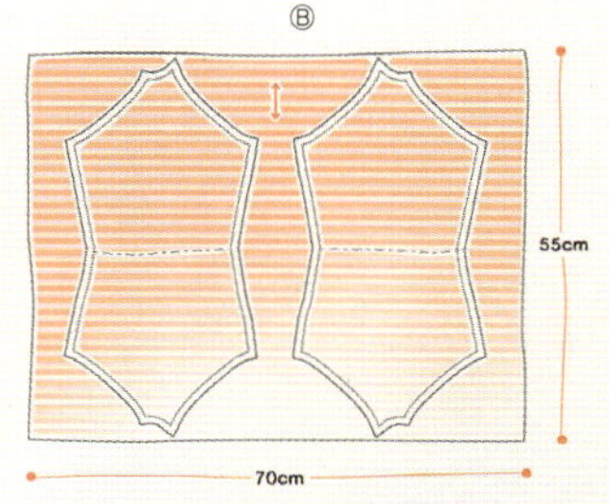

예상 제작 시간: 4시간 ★ 예상 재료비: 33,000원
완제품 예상가: 65,000원 ★ 완성 사이즈: 신생아용

**준비물** 오가닉 단면 저지 70×65cm, 오가닉 줄무늬 저지 70×55cm,
플라스틱 스냅 2개

실물 도안 | 대형 실물본 4-11

# 배냇저고리 만들기

**01** 단면 줄무늬 저지 원단(Ⓑ)에 소매 패턴을 놓고 소매 단을 골선으로 하여 소매 2장을 수성펜으로 그려줍니다.

**02** 시접을 일정하게 남기고 재단합니다. 소매는 2개를 재단해 준비해주세요.

**03** 박음질하기 쉽게 소매를 세로로 길게 접어 시침핀으로 고정하고

**04** 고정한 소매의 서로 선을 박음질합니다.

**05** 안쪽 면끼리 마주보도록 소매 단에서 접어 올려 2겹을 만듭니다.

**06** 단색의 단면 저지 원단(Ⓐ)에 몸통 패턴을 놓고 뒷 중심선과 밑단을 골선으로 하는 1장을 수성펜으로 그려줍니다.

07 시접을 남기고 재단합니다.

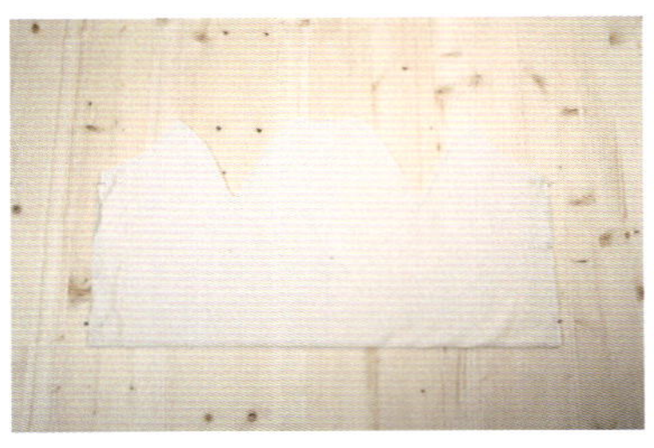

08 재단한 몸통의 밑단을 가로로 접은 후 양쪽 가장자리(앞 여밈선)을 시침핀으로 고정합니다.

09 시침핀으로 고정한 배냇저고리의 앞 여밈선을 박음질하고 뒤집어줍니다.

10 배냇저고리 소매와 몸통을 겉감끼리, 안감끼리 연결하기 위해 맞추어 봅니다.

11 배냇저고리는 2겹이기 때문에 먼저 몸통과 소매의 겉감끼리 겉면이 마주보도록 진동 둘레 선에 시침핀을 꽂아 고정합니다.

12 겉감의 진동 둘레선을 박음질합니다.

13 안감끼리 진동 둘레선을 연결하기 위해 뒤집고, 다시 시침핀으로 고정한 후 박음질합니다.

14 배냇저고리의 목둘레선 시접분을 접어 넣고 완성선을 따라 시침핀으로 고정합니다.

15 목둘레선의 가장자리를 따라 공그르기 해줍니다.

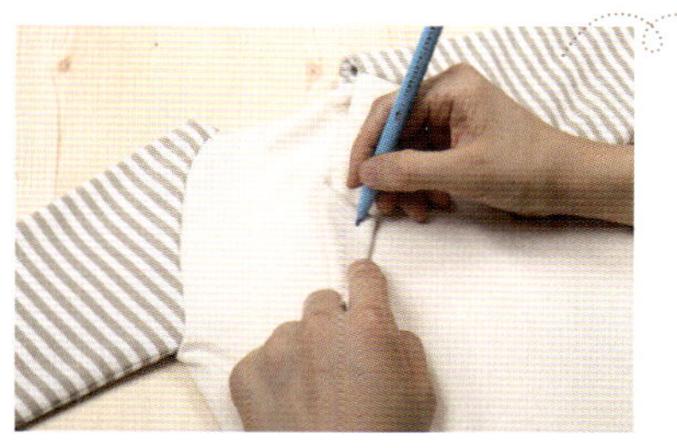 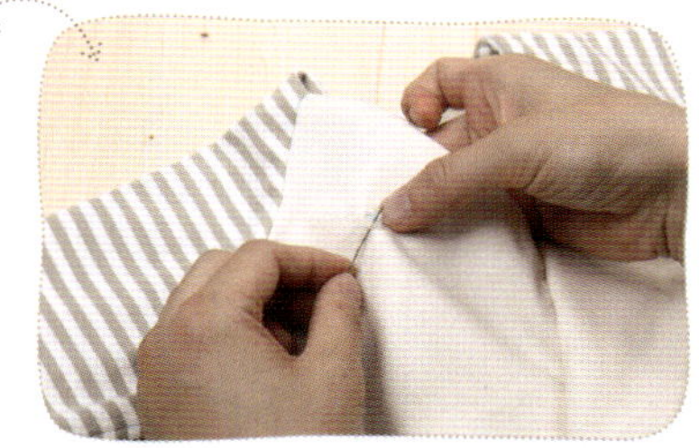 

16 플라스틱 스냅단추를 달아줄 안쪽 여밈 부분과 바깥쪽 여밈 부분 2군데에 수성펜으로 표시하고 스냅단추를 달아줍니다.

17 엄마의 센스가 빛나는 배색 배냇저고리가 완성되었습니다.

덧붙이기

## 시접 처리가 자유로운 단면 저지 원단

얇은 단면 저지 원단은 배냇저고리 던지, 아이 모자 던지, 손 싸개 던지 2겹으로 만들 경우 시접 처리에서 자유로워져요. 그래서 바느질이 조금 삐뚤빼뚤하더라도 작품의 완성도가 아주 높아요.

# 쓸수록 지구를 살리는
# 보송보송 천 기저귀

현명한 엄마의 필수 조건 3종 세트는 자연분만, 모유수유,
천 기저귀래요. 2종 중에서도 가장 어려운 것이 천기저귀가 아닐까?
하는 아주 개인적인 생각인데요. 요런, 기저귀 일찍 만들었다면,
울 늦둥이 둘째도 천 기저귀로 키웠을 텐데 말이에요. ^^

# 12 쓸수록 지구를 살리는 **보송보송 천 기저귀**

예상 제작 시간: 2시간 ★ 예상 재료비: 5,000원
완제품 예상가: 25,000원 ★ 완성 사이즈: 신생아용

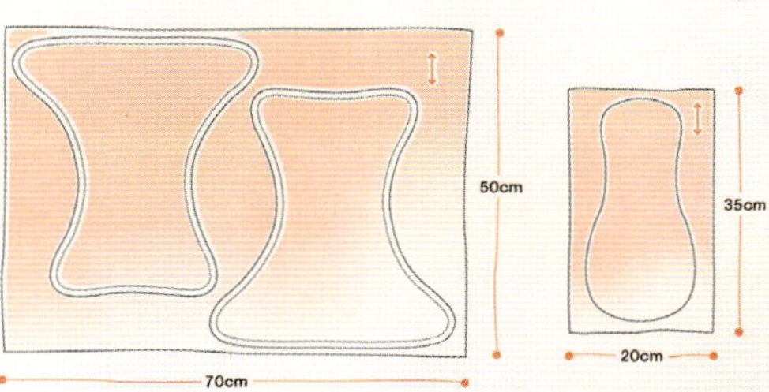


**준비물** 오가닉 양면(Ⓐ)저지 가로 50×세로 70cm, 오가닉 양면(Ⓑ)저지 고무줄 약간,
수실 약간

실물 도안 | 대형 실물본 4-12

# 기저귀 만들기

**01** 양면 저지 원단(Ⓐ)에 패턴을 따라 2
장을 그립니다. 시접은 특별히 5mm
만 남기고 재단허주세요.

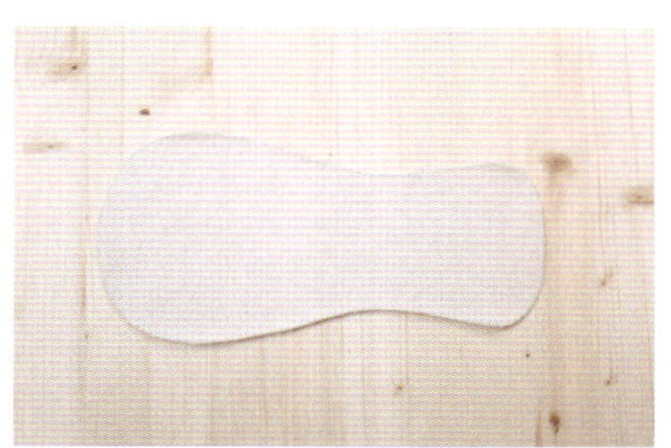

**02** 흡수천(Ⓑ)은 패턴을 따라 그린 뒤, 시
접 없이 재단합니다.

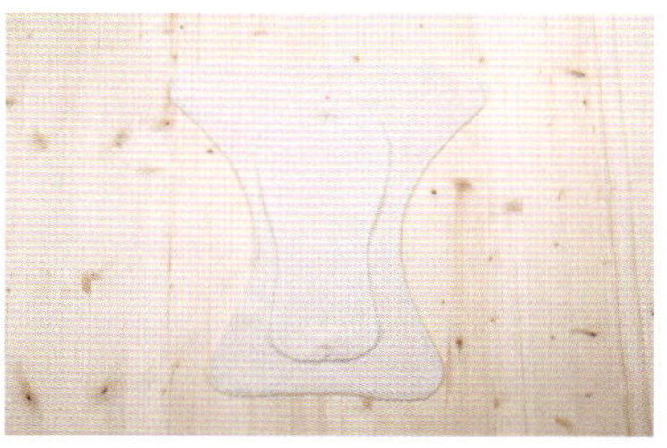

**03** 재단한 기저귀 한 장의 안쪽 면에 흡
수천을 패턴에 표시되어 있는 위치대
로 시침핀으로 고정해주세요.

**04** 흡수천의 5mm 안쪽으로 박음질합
니다.

**05** 흡수천을 덧댄 기저귀 한 장과 재단한
다른 기저귀 한 장을 안쪽 면끼리 마
주 놓습니다. 12cm씩 3개를 준비합
니다.

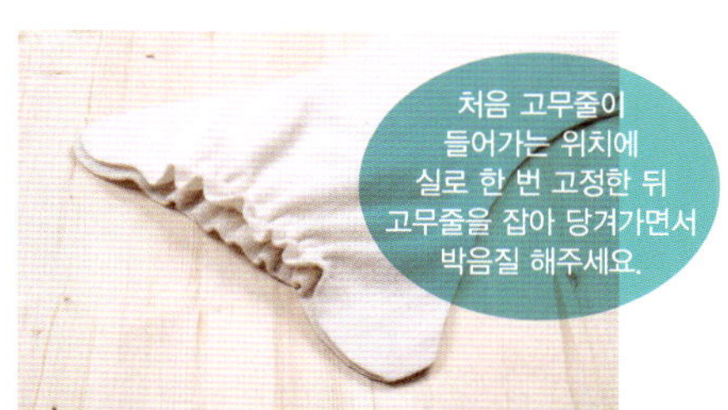


**06** 뒤쪽 허리선부터 패턴에 표시되어 있
는 위치에 고무줄을 끼워주고

**07** 가랑이 사이 부분 2군데도 기저귀 천과 고무줄을 함께 박음질하여 고정합니다.

**08** 고무줄이 들어가지 않은 나머지 부분을 가장자리 완성선 1cm 안쪽에서 박음질합니다.

**09** 기저귀의 가장자리를 따라 모두 오버록 칩니다. 처음 재단할 때 남겨 두었던 시접분 5mm를 잘라내면서 오버록 칩니다.

## Tip

**오버록이란?**
오버록이란 특수한 재봉틀을 이용하여 옷감의 올이 풀리지 않도록 가장자리를 휘갑치기 하는 것을 말합니다.

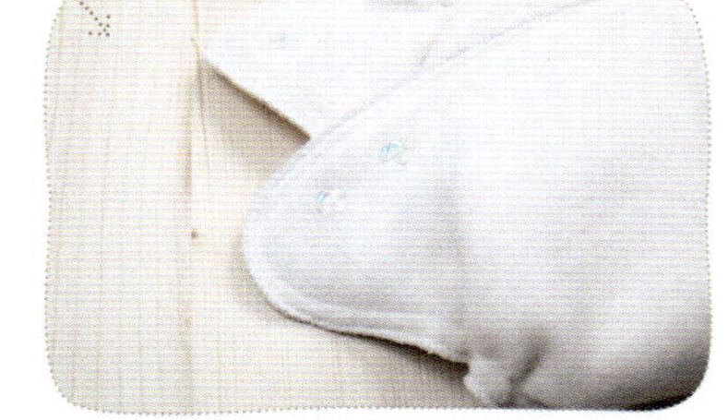

**10** 기저귀의 양쪽 허리 부분에서 플라스틱 스냅단추를 2개씩 달아주어 허리 조절을 할 수 있도록 합니다.

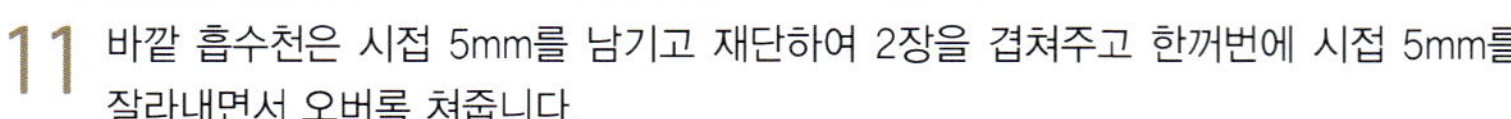

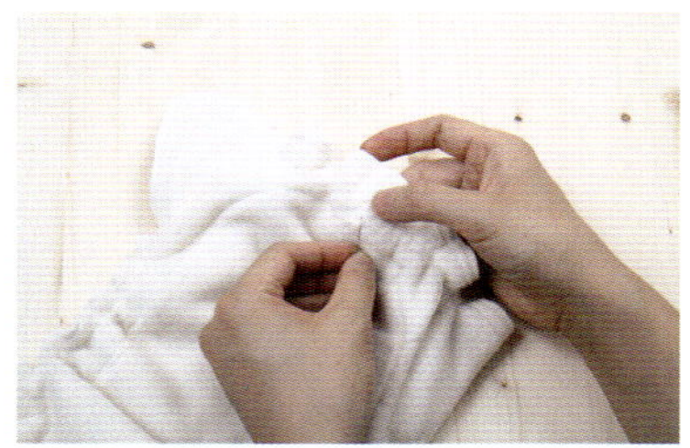



**11** 바깥 흡수천은 시접 5mm를 남기고 재단하여 2장을 겹쳐주고 한꺼번에 시접 5mm를 잘라내면서 오버록 쳐줍니다.

**12** 기저귀의 안쪽에 흡수천을 올리고 스냅단추를 달아줄 위치를 표시합니다.

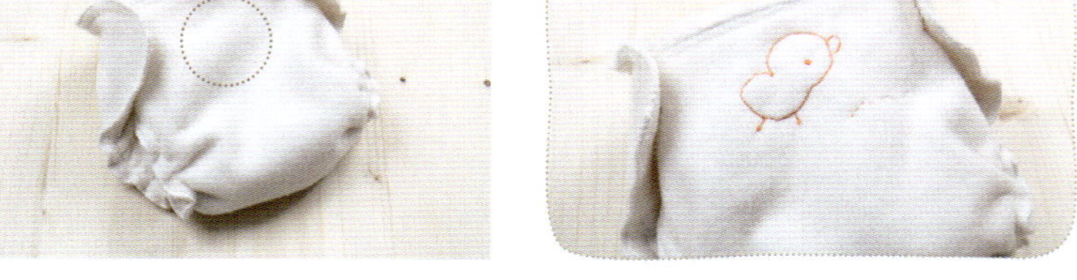

**13** 수성펜으로 표시한 위치와 기저귀와 흡수천에 플라스틱 스냅단추를 달아줍니다.

**14** 수성펜으로 병아리를 그려주고 스티치로 수를 놓아주세요.

**15** 보송보송 천 기저귀가 완성되었습니다.

## Tip

**오버록 미싱이 없다면?**
오버록 미싱이 없는 경우 오버록으로 기저귀를 마무리하고 싶다면 모든 과정을 먼저 완성하고 여러 장을 한꺼번에 가까운 세탁소에 가져가서 하면 된답니다.

# 볼수록 기분 좋아지는
# 구름 둥둥 모빌

뭉게 구름 속에서 흘러나오는 오르겔의 자장가가
엄마의 "자장 자장" 소리만큼이나 친숙하게 들려요.
모빌로 사용하다가 아이가 뒤집기 시작하면 손에 쥐고 노는
장난감으로 사용해주세요.

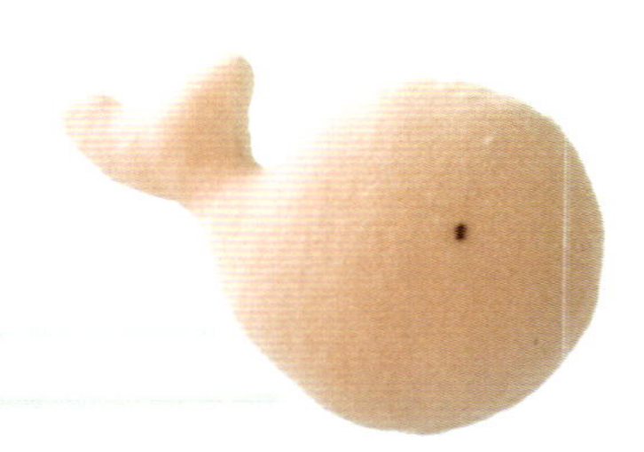

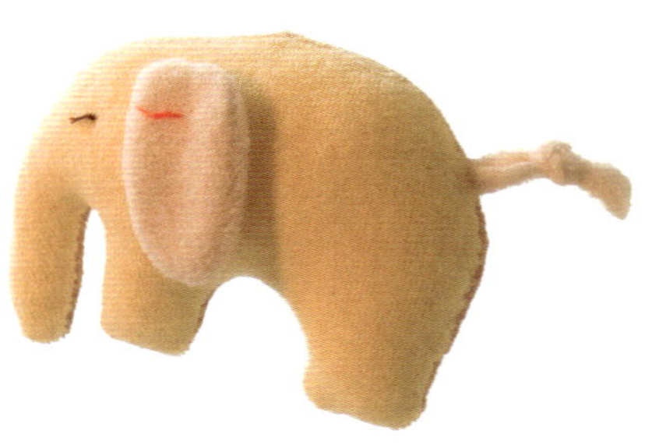

# 13 볼수록 기분 좋아지는 구름 둥둥 모빌

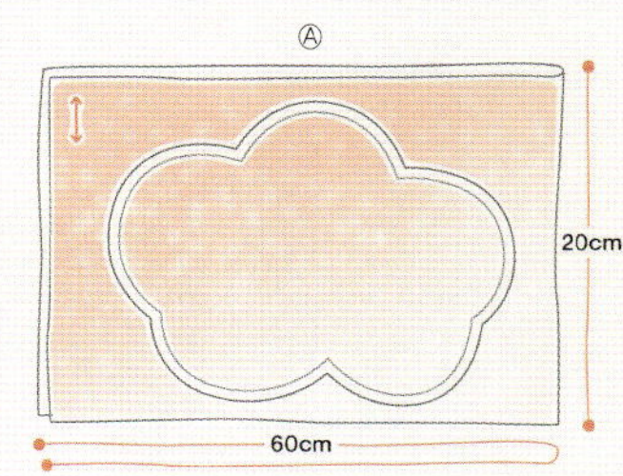

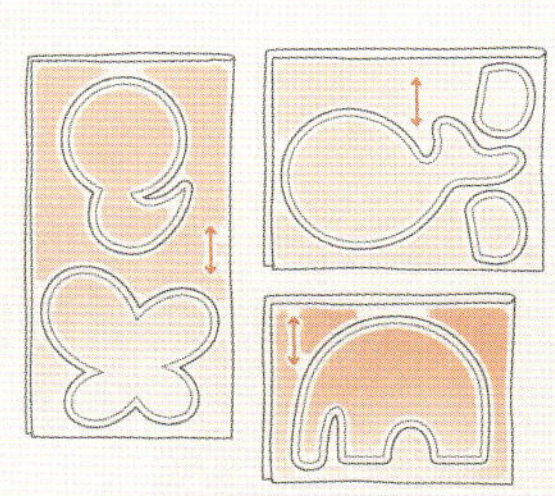

예상 제작 시간: 3시간　★　예상 재료비: 36,000원
완제품 예상가: 80,000원　★　완성 사이즈: 구름이 25×18cm 정도

**준비물**　오가닉 뽀글 원단(A) 가로 60×20cm, 오가닉 단면 타월 원단 조금씩 3종, 딸랑이, 삑삑이, 멜로디 박스, 낚싯줄 약간, 수실 약간, 모빌대, 히톤나사, 솜 200g

실물 도안 | 대형 실물본 4-13

# 구름 만들기

**01** 오가닉 뽀글 원단(A)을 겉면 끼리 2장 겹쳐주고 수성펜으로 구름을 그립니다.

**02** 솜을 채울 창구멍과 멜로디 박스 끈이 나올 구멍을 남기고 박음질 해주세요.

**03** 시접을 일정하게 남기고 재단 하세요. 곡선인 부분과 각진 모서리 시접 부분에 가위집을 줍니다.

**04** 창구멍으로 뒤집어줍니다.

**05** 창구멍으로 솜을 조금 채운 후, 멜로디 박스를 넣고 적당히 솜을 채웁니다.

**06** 멜로디 박스에 달려 있는 끈을 돗바늘에 끼워줍니다. 앞에서 만들어 놓았던 작은 창구멍 안쪽에서 멜로디 박스 끈을 바깥쪽으로 꺼냅니다.

**07** 멜로디 박스 끈에 링을 끼웁니다.

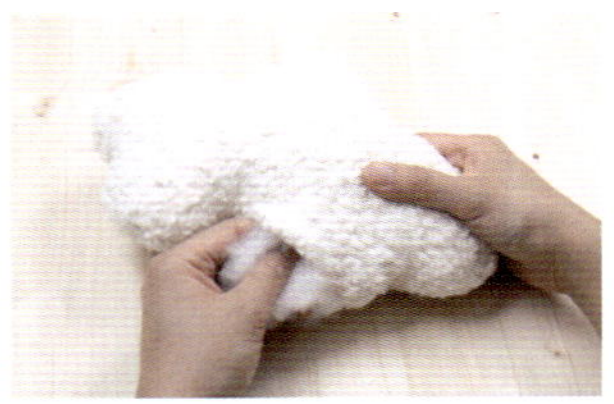

08 구름의 창구멍을 공그르기 합니다.

09 뭉게구름이 완성되었습니다.

# 병아리, 돌고래, 나비, 코끼리 만들기

10 병아리, 나비, 돌고래, 코끼리를 만들기 위해 타월 원단 2장을 겉면끼리 마주대고 도안을 이용해 수성펜으로 그려줍니다.

11 병아리 입 부분에 갈색 타월 조각을 시침핀으로 고정하고 박음질합니다.

12 꼬리는 폭 1cm, 길이 5cm 정도로 재단하여 한쪽 끝을 묶어줍니다.

13 코끼리의 꼬리를 패턴에 표시되어 있는 위치에 끼우고 박음질 해줍니다.

14 돌고래, 나비도 타월 원단 2장을 겉면끼리 마주 놓고 박음질합니다.

15 모두 시접을 남기고 재단하여 뒤집어줍니다.

16 돌고래에 솜과 삑삑이를 넣어줍니다.

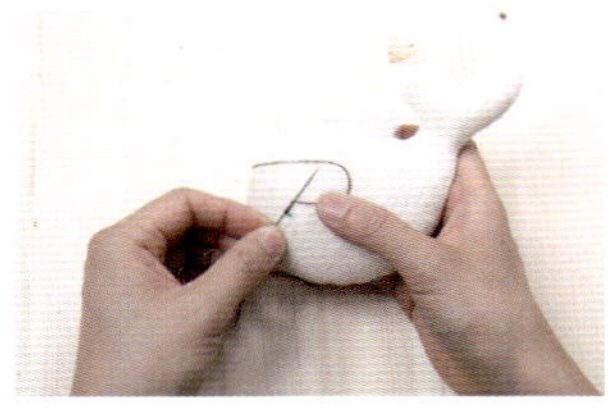

17 매듭수를 놓아 눈을 만들어줍니다.

18 돌고래의 창구멍을 공그르기로 막아줍니다.

19 코끼리도 솜과 딸랑이를 채우고 매듭수를 놓아 눈을 만들어줍니다. 창구멍은 공그르기 해주세요.

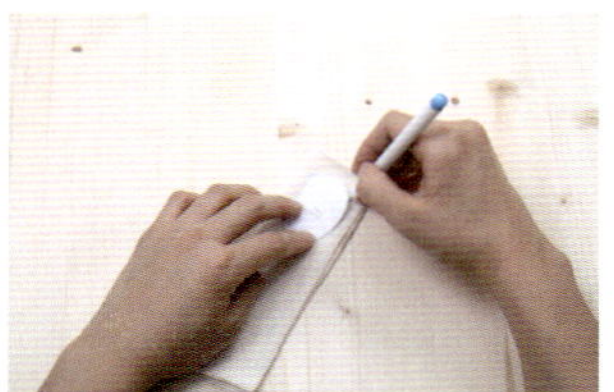

20 코끼리의 귀를 타월 조각 원단에 수성펜으로 그린 후

**21** 박음질하고 귀의 안쪽 면에 세로로 가위집을 주세요.

**22** 코끼리의 귀를 공그르기 합니다.

**23** 코끼리 귀를 몸통에 시침핀으로 고정합니다.

**24** 시침핀으로 고정해 놓은 코끼리 귀의 세로선만 공그르기 하여 고정합니다.

**25** 나비는 솜과 삑삑이를 채우고 창구멍을 공그르기 해주세요.

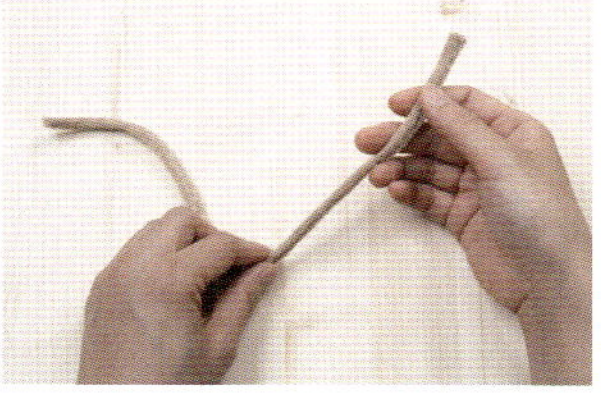

**26** 갈색 조각 타월 천을 폭 2cm, 길이 20cm 길게 재단하여 공그르기하거나 박음질하여 끈을 만듭니다.

**27** 나비 정 가운데의 몸통 부분에 완성한 끈으로 묶어줍니다.

**28** 병아리에도 솜과 삑삑이를 넣고 매듭수로 눈을 놓는다.

# 모빌 완성하기

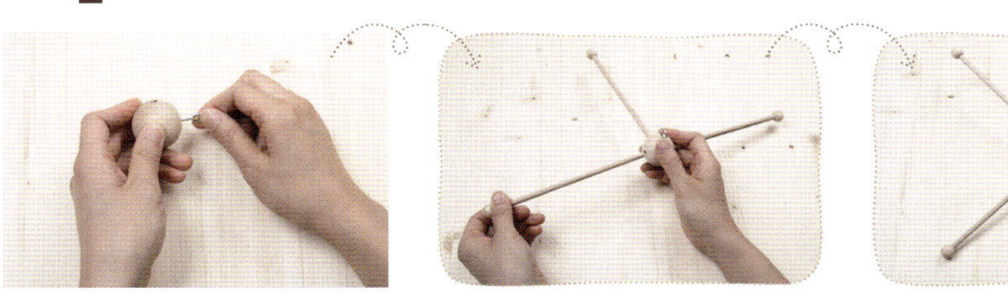

**29** 모빌대의 가운데 나무 볼에 히톤 나사를 끼운 후 나무볼에 나무봉을 끼우고 나무모빌의 조립을 완성합니다.

**30** 낚싯줄로 구름의 정 가운데를 잡아서 바늘로 고정하고 나무볼의 히톤나사에 연결합니다.

**31** 병아리, 돌고래, 나비, 코끼리도 낚싯
줄을 연결하여 모빌대의 나무봉 끝에
묶어주면  모빌이 완성되었습니다.

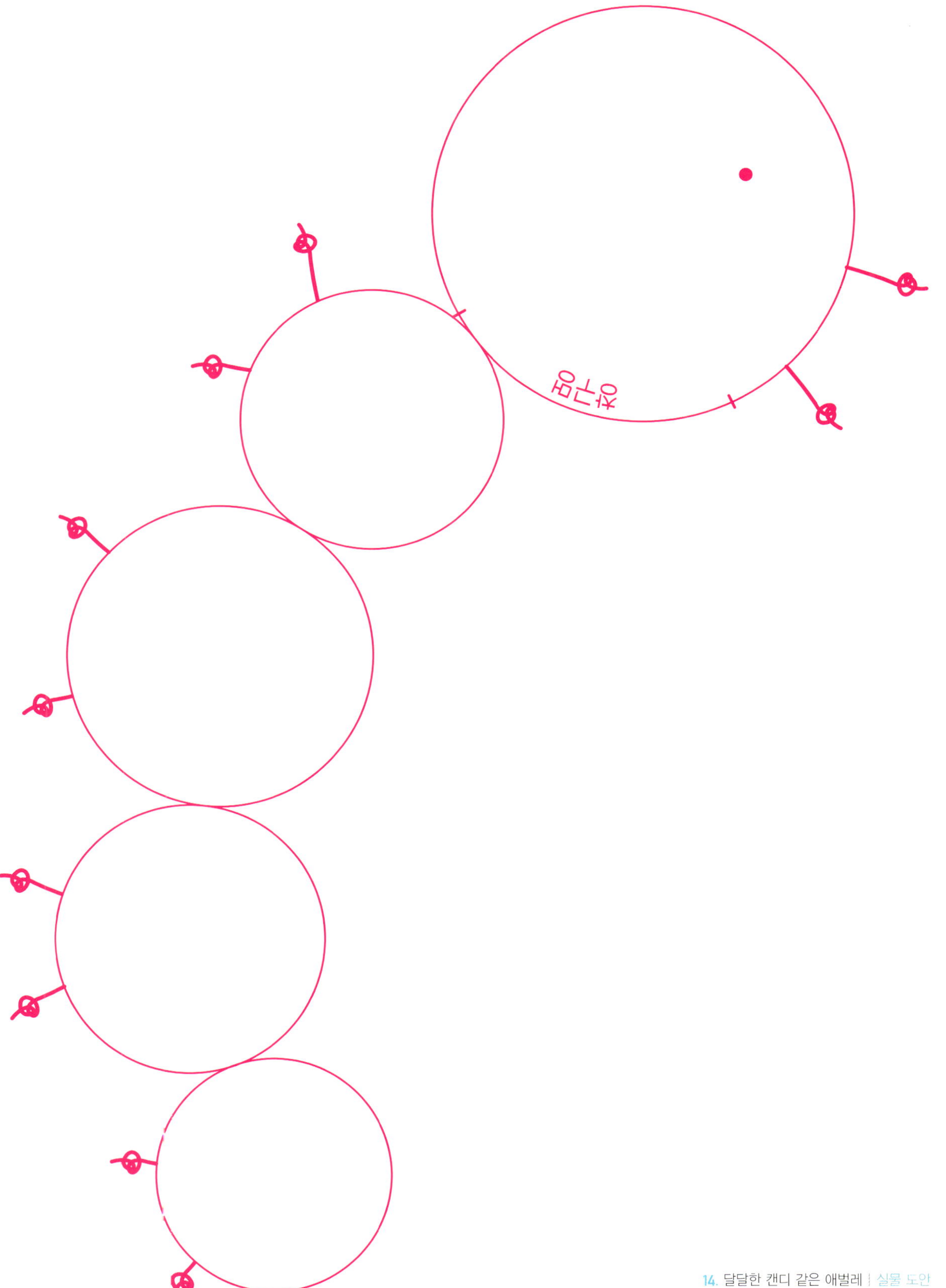


14. 달달한 캔디 같은 애벌레 | 실물 도안

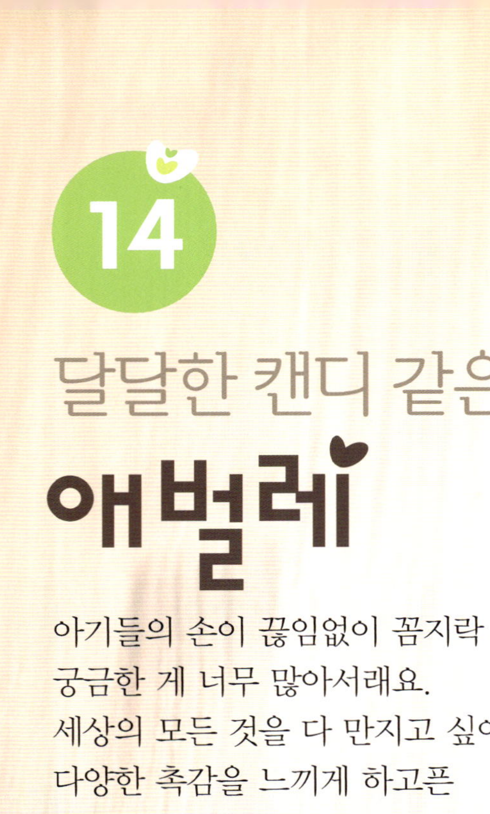

# 달달한 캔디 같은
# 애벌레

아기들의 손이 끊임없이 꼼지락 거리는 이유는
궁금한 게 너무 많아서래요.
세상의 모든 것을 다 만지고 싶어서래요.
다양한 촉감을 느끼게 하고픈
엄마의 마음을 담아서 만들었어요.

# 14 달달한 캔디 같은 **애벌레**

예상 제작 시간: 5시간 ★ 예상 재료비: 20,000원
완제품 예상가: 35,000원 ★ 완성 사이즈: 길이 약 30cm 정도

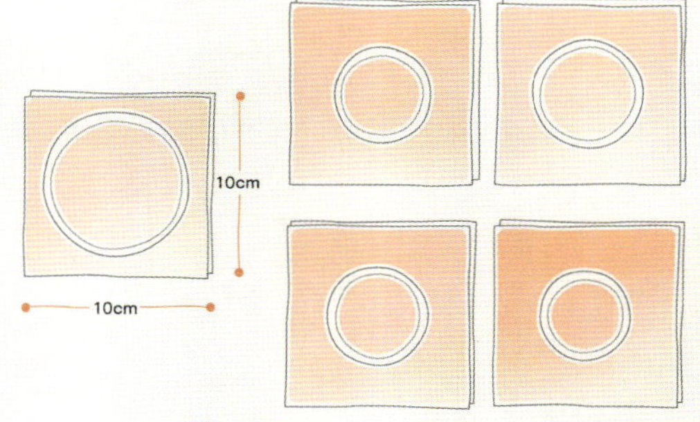

**준비물** 오가닉 겉감 5종 10×10cm, 딸랑이, 삑삑이, 속 채움 4종류(솜, 굵은 펠렛, 가는 펠렛, 버찌씨), 오가닉 코튼 털실 3종, 수실 약간

실물 도안 | 107쪽 참고

# 애벌레 만들기

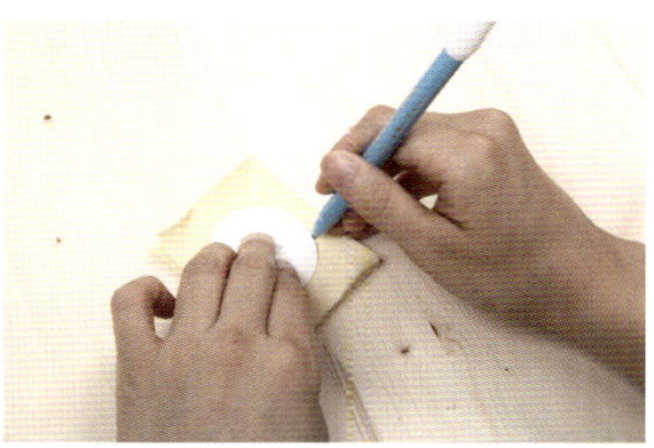

**01** 다양한 종류의 조각 원단들을 골라 원단 2장을 겉면끼리 마주대고 패턴대로 머리 1개와 몸통 4개를 수성펜으로 그려줍니다.

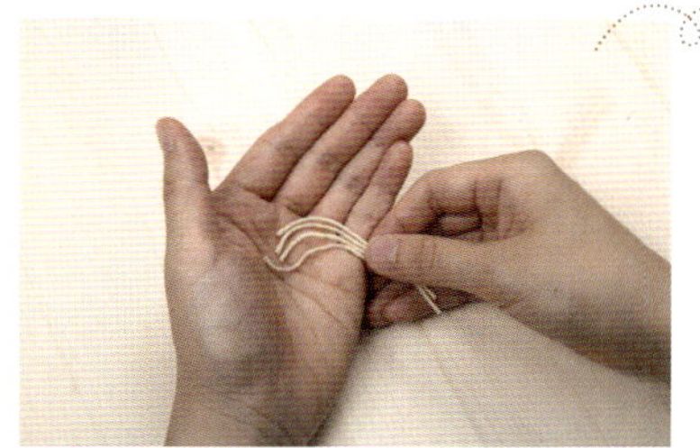

**02** 오가닉 코튼사 4가닥을 7cm로 재단하여 양쪽 끝을 묶어주세요. 같은 방법으로 1개를 더 만들어줍니다.

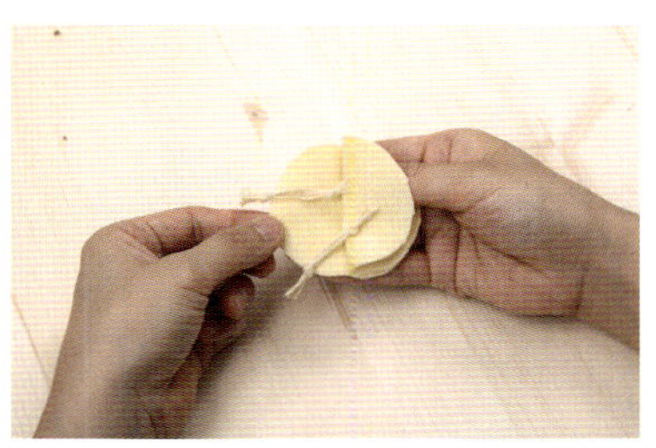

**03** 시접을 남기고 자단한 몸통 부분에서 패턴에 표시되어 있는 위치에 다리 2개를 자리 잡아주세요.

**04** 창구멍만 남기고 몸통을 박음질합니다.

**05** 창구멍으로 뒤집어줍니다.

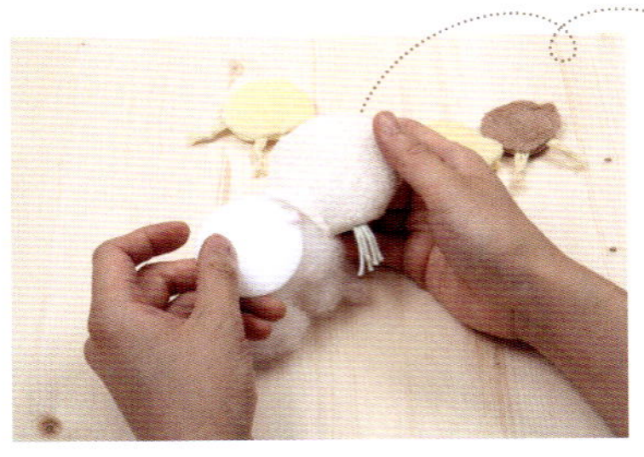

**06** 같은 방법으로 머리 1개, 몸통 4개를 완성합니다.

**07** 머리에는 솜과 삑삑이를 넣어줍니다.

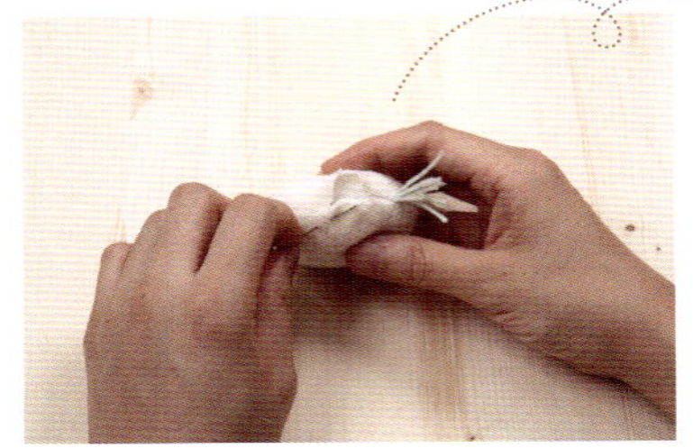

**08** 매듭수를 놓아 눈을 만들어줍니다.

**09** 창구멍을 공그르기 하여 애벌레의 머리를 완성합니다.

**10** 몸통에는 다양하게 준비해 놓는 버찌씨, 가는 펠렛, 굵은 펠렛 등을 삑삑이 딸랑이 등 소리 나는 재료들과 함께 넣어줍니다.

**11** 공그르기 하여 몸통을 모두 완성합니다.

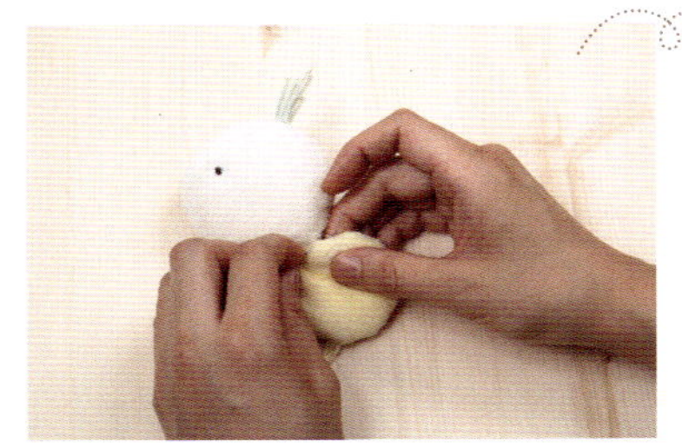

**12** 완성한 머리와 몸통들을 공그르기로 연결합니다.

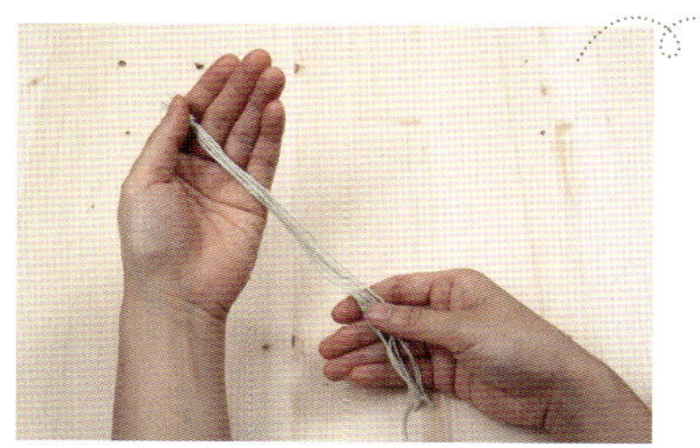 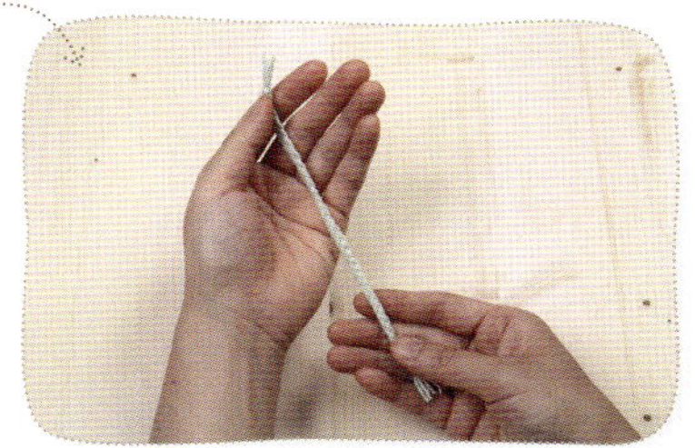

13 그린 색의 오가닉 코튼사를 25cm, 6가닥을 준비하여 2줄로 3가닥으로 갈라서 어긋나게 엮어 한 가닥으로 예쁘게 땋아줍니다.

14 애벌레의 목에 묶어주면 오가닉 애벌레가 완성됩니다.

# 엄마의 세심한 배려
# 아기띠 침받이

유모차가 부담스러운 날!!!
오가닉으로 아기 띠를 준비할 수 없다면,
엄마의 마음을 가득 담은 침받이는 꼭 준비해주세요.
이젠 맘대로 빨아봐봐. 엄마가 열심히 세탁해줄게 ^^

# 15 엄마의 배려 아기띠 침받이

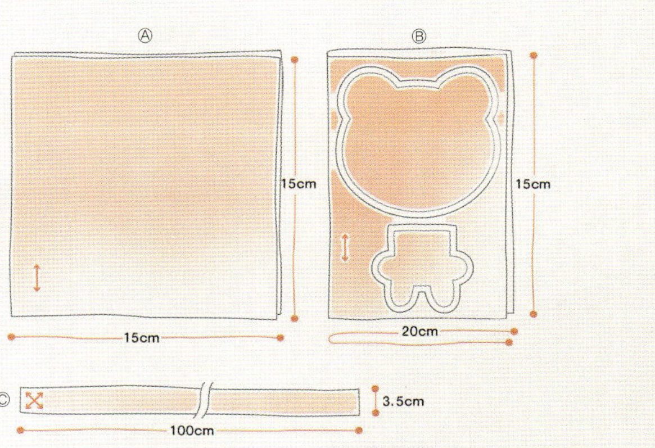



예상 제작 시간: 3시간 ★　예상 재료비: 20,000원
완제품 예상가: 42,000원
완성 사이즈: 침받이는 길이 15cm, 개구리는 7×10cm

**준비물** 침받이용 오가닉 단면 타월 15×15cm 2장(Ⓐ), 오가닉 바이어스 테이프 약 100cm(Ⓒ), 개구리용 오가닉 단면 타월 20×15cm(Ⓑ), 딸랑이, 삑삑이, 벨크로 폭 3cm 길이 12cm, 수실 약간

실물 도안 | 대형 실물본 4-15

# 침받이 만들기

**01** 오가닉 타월 원단(Ⓐ) 2장을 패턴대로 바이어스 처리하기 위해서 시접 없이 재단합니다.

**02** 재단한 타월 원단 2장을 이 안쪽 면이 서로 마주보도록 겹쳐주고

**03** 폭 3.5cm, 길이 100cm로 바이어스 테이프를 재단하여 침받이의 가장자리를 모두 바이어스 쳐주세요.

바이어스 치는 방법은 37쪽 참고

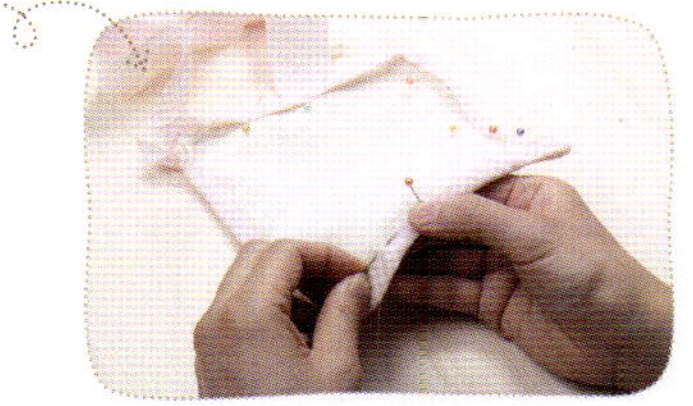

**04** 침받이의 둘레 바이어스를 완성하였습니다.

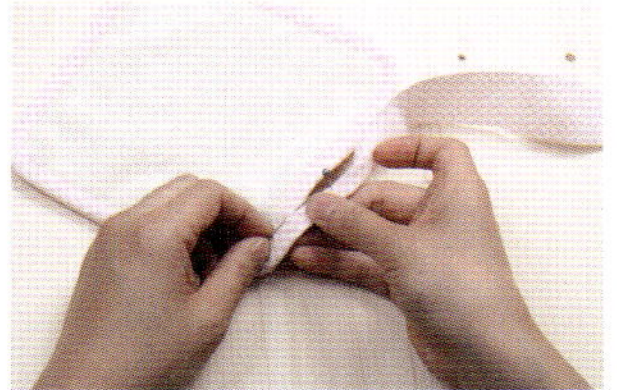

**05** 처음 시작과 마지막 부분이 만나는 모서리 부분에서 사선으로 비스듬히 나와서 바이어스 테이프끼리 만나도록 합니다.

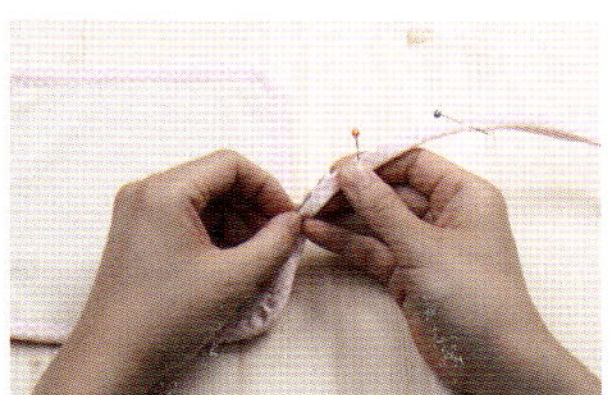

**06** 개구리 장난감의 끈이 되는 바이어스 끈 부분을 접어서 시침핀으로 고정하고 공그르기 합니다.

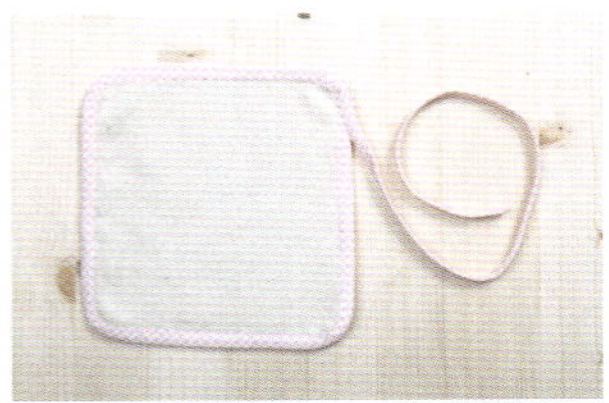

07 침받이의 시접 가장자리가 바이어스 처리로 마무리 되었습니다.

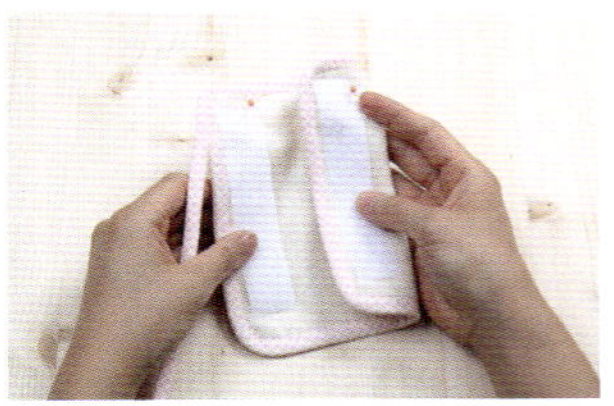

08 폭 3cm 밸크로를 12cm로 잘라 침받이의 양쪽에 시침핀으로 고정한 후 밸크로 부분을 손으로 감침질하거나 박음질합니다.

09 침받이 부분이 완성되었습니다.

# 개구리 삑삑이 만들기

10 타올 원단(Ⓑ) 2장을 겉면끼리 마주대고 얼굴 패턴을 그린 후 창구멍만 남기고 박음질합니다.

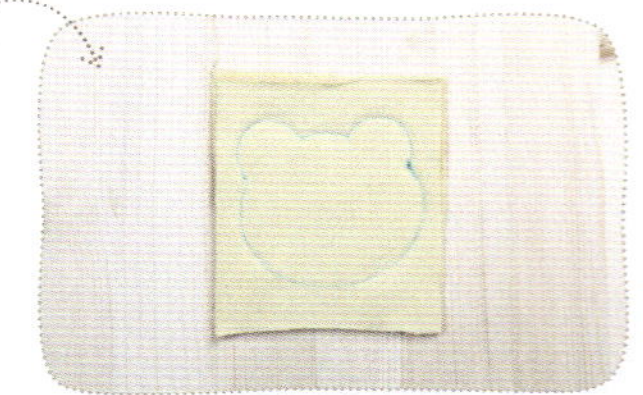

11 시접을 남기고 재단한 후 곡선 부분과 각이진 모서리 부분에 가위집을 줍니다. 뒤집은 후 곡선 부분을 자연스럽게 만들어줍니다.

12 개구리 얼굴의 창구멍으로 뒤집어주고

13 솜과 삑삑이를 채운 후 시침핀으로 창구멍을 임시 고정합니다.

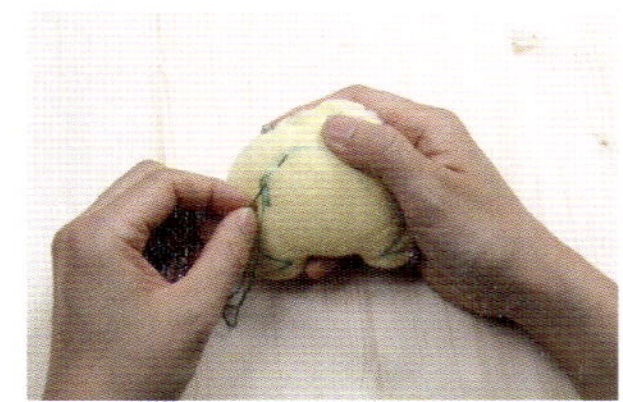

14 수를 놓아 개구리의 눈과 입을 만들어줍니다. 입은 백스티치로 수를 놓고 눈은 길게 한 땀씩 떠줍니다.

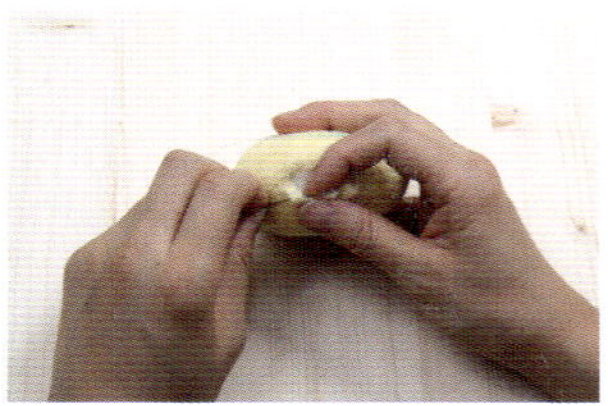

15 개구리 머리의 창구멍은 공그르기하여 막아줍니다.

16 개구리 머리가 완성되었습니다.

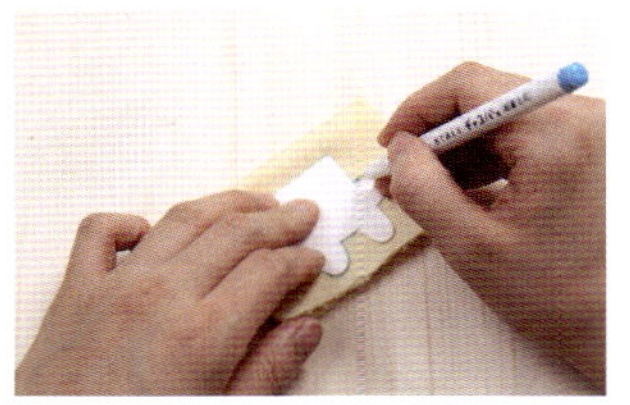

**17** 타월 원단 2장게 개구리 몸통을 수성펜으로 그립니다.

**18** 개구리 몸통에서 창구멍을 남기고 박음질한 후

**19** 시접을 남기고 재단하여 곡선 부분과 모서리 각진 부분에 가위집을 주고 뒤집어줍니다.

**20** 딸랑이와 솜을 채워주고

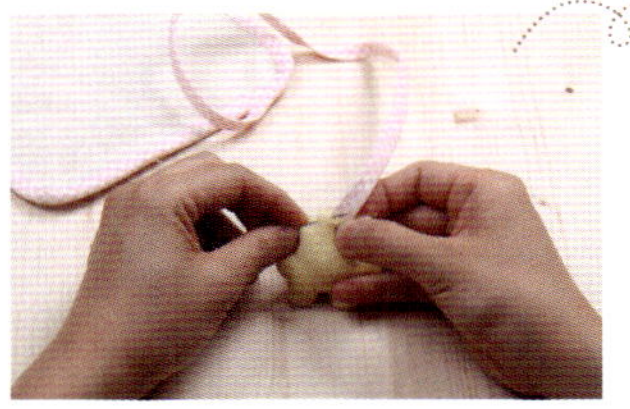

**21** 침받이의 바이어스 끈을 창구멍 속으로 끼워 넣고 공그르기 하여 창구멍을 막아줍니다.

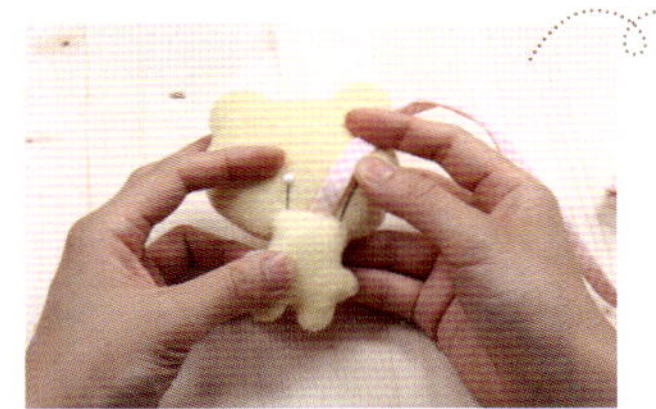

**22** 개구리 머리에 몸통을 시침핀으로 고정한 후 몸통 가장자리 선을 따라 공그르기 합니다.

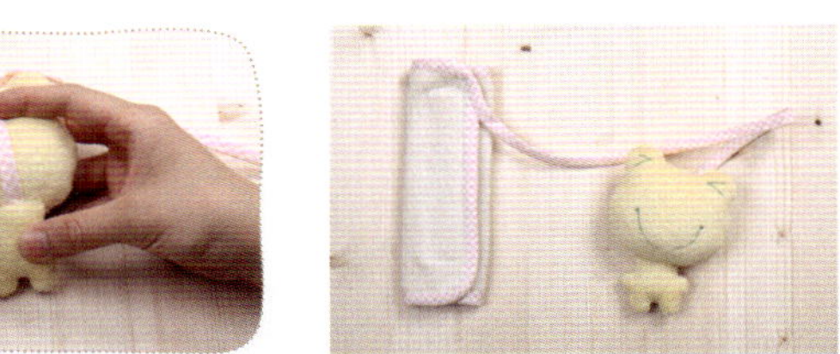

**23** 침받이와 개구리 장난감이 완성되었습니다.

**다양한 동물 침받이를 만들어 보세요.**

굳이 개구리가 아니어도 좋아요. 아이가 좋아하는 캐릭터를 응용해보세요. 오리나 고래 등등 쉽게 만들 수 있는 아이템으로요.

# 개구장이 강아지
# 메밀 베개

메밀의 차가운 성질은 신생아의 태열을 내려주는데 그만이래요.
메밀은 속을 다 빼내고 쪄서 말린 껍데기를 사용해야 한다는 거,
잊지 마셔요!!!

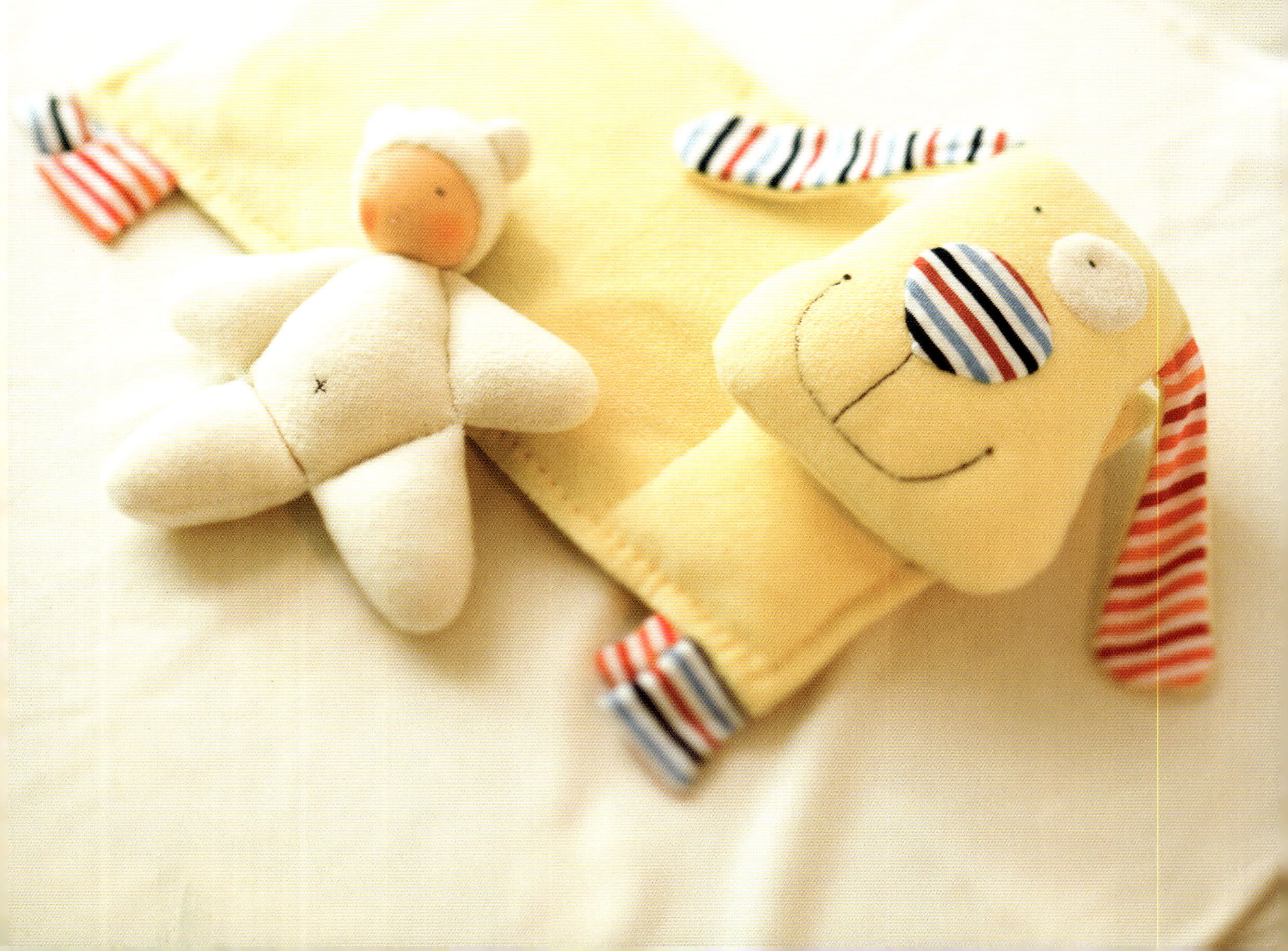

17

# 폭신 폭신한 아기 조끼

긴팔 외투가 조금 부담스러울 때, 내복 하나로
울 아가 춥지 않을까 걱정스러울 때, 딱 좋은 폭신 조끼

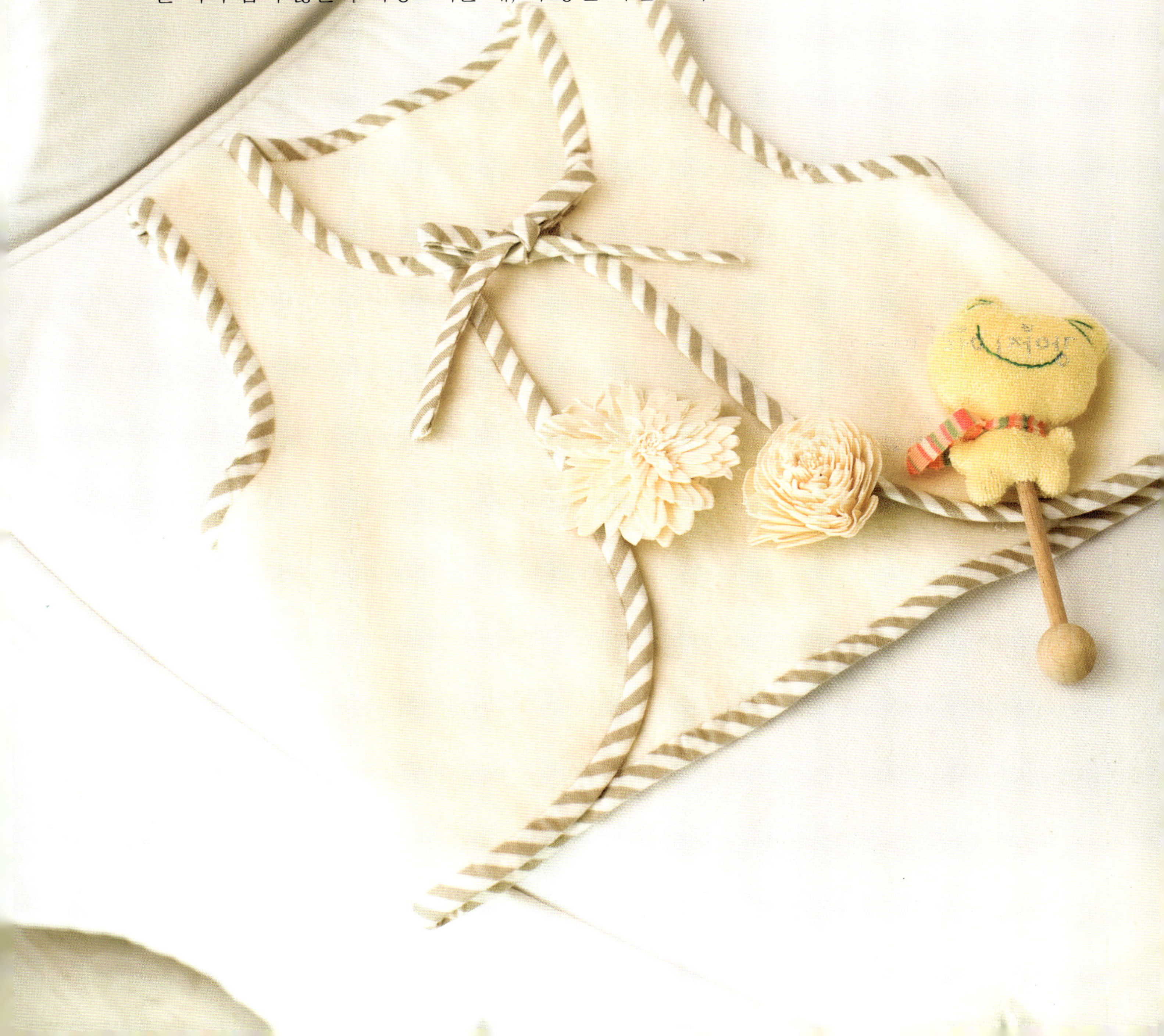

# 16 개구장이 강아지 **메밀 베개**

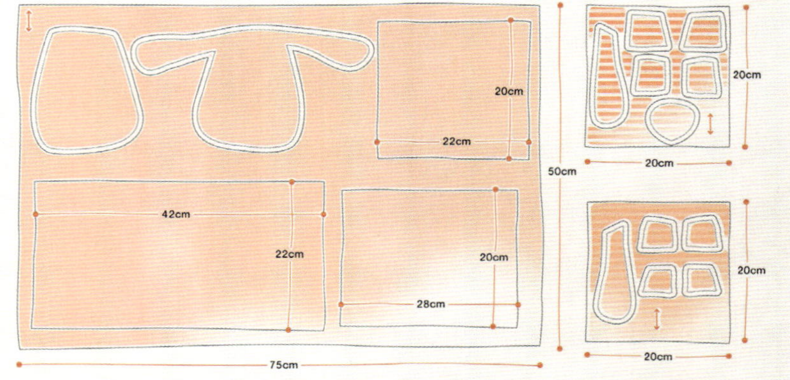

★ 예상 제작 시간: 6시간  ★ 예상 재료비: 25,000원
★ 완제품 예상가: 57,000원  ★ 완성 사이즈: 구름이 40×25 정도

**준비물** 오가닉 단면 타월 50×75cm, 줄무늬 저지 2종 조각 20×20cm 정도, 단면 타올 원단 7×7cm 조각, 수실 2종 약간, 속채움 솜 약간, 속커버용(메밀 껍데기와 속 커버용 원단 65×25cm)

실물 도안 : 대형 실물본 4-16

# 강아지 머리 만들기

**01** 오가닉 단면 타월 원단에 강아지 뒷부분 1장, 강아지 앞부분 1장, 강아지 귀 부분을 줄무늬 저지에 각각 1장씩 그려줍니다.

**02** 시접을 남기고 강아지 얼굴 앞과 뒤, 귀를 재단합니다.

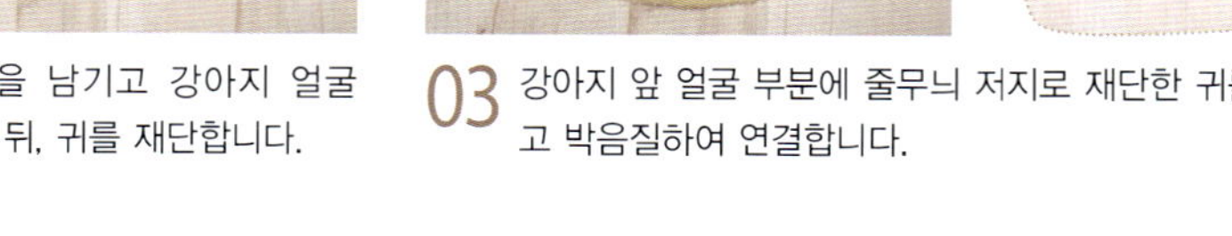

**03** 강아지 앞 얼굴 부분에 줄무늬 저지로 재단한 귀를 시침핀으로 고정하고 박음질하여 연결합니다.

**04** 귀가 연결된 강아지 얼굴의 앞면과 뒷면을 겉면끼리 마주 놓고 전체를 박음질합니다.

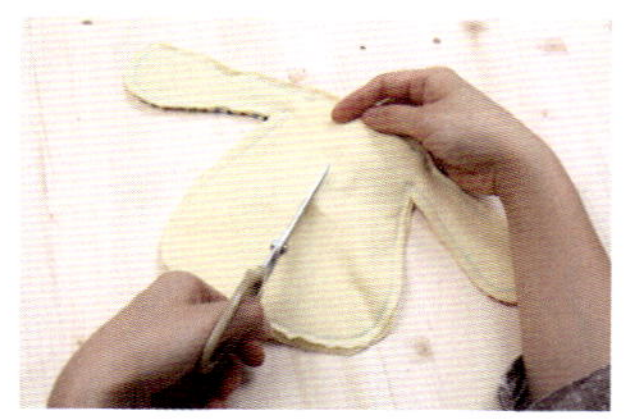

**05** 강아지 얼굴 뒷면에서 정 가운데 세로로 가위집을 내주세요.

**06** 가위집을 준 강아지 얼굴의 창구멍으로 뒤집어주고

**07** 강아지 얼굴과 귀 연결선을 홈질합니다.

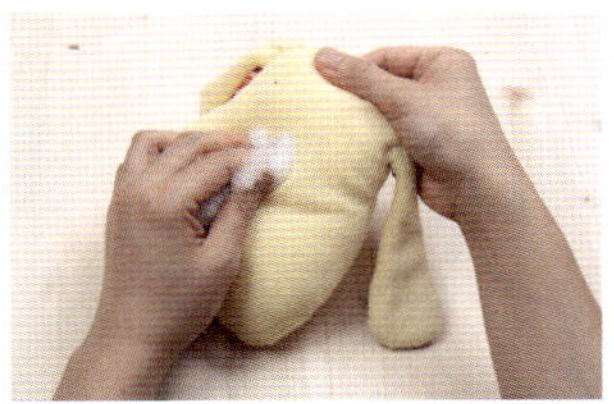

**08** 창구멍으로 솜을 말랑하게 채워주세요.

**09** 강아지 눈 부분을 아플리케하기 위해 조각 원단의 겉면에 눈 모양을 수성펜으로 그립니다.

**10** 시접을 5mm 남기고 재단하여 강아지 눈 위치에 시접을 접어 넣고 시침핀으로 고정합니다.

**11** 동그랗게 눈 므양을 따라가면서 가장자리를 공그르기 합니다.

**12** 강아지의 코 역시 아플리케를 해주세요.

**13** 강아지의 눈고 코를 아플리케로 완성하였습니다.

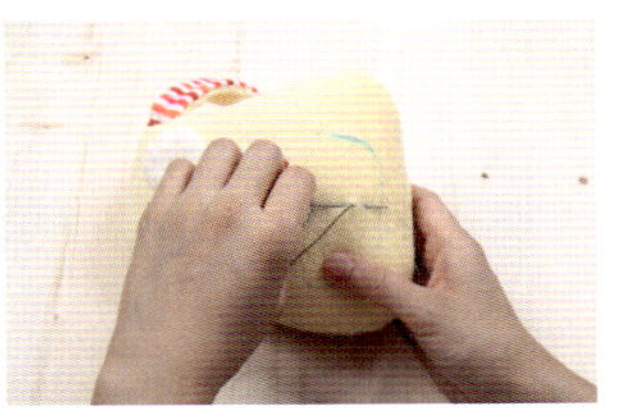

**14** 눈은 매듭수를 놓고 입 부분은 백스티치로 수를 놓아 개구쟁이 강아지의 표정을 완성합니다.

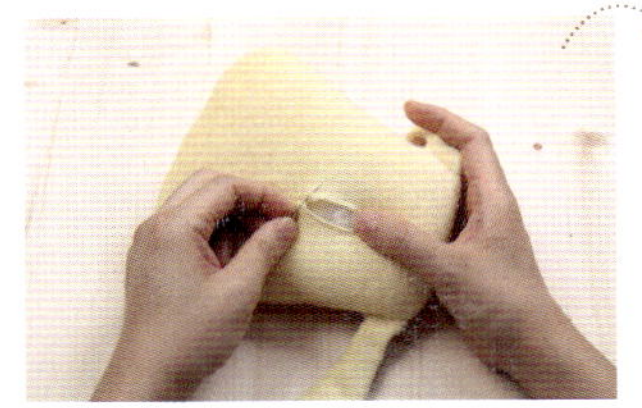

**15** 강아지 얼굴의 창구멍은 공그르기로 막아 개구쟁이 강아지 머리가 완성되었습니다.

# 강아지 몸통(베개 커버) 만들기

**16** 가로 42cm, 세로 22cm로 1장을 재단합니 다. 가로 28cm, 세로 22cm 1장, 가로 20cm, 세로 22cm로 시접없이 재단합니다.

### Tip

**여유분을 주는 이유**

베개의 크기가 가로 30cm, 세로 20cm일 경우 - 원하는 베개 속에 여유분이 가로는 12cm, 세로는 2cm씩 주고 시접을 남기고 재단하세요(베개의 겹쳐지는 뒷부분 때문이에요).

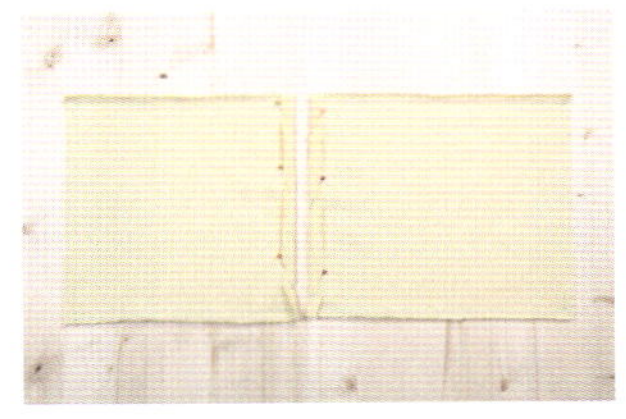

**17** 재단한 베개 뒷부분 2장의 세로선의 시접을 접어 넣고 시침핀으로 고정합니다.

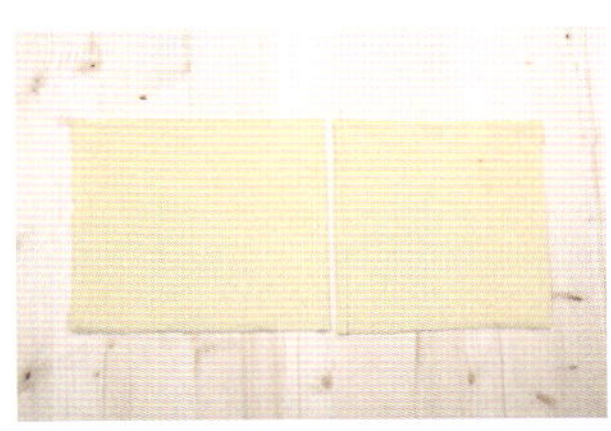

**18** 베개 뒷부분의 세로선을 박음질합니다.

19 베개 뒷부분을 겹쳐서 베개 앞부분과 같은 사이즈로 만듭니다.

20 겹쳐지는 부분에 벨크로를 시침핀으로 고정하고 손으로 감침질하거나 박음질합니다.

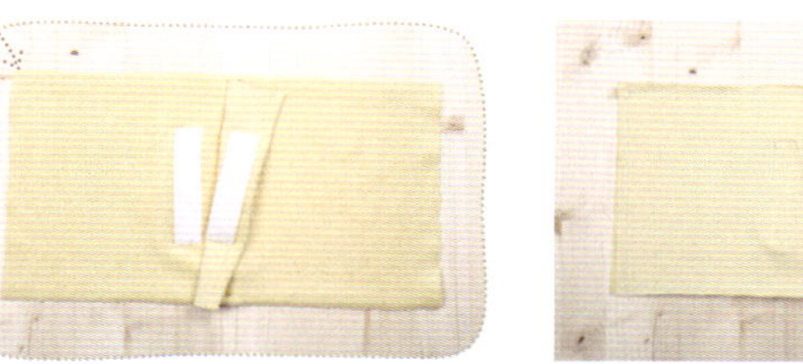

21 베개 앞쪽과 뒤쪽을 겉면끼리 마주 놓고 박음질 해주세요.

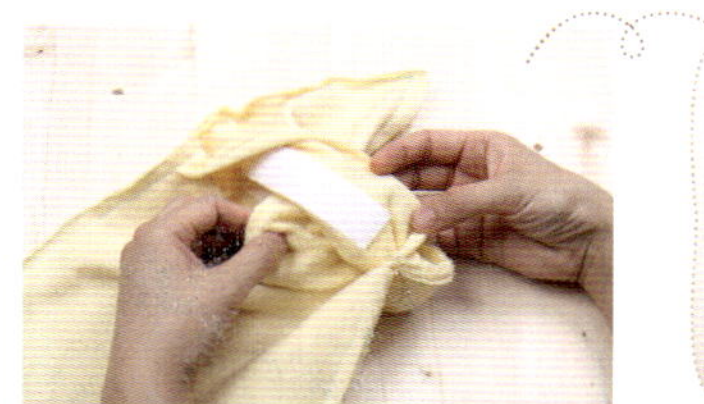

22 벨크로를 고정한 쪽으로 베개를 뒤집어줍니다.

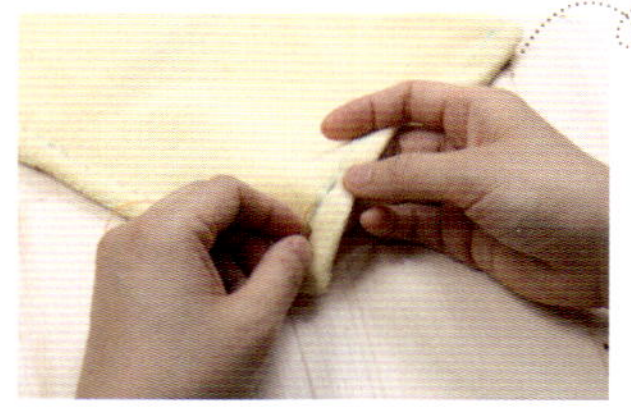
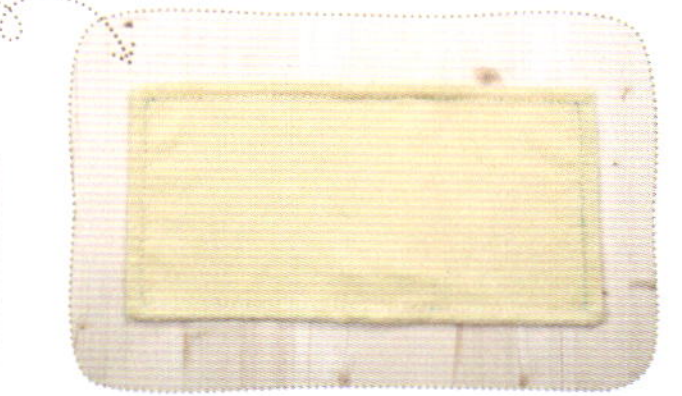

23 베개의 네 모서리에서 7mm 들어와서 수성펜으로 표시한 후 수실로 홈질합니다.

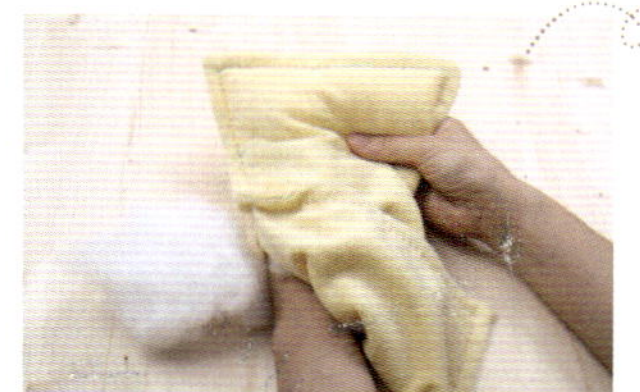

24 홈질한 선에서 1cm 들어와서 세로선을 다시 한 번 홈질합니다. 이때 솜을 채울 창구멍은 남겨 놓고 솜을 말랑하게 채운 후 나머지 부분을 홈질합니다.

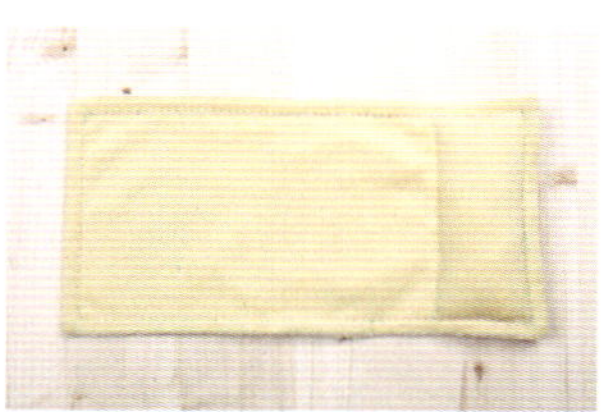

25 강아지 몸통이 완성되었습니다.

# 강아지 완성하기

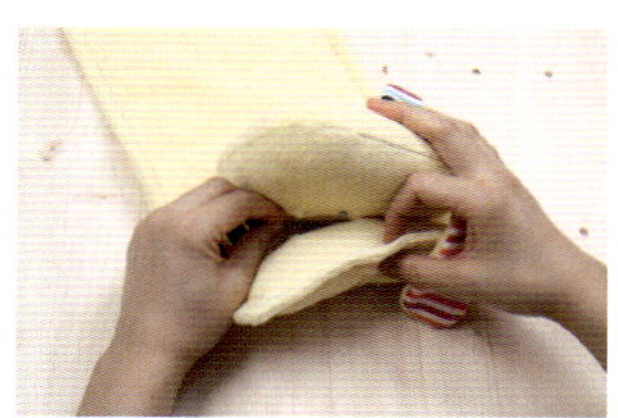

26 강아지 몸통과 머리는 시침핀으로 고정하고 동그랗게 공그르기 하여 완성합니다.

27 강아지 몸통과 머리가 연결되었습니다.

28 강아지 발은 줄무늬 조각 원단을 2장씩 겹쳐놓고 패턴대로 수성펜으로 그려주세요.

29 사각형의 한쪽 면에 창구멍을 남기고 박음질합니다.

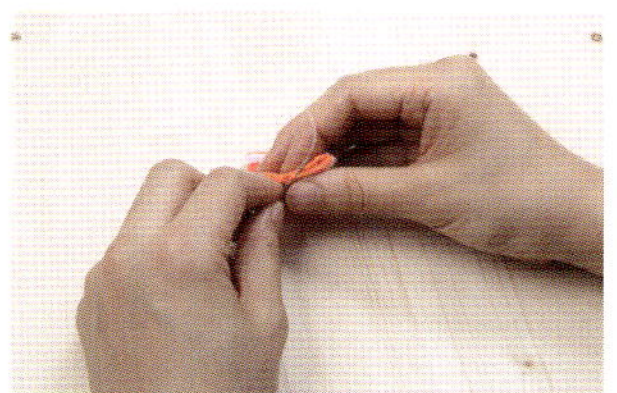 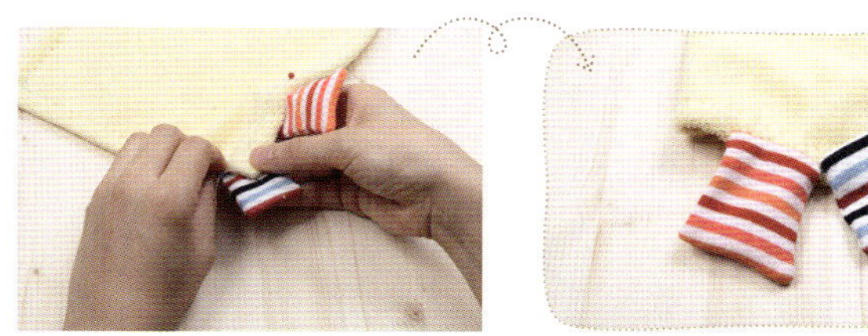

**30** 강아지 발의 창구멍을 모두 공그르기 해주세요.

**31** 강아지 발 4개를 몸통 양쪽에 공그르기로 붙여주고, 몸통의 앞면과 뒷면에서 모두 공그르기 합니다.

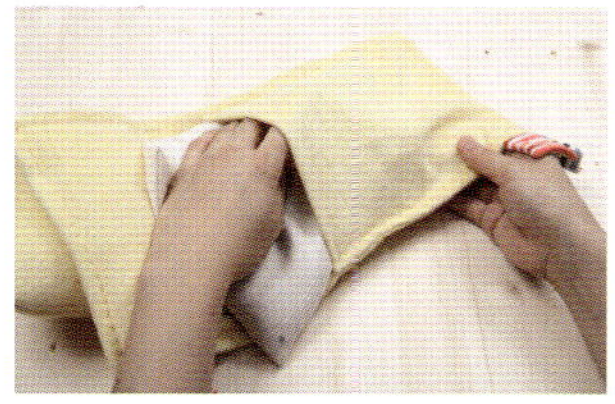  

**32** 베개 속을 넣어주세요. 베개 옷에 맞도록 베개 속을 직접 만들어도 좋고, 시판되고 있는 좁쌀베개 속을 구입하여 넣어도 좋답니다.

**33** 개구쟁이 강아지 베개가 완성 되었습니다.

## "메밀 이야기"

이효석의 "메밀꽃 필무렵"으로 많이 알려진 메밀은 모서리가 뾰족한 삼각형의 뿔 모양을 가지고 있습니다. 약간의 갈색 빛을 띠는 메밀은 12~3세기에 중국을 통해 우리나라에 유입되었습니다. 달면서 찬 성질을 가지고 있는 메밀은 성인병 예방에 효과가 있다고 합니다. 메밀의 속을 제거한 메밀 껍데기 역시 찬 성질 때문에 열이 많이 날 때 사용하며 메밀을 베개 속에 넣어 베고 자면 머리를 시원하게 해줄 뿐만 아니라 뇌와 눈이 맑아지고 숙면에 많은 도움을 준다고 합니다. 메밀 껍질는 고온 처리하여 탄력성이 좋고 먼지가 많지 않은 것으로 선택합니다. 그리고 사용하는 베게는 햇볕이 잘 드는 곳에서 자주 건조시키고 말려주세요.

## 17 폭신 폭신한 아기 조끼

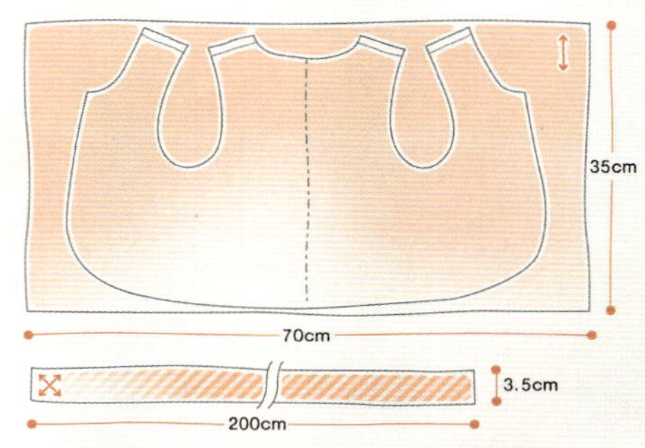



예상 제작 시간: 4시간 ★ 예상 재료비: 27,000원
완제품 예상가: 59,000원 ★ 완성 사이즈: 백일부터 돌 즈음까지

**준비물** 오가닉 플리스 원단 70×35cm, 바이어스감 약 200cm

실물 도안 : 대형 실물본 4-17

# 조끼 만들기

**01** 오가닉 플리스 원단에 조끼 패턴을 올리고 뒷중심선을 골선으로 하여 1장이 되게 수성펜으로 그려줍니다.

**02** 어깨선만 시접을 남기고 나머지 부분은 모두 그린 선을 따라 시접 없이 재단합니다.

**03** 어깨선을 겉면끼리 마주대고 시침핀으로 고정해주세요.

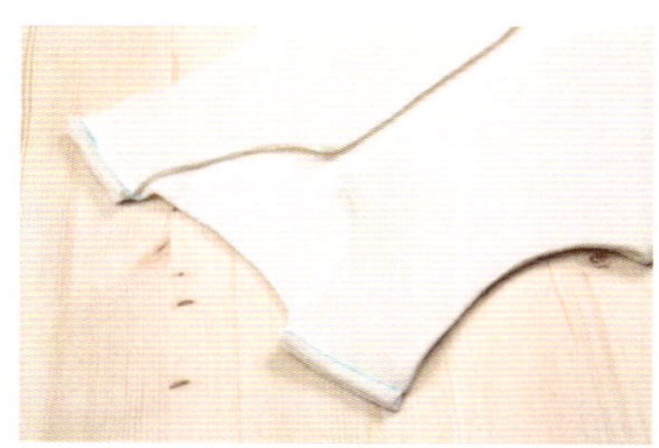

**04** 조끼의 어깨선을 따라 박음질합니다.

**05** 바이어스 테이프를 폭 3.5cm, 길이 30cm로 2장 준비합니다.

**06** 조끼의 진동 둘레 부분에 바이어스의 겉감과 조끼의 겉감이 마주보도록 바깥쪽에서 시침핀으로 고정합니다.

**07** 7mm 들어와서 홈질이나 박음질합니다.

**08** 바이어스감을 조끼의 안쪽으로 접어 넣고 시접 분까지 접어 시침핀으로 고정합니다.

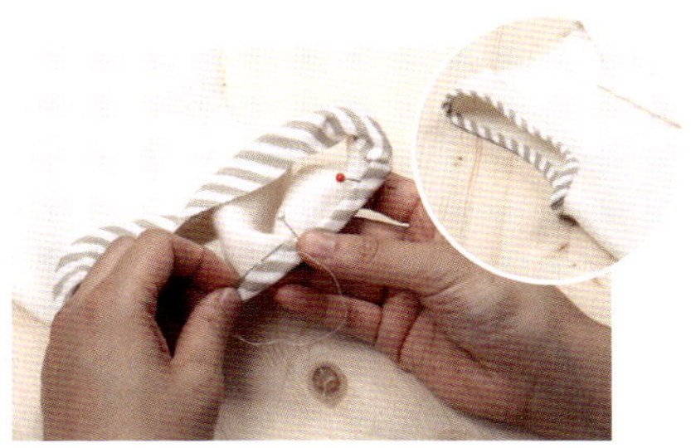

**09** 조끼의 안쪽에서 시침핀으로 고정한 가장자리 선을 따라 공그르기하여 마무리합니다.

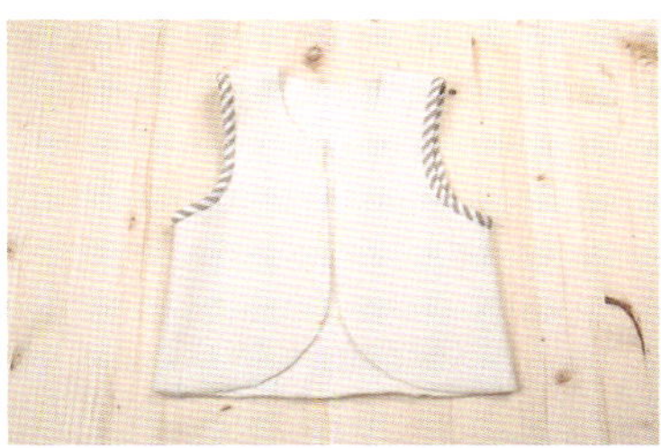

**10** 조끼의 진동둘레선 2군데를 모두 바이어스 처리 해주세요.

**11** 조끼의 목둘레를 남겨 놓고 조끼의 가장자리 부분을 모두 바이어스 칩니다.

**12** 조끼의 목둘레 바이어스는 끈으로 묶어서 사용할 수 있도록 양쪽으로 20cm씩 여유를 주고 바이어스 쳐주세요. 폭 3.5cm, 길이 70cm 정도의 바이어스 테이프가 필요해요.

**13** 폭신 조끼가 완성되었습니다.

18

# 한 땀 한 땀 사랑스런 겉싸개

보들하고 말랑한 니키 원단에 뱃속의 아가를 생각하며
한 땀 한 땀 엄마의 사랑으로 수를 놓았어요.

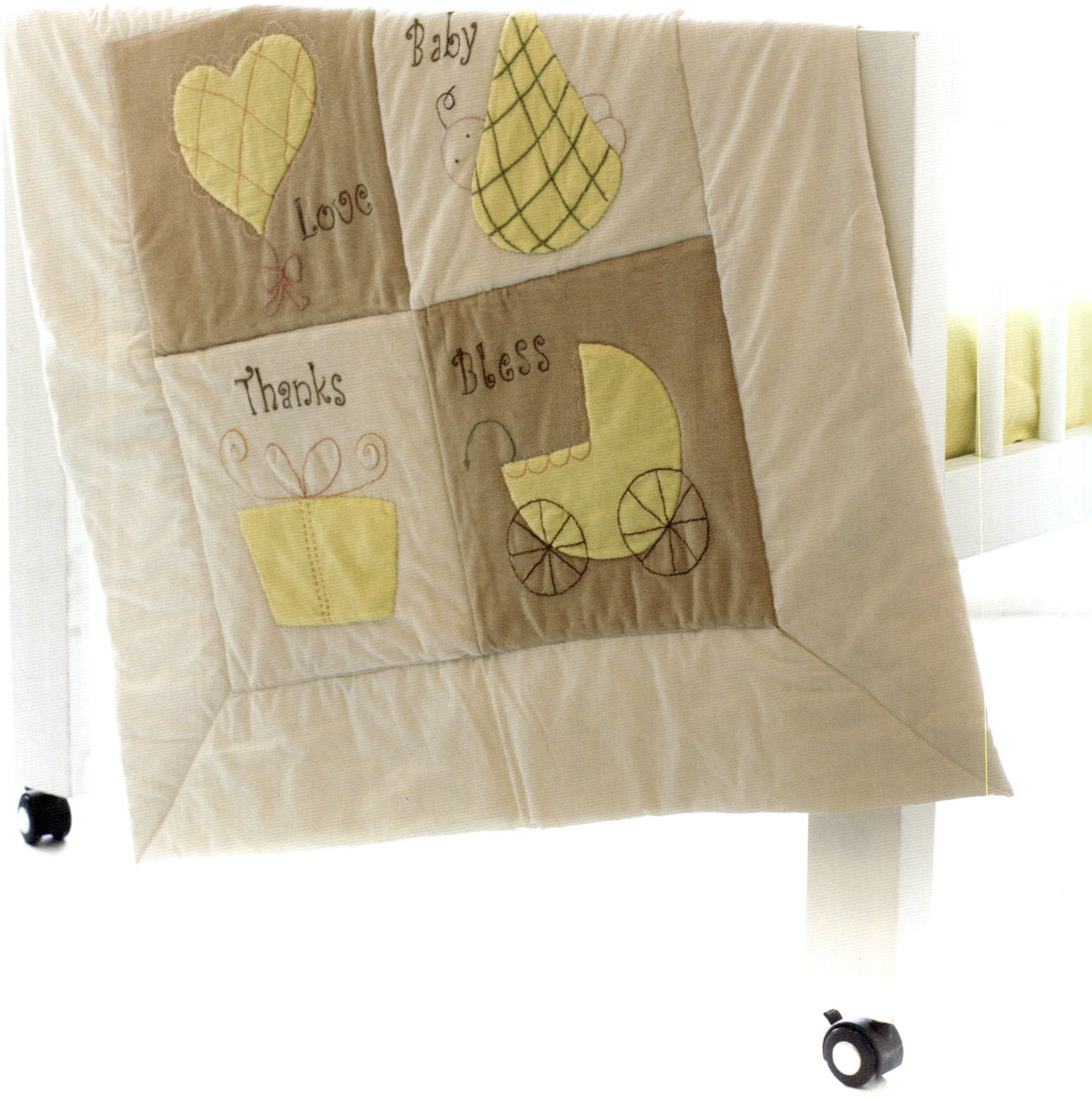

# 18 한 땀 한 땀 사랑스런 겉싸개

예상 제작 시간: 느긋하게 일주일 ★ 예상 재료비: 102,000원
완제품 예상가: 250,000원 ★ 완성 사이즈: 가로, 세로 각90cm

**준비물** Ⓐ Ⓑ 오가닉 니키 2종 35×35cm 2장씩, Ⓒ 오가닉 니키 45×45cm 1장,
Ⓓ 오가닉 포플린 125×125cm, Ⓔ 오가닉 솜 95×95cm, 수실 5~7종

실물 도안 : 대형 실물본 4-18

# Thanks 아플리케 하고 수놓기

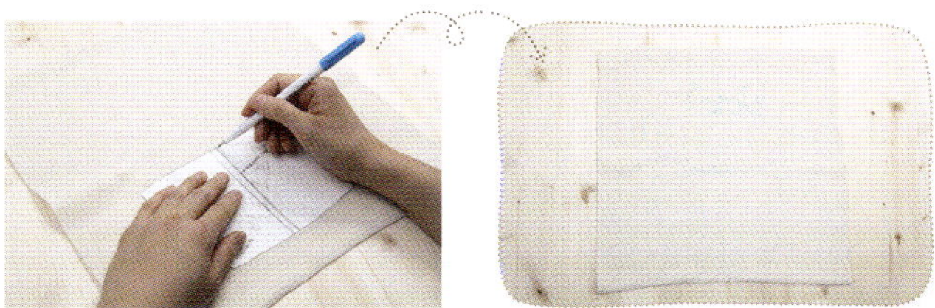

**01** Ⓐ나 Ⓑ면에 선물상자 그림과 Thanks 글씨 등 아플리케와 수놓기에
필요한 모든 그림을 수성펜으로 그려줍니다.

**02** 아플리케할 노랑 Ⓒ의 겉면에
선물상자를 수성펜으로 그려
줍니다.

**03** 시접을 5mm만 남기고 재단
하여 시침핀으로 바닥 원단에
고정해주세요.

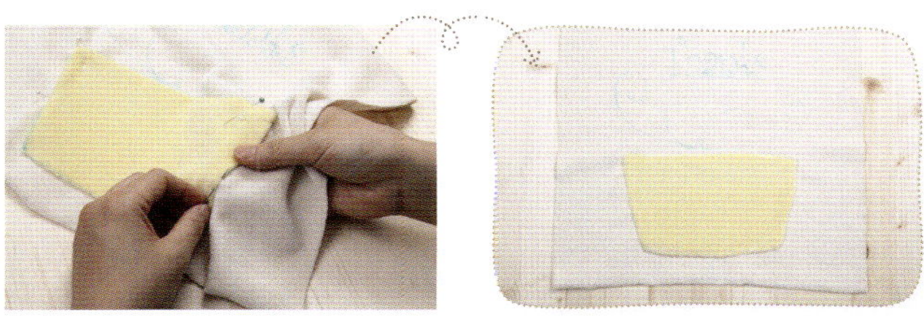

**04** 덧댄 노랑 니키 원단의 가장자리를 따라가면서 공그르기 하여 아플리
케를 완성합니다.

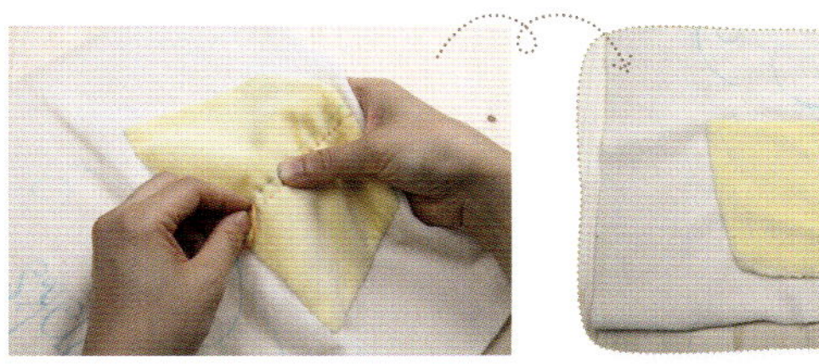

**05** 수실을 모두 6겹 사용하여 선물상자의 끈을 러닝스티치합니다.

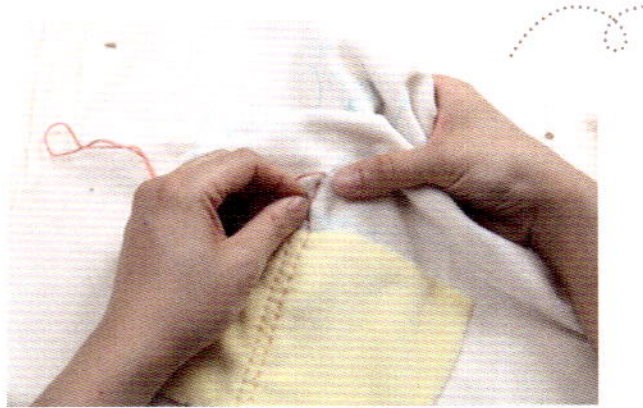

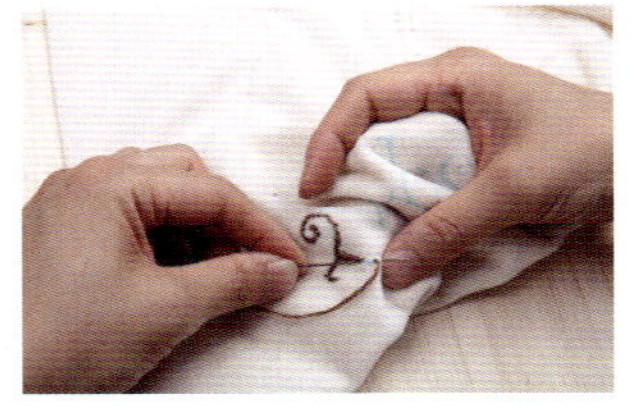

**06** 선물상자의 리본은 백스티치합니다.

**07** thanks 글씨는 아웃라인스 티치와 새틴스티치를 번갈아 가면서 합니다. 글씨가 얇은 부분은 아웃라인스티치, 굵은 부분은 새틴스티치를 해줍니다.

**08** thanks 부분의 수와 아플리케가 완성되었습니다.

**Tip**

아플리케 한 노랑 선물상자의 바깥 선을 따라 솜을 덧댄 후에(이불 만들기 과정 4번 후에) 퀼팅해주면 좋아요.

**09** 나머지 3부분 Bless, Baby, Love도 같은 방법으로 완성합니다.

# 이불 만들기

사진에서는 독자들의 이해를 돕기 위해 작품을 축소한 크기로 촬영했으니 참고하세요.

**Tip**

**가름솔이란?**

가름솔이란 원단 2장을 겉면끼리 마주 놓고 완성선을 박음질한 뒤 박음질선을 중심으로 시접을 좌우 양쪽으로 갈라놓는 것을 말해요.

**10** 가로 세로 30cm 조각(Ⓐ, Ⓑ)을 2장씩 두 가지 색으로 준비합니다.

**11** 사각 패치로 아이보리색과 베이지색의 니키 원단을 겉면끼리 2장씩 겹치고 세로 선을 연결합니다. 다시 가로 선을 한 번 더 연결하고 시접은 모두 가름솔로 처리합니다.

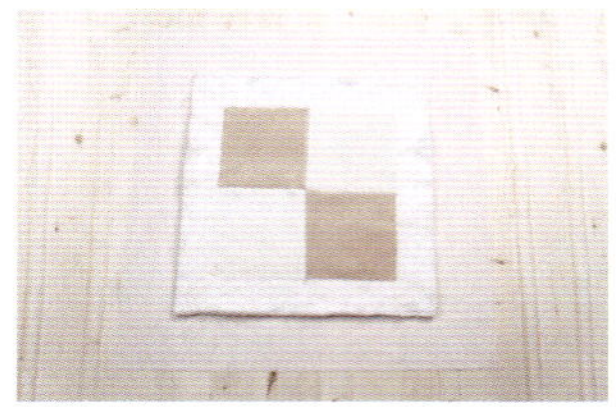

**12** 오가닉 목화솜Ⓒ은 시접은 따로 두지 않고 가로 세로 90cm로 재단합니다. 오가닉 솜의 정 가운데 패치한 탑을 올립니다.

**13** 솜 위에 올린 탑의 가장자리를 따라가면서 감침질합니다.

**14** 감싸 올릴 오가닉 포플린 원단Ⓓ을 가로, 세로 122cm로 재단하여 그 위에, 탑을 고정해 놓은 오가닉 솜을 올립니다.

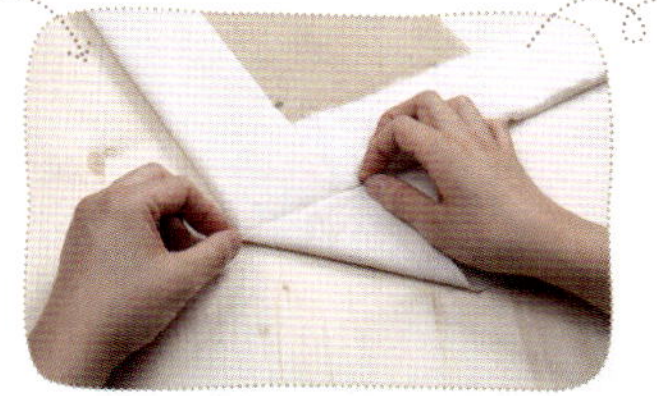

15 포플린 원단을 접어 올려 시접으로 남긴 1cm를 접어 넣고 이불의 위쪽 탑 부분의 완성선에 시침핀으로 고정합니다. 모서리도 사선으로 예쁘게 접어줍니다.

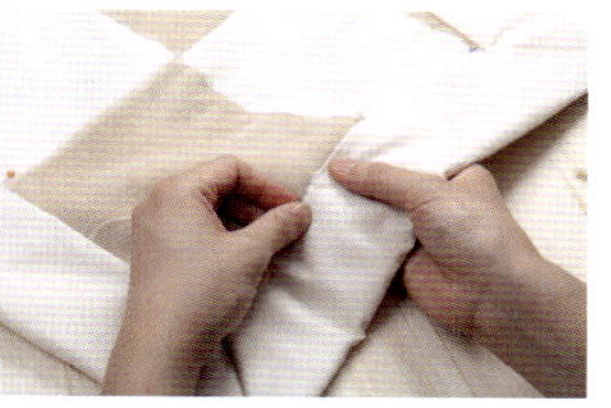

16 네 모서리에게 모두 시접을 접어 올립니다.

17 접어 올린 가장자리 선을 따라 박음질 하거나 공그르기 합니다. 공그르기 선과 사각 패치한 선을 재봉틀로 눌러 박음질하거나 손으로 할 경우 홈질해서 솜과 함께 눌려지도록 합니다.

18 사랑스런 겉싸개가 완성되었습니다.

덧붙이기

## 겉싸개는 두꺼운 솜을 사용하지 마세요.

겉싸개를 만들 땐 너무 두꺼운 솜을 사용하지 마세요. 너무 두꺼운 겉싸개로 작은 신생아를 감싸 안으면 엄마가 아이를 제대로 보듬어 안을 수가 없어요. 적당한 두께감으로 아가를 편하게 안을 수 있어야 좋답니다.

## 소박해 보이지만 실용성 만점

# 신생아 보낭 겸
# 민소매 원피스

신생아 보낭 겸 민소매 원피스는 일석 삼조의
아이템이랍니다. 신생아 땐 슬리핑 조끼로,
동네 나들이 땐 보낭으로, 조금 더 크면 민소매
원피스로 입으면 그만이에요.

# 엄마와 아기가 함께 쓰는
# 토끼 임산부 베개 겸 수유 쿠션

뱃속의 아기가 튼튼하게 자라는 만큼 엄마의 잠자리는
점점 불편해져요. 요것 하나면 수유쿠션과 임산부 베개 겸
아가 쿠션 용으로 쓸 수 있어  엄마의 잠자리도 편안해지고
나중엔 아기를 위한 수유쿠션으로도 사용한답니다.

# 19 소박해 보이지만 실용성 만점 신생아 보낭 겸 민소매 원피스

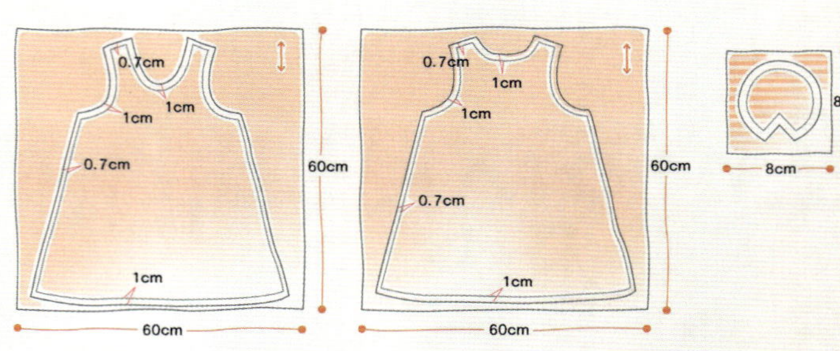

예상 제작 시간: 4시간 ★ 예상 재료비: 23,000원
완제품 예상가: 47,000원
완성 사이즈: 신생아 보낭, 18~24개월용 나시 원피스

**준비물** 오가닉 양면 저지 60×60cm 2장, 아플리케용 줄무늬 저지 약간,
수실 2종 약간, 고무줄 2마 정도

실물 도안 | 대형 실물본 4-19

# 원피스 만들기

**01** 뒤중심선과 앞 중심선을 골선으로 하여 앞판과 뒷판을 1장씩 수성펜으로 그립니다.

**02** 기본 시접 7mm에 고무줄이 들어가는 목둘레, 진동둘레 부분, 아랫단은 시접 1cm를 남기고 재단합니다.

**03** 보낭의 앞판 겉면에 수성펜으로 무당벌레를 그리고, 아플리케할 조각 원단의 겉면에도 무당벌레를 그려줍니다.

**04** 시접을 5mm 정도 남기고 재단합니다.

**05** 시접을 접어 넣고 시침핀으로 고정한 후 무당벌레의 가장자리를 따라 공그르기 하여 완성합니다.

06 몸통을 빨강색 수실로 백스티치 합니다. 무당벌레의 더듬이를 검정색 수실로 아우트라인스티치 해주세요.

07 보낭의 앞면과 뒷면을 겉면끼리 마주대고 어깨선과 옆선을 시침핀으로 고정한 후

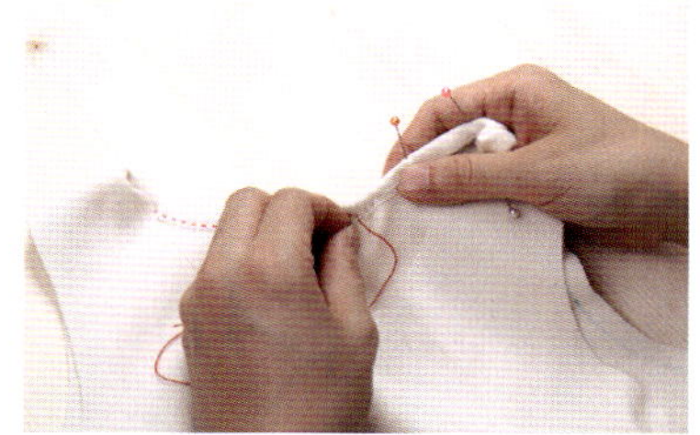

08 보낭의 어깨선과 옆선을 박음질 합니다.

09 목둘레선의 시접 1cm를 접어 넣고 시침핀으로 고정합니다.

10 접어 넣은 가장자리 시접선을 따라 빨강색 수실로 예쁘게 홈질합니다. 이때 고무줄을 채울 수 있는 구멍을 조그맣게 남겨줍니다.

11 목둘레선, 진동둘레선, 보낭의 밑단 고무줄이 들어가는 부분은 모두 빨강색 수실로 홈질합니다.

12 목둘레선, 진동둘레선, 보낭의 밑단까지 모두 고무줄을 끼우면 신생아 보낭 겸 원피스가 완성됩니다.

## Tip

**저지 원단은 오버록이 필요 없어요.**

단면이든, 양면이든 저지 원단은 올 풀림이 없어 따로 오버록을 쳐줄 필요가 없어요. 집에서 혼자 꼬물꼬물 바느질할 때 아주 좋은 소재랍니다. 가로 방향(원단의 푸서 방향)의 신축성이 좋아 재봉틀로 박음질 할 때는 조금 어려움이 있지만 손바느질에는 전혀 부담이 없어요.

# 20 토끼 임산부 베개 겸 수유 쿠션

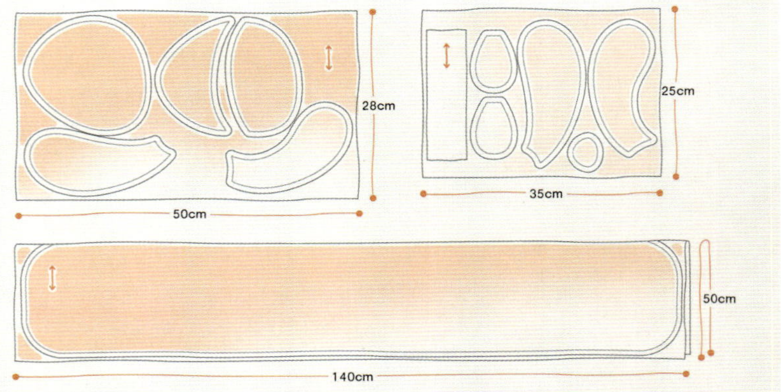

예상 제작 시간: 8시간 ★ 예상 재료비: 54,000원
완제품 예상가: 120,000원 ★ 완성 사이즈: 길이 140cm, 폭 25cm 정도

**준비물** 오가닉 면 플뤼쉬 50×140cm 1장, 오가닉 면 플뤼쉬 60×20cm 1장,
오가닉 단면 타올 원단 25×35cm, 40cm 지퍼, 고무줄, 수실 약간,
솜 약간(오가닉 포플린 50×140cm 1장, 메밀 껍데기)

실물 도안 | 대형 실물본 4-20

# 토끼 머리 만들기

**01** 오가닉 면 플뤼쉬 원단에 토끼 얼굴을 수성펜으로 그려줍니다.

이때 앞부분 얼굴은 오가닉 플뤼쉬의 뒷면이 밖으로 나와야 하기 때문에 패턴을 뒤집지 말고 그려줍니다.

**02** 시접을 고르게 남기고 재단해 주세요. 얼굴 앞면의 아랫부분은 털이 있는 원단의 안쪽 면이 겉면입니다.

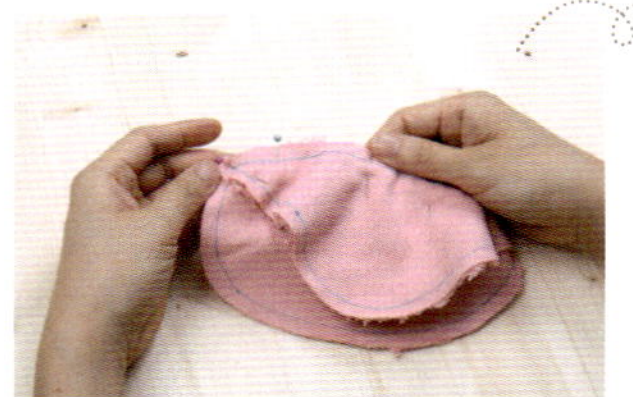

**03** 얼굴 앞면의 윗부분 겉면과 아랫부분 안쪽 면을 마주 놓고 시침핀으로 연결하고 시침핀으로 고정해 놓은 얼굴 아랫부분과 윗부분의 연결선을 박음질합니다.

**04** 토끼의 머리 앞면과 뒷면을 겉면끼리 마주 놓고 전체를 박음질합니다.

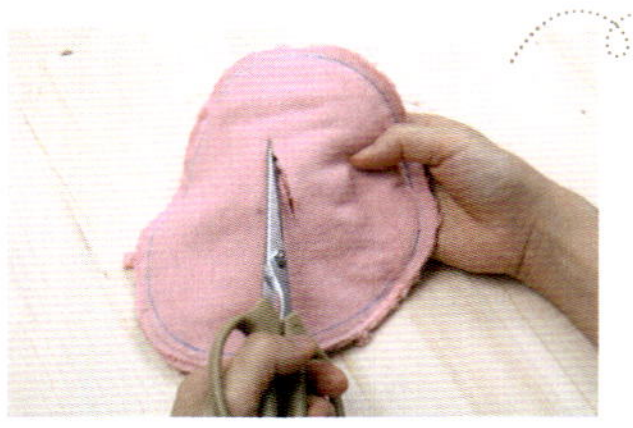

**05** 토끼 얼굴 뒷면에서 세로선으로 길게 가위집을 약 7cm 정도 주고 창구멍으로 뒤집어주세요.

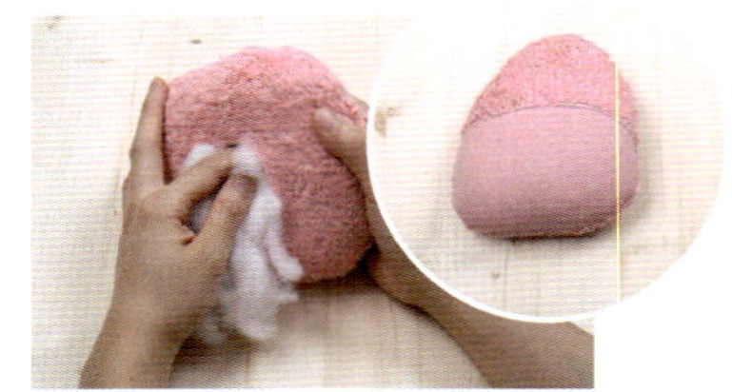

**06** 솜을 말랑하게 채워 넣고 시침핀으로 임시 고정합니다.

07 아플리케할 조각 원단에 수성 펜으로 코를 그리고 시접을 5mm만 남기고 재단합니다. 얼굴에도 실물 패턴에 표시된 위치에 코를 그려줍니다.

08 시접을 접어 넣고 시침핀으로 고정합니다.

09 코의 가장자리를 따라 공그르기 하여 완성합니다.

10 코를 완성하였습니다.

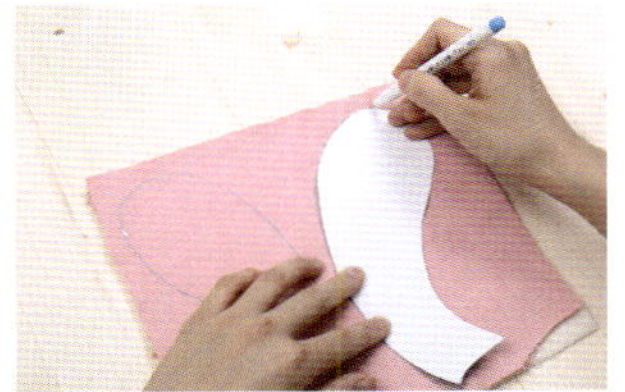

11 단면 타월 원단과 플뤼쉬 원단 2장을 겉면끼리 마주 놓고 귀를 그려줍니다.

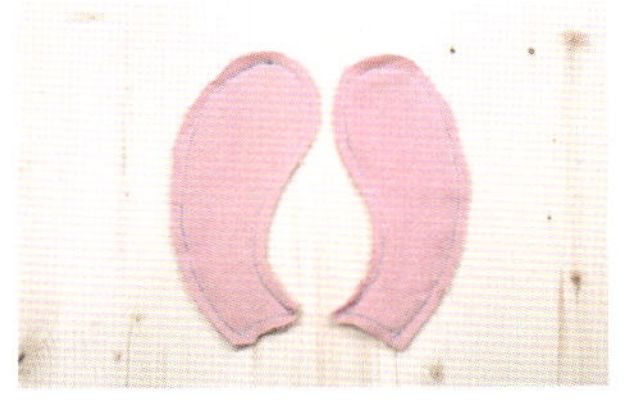

12 토끼 귀를 박음질하여 시접을 일정하게 남기고 재단합니다.

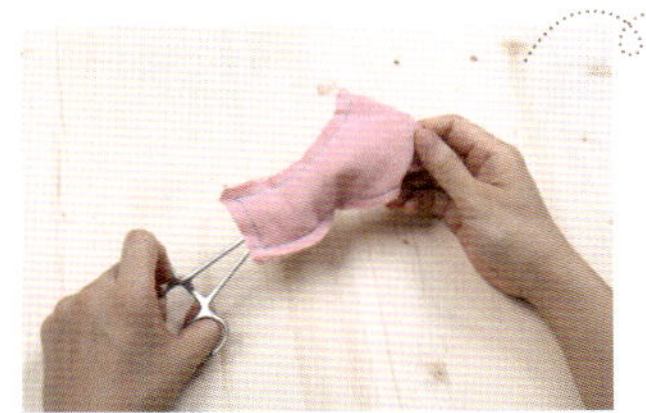

13 곡선 부분에 가위집을 주고 뒤집어주세요.

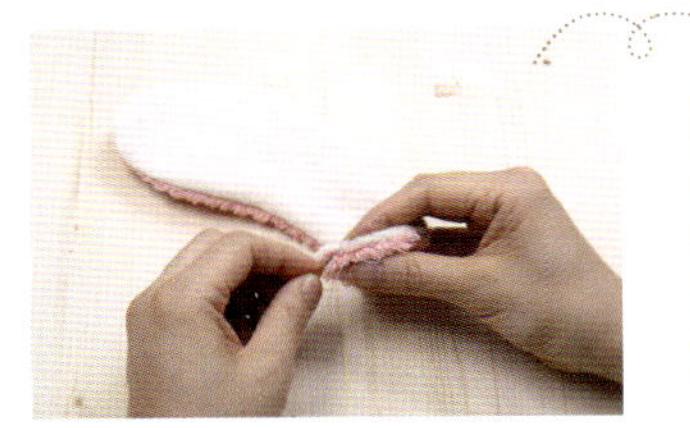

14 토끼 귀의 창구멍은 감침질로 막아줍니다.

15 가장자리에서 7mm 안쪽에서 분홍색 수실로 홈질스티치 해 줍니다.

16 같은 방법으로 토끼 귀를 두 개 완성합니다.

17 완성한 귀를 토끼의 얼굴에 시침핀으로 고정한 후 토끼 귀의 앞면과 뒷면을 모두 공그르기 해줍니다. 토끼의 귀를 연결하였습니다.

18 토끼의 눈은 매듭수로 놓고, 입은 백스티치로 토끼의 표정을 잡아줍니다.

19 토끼 뒷면의 창구멍을 공그르기 하여 얼굴을 완성합니다.

# 토끼 몸통(쿠션) 만들기

**20** 오가닉 플뤼쉬 원단을 폭 50 cm, 길이 140cm로 준비하여 길게 겉면이 마주보도록 접은 후 골선인 가장자리 쪽에 맞추어 실물 패턴을 따라 그려 줍니다.

**21** 시접을 남기고 재단해주세요.

**22** 단면 타월 원단 2장을 겉면끼리 마주 놓고 꼬리를 그립니다.

**23** 꼬리의 창구멍만 남기고 박음질하여 재단합니다.

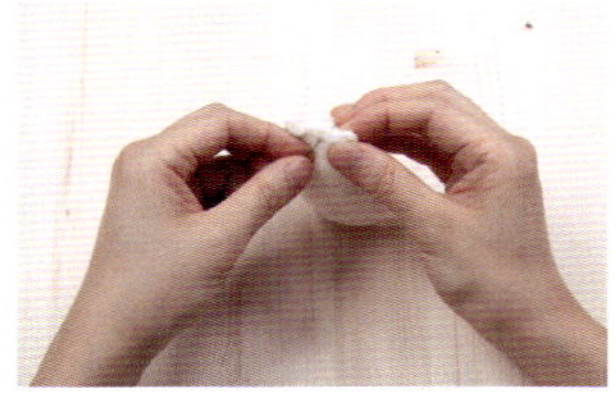

**24** 뒤집어 솜을 말랑하게 채운 후 시접을 접어 넣지 않고 창구멍을 감침질해둡니다.

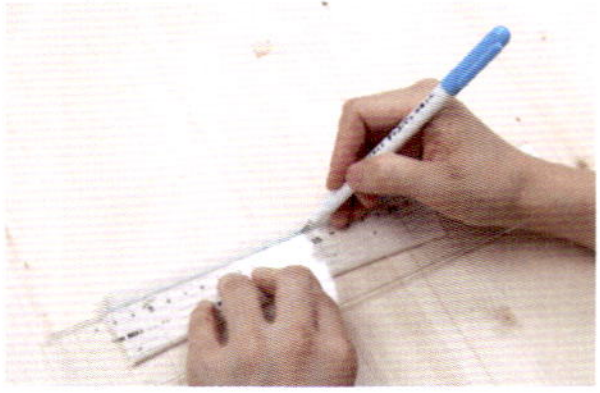

**25** 고리가 되는 부분은 타월 원단을 길이 20cm, 폭 6cm로 재단합니다.

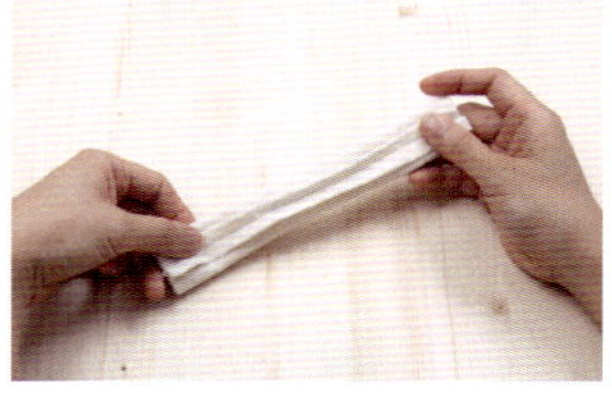

**26** 긴 쪽으로 접어서 박음질합니다. 박음질선이 가운데 오도록 접어줍니다.

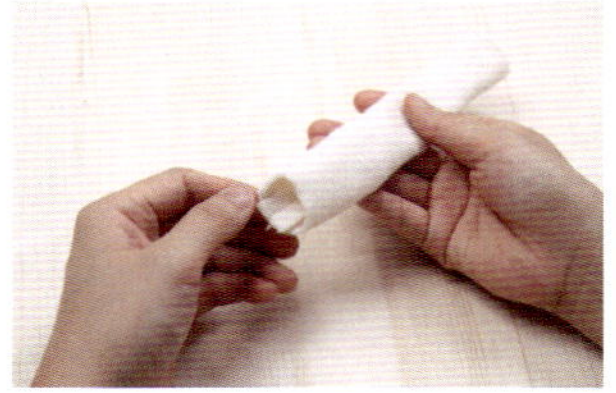

**27** 겸자로 고리를 뒤집어줍니다.

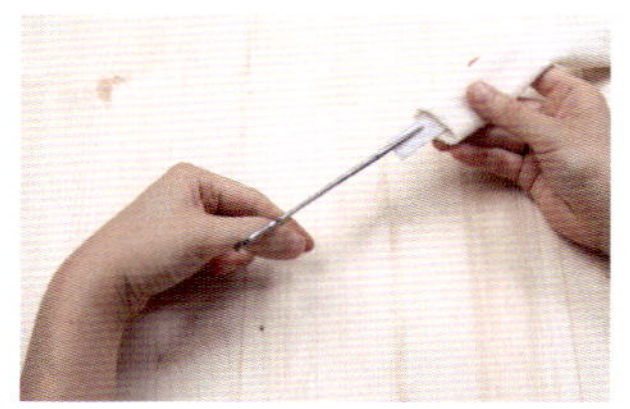

**28** 고무줄을 12cm 재단해서 고리에 끼웁니다.

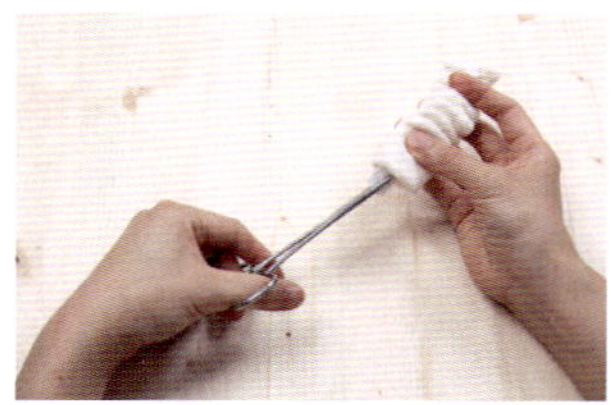

**29** 고무줄을 양쪽 끝으로 잡아 당겨 주름을 잡고, 가장자리에서 고무줄과 원단을 함께 박음질합니다.

**30** 재단해 놓은 몸통 양쪽 끝부분 겉감 쪽에 꼬리와 고리를 감침질로 고정합니다.

**31** 지퍼가 들어가는 부분 40cm를 남기고 몸통 전체를 박음질합니다.

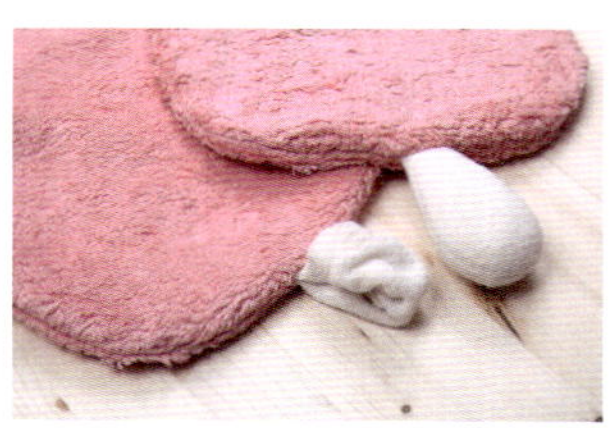

**32** 남겨둔 창구멍으로 몸통을 뒤집어줍니다.

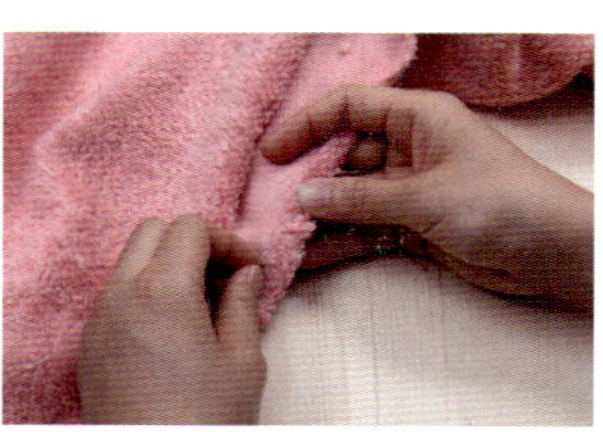

**33** 창구멍으로 남겨 놓은 지퍼 부분에서 시접을 안쪽으로 접어 넣고 박음질합니다.

**34** 홈질하여 지퍼 부분을 완성하였습니다.

  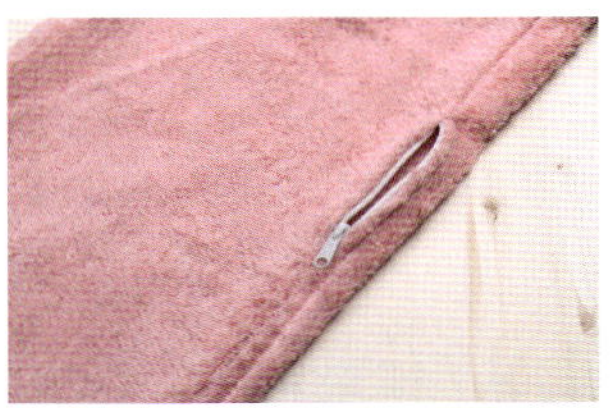 

**35** 지퍼의 중심과 창구멍의 중심을 잡아 시침핀으로 고정한 후 박음질로 지퍼를 달아줍니다.

**36** 지퍼를 달아 완성하였습니다.

**37** 안감 원단과 메밀껍질이나 솜을 준비하여 토끼 몸통과 똑같이 만들어 속에 채워줍니다.

**38** 몸통의 앞쪽에 토끼얼굴을 공그르기로 달아주면 토끼 임산부 베게 겸 수유쿠션이 완성됩니다.

**덧붙이기**

임신한 지 7개월 즈음이 되면 옆으로 누워 있어도 편하지 않아요. 첫째 때도, 둘째 때도 큰 베게만 끌어않고 잠자리에 들었었는데요. 꼬리에 고리를 끼우지 않은 채로 임산부 배게 겸 수유쿠션으로 사용하면 만삭이 점점 다가와 잠자리가 불편할 때 아주 요긴하게 사용할 수 있어요.

# Part 5

오가닉과 함께하는
## 즐거운 놀이시간

## 떼굴떼굴

# 오가닉 베이비 볼

자그마한 고사리 같은 손으로 큰 공을 잡으라는 건,
엄마의 욕심이죠! 그래서 곳곳에 구멍을 뚫었더니
아가의 손가락이 쏙쏙 들어가 쉽게 공을 잡고 노네요.

#  21 떼굴떼굴 **오가닉 베이비 볼**

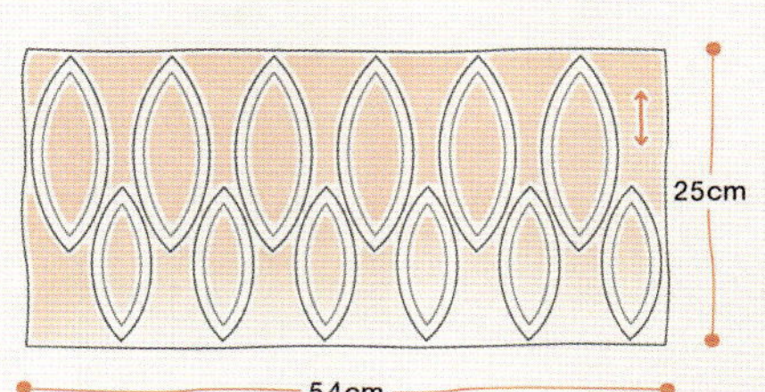



예상 제작 시간: 3시간 ★ 예상 재료비: 19,000원
완제품 예상가: 43,000원 ★ 완성 사이즈: 18cm 정도의 크기

**준비물** 오가닉 단면 타월 25×54cm, 다양한 색감의 줄무늬 저지 약간씩,
딸랑이, 솜 약 120g 정도

실물 도안 : 대형 실물본 5-21

# 공 만들기

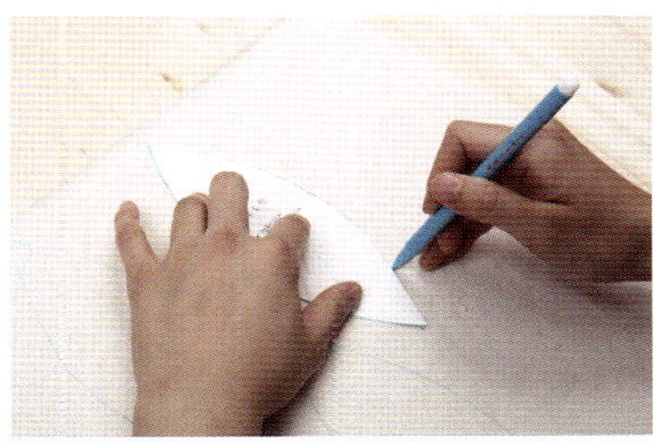

**01** 도톰한 단면 타월 원단의 안쪽 면에
공 패턴을 6장 그려줍니다.

**02** 시접을 고루 남기고 재단해주세요.

**03** 재단한 공 패턴 2장을 겉면끼리 마주
놓고 시침핀으로 고정합니다.

**04** 그린 선을 따라 양쪽 모서리 가장자
리 끝에서 5mm를 남겨놓고 박음질
합니다.

**05** 연결한 2장에 한 장을 더 박음질하여
연결합니다.

**06** 3장씩 연결한 공의 반원을 2개 만듭
니다.

07 반원 2개를 겉면끼리 마주 놓고 시침
핀으로 고정한 후에 박음질합니다.

08 창구멍으로 뒤집어줍니다.

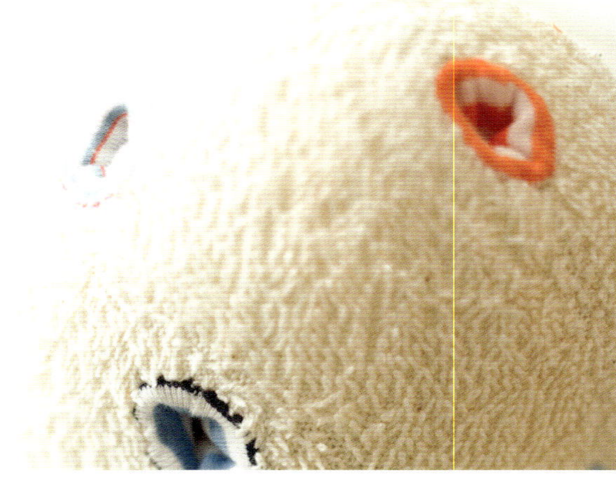

09 뒤집은 오가닉 볼에 솜과 딸랑이를 단단하게 채웁니다.

10 구멍이 뚫려있는 양쪽 끝부분은 남겨
놓고 창구멍 부분만 공그르기 합니다.

# 구멍 만들어 완성하기

11 줄무늬 저지 조각 원단을 가로 6cm,
7cm 또는 세로 5cm부터 8cm까지
다양하게 재단합니다.

12 세로선, 식서 방향으로 절반을 접어
시침핀으로 고정합니다.

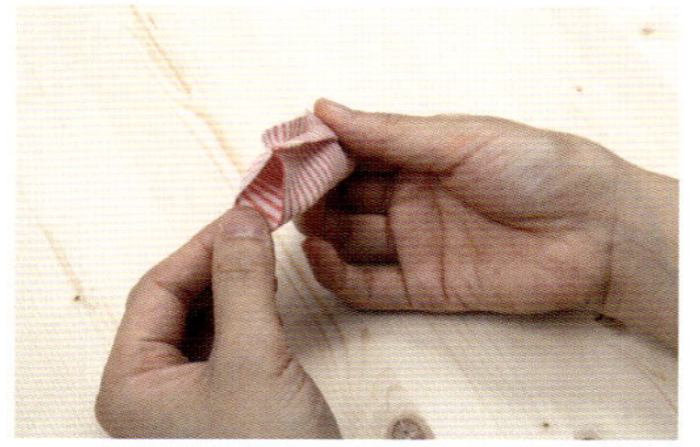

13 고정한 세로선을 박음질합니다.

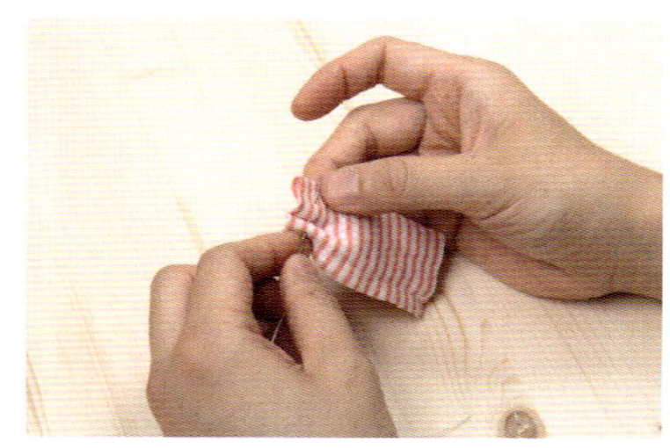

14 한쪽 재단선의 가장자리에서 5mm 들
어와서 튼튼한 실로 홈질하여 잡아당
깁니다.

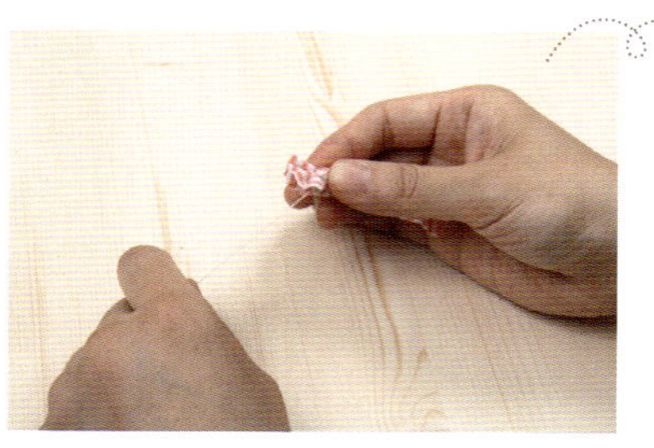

15 홈질한 실을 그대로 사용하여 동여맵니다.

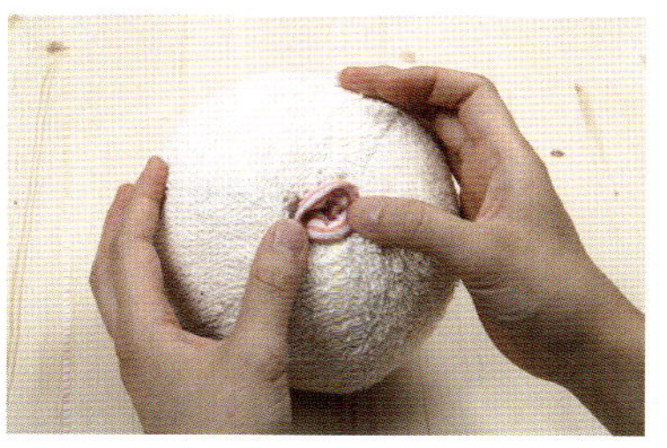

**16** 공의 양쪽 끝부분에 남겨 놓은 구멍에 끼워 넣고 시접을 바깥쪽으로 접어 넣습니다.

**17** 구멍의 가장자리를 따라가면서 공그르기 합니다.

**18** 공의 양쪽 끝 구멍 부분을 모두 완성합니다.

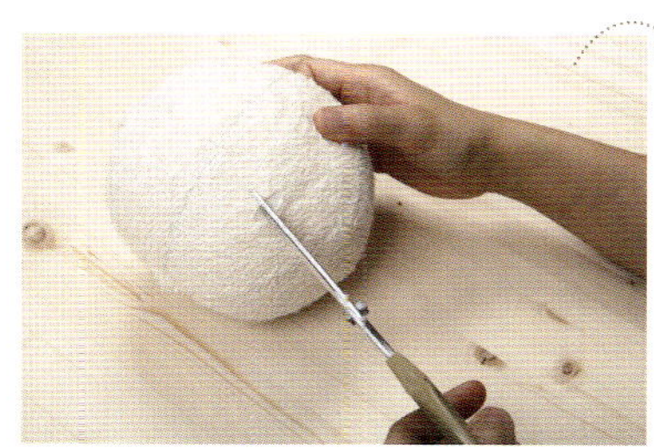

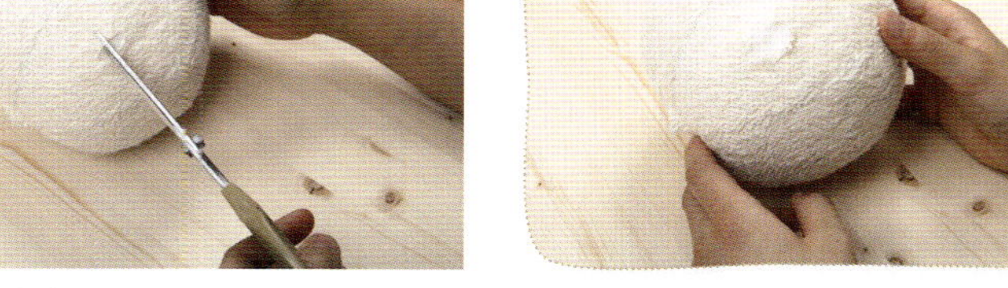

**19** 나머지 부분에는 십자 모양으로 가위집을 주어 구멍을 뚫어줍니다.

**20** 약 10~12개 정도의 구멍을 다양한 크기와 다양한 길이로 만들어 주면 완성입니다.

**덧붙이기**

## 별똥별 만들기

별등별을 만들어 보아요. 아이들이 공을 잡고 던질 수 있는 시기가 되면 이 별똥별을 만들어 주면 어떨까요? 던질 때마다 꼬리의 움직임 때문에 아이들이 정말 좋아해요

22

오랫동안 사용해도 좋은
곰돌이 목욕 수건

10살 된 큰 아이가 뱃속에 있을 때 장만했던 목욕수건을
둘째 늦둥이가 사용하고 있어요. 이 정도라면, 좋은 소재로
정성들여 만들어줄만 하죠!!!

# **22** 오랫동안 사용하고픈 곰돌이 목욕 수건

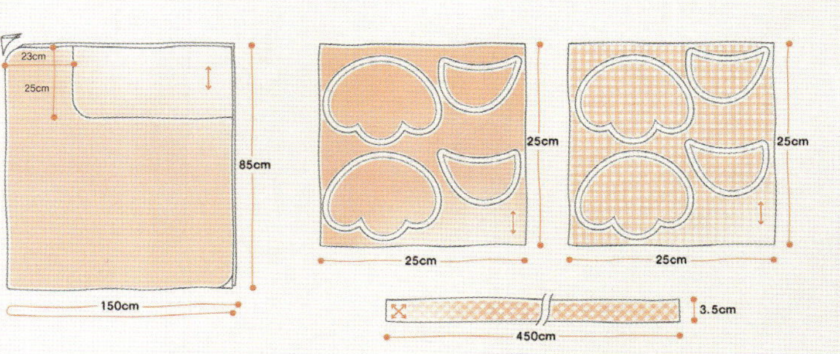

예상 제작 시간: 6시간 ★ 예상 재료비: 45,000원
완제품 예상가: 95,000원 ★ 완성 사이즈: 가로 80cm, 높이 약 85cm 정도

**준비물** 오가닉 양면 타월 가로 150×85cm, 바이어스감 450cm,
조각원단 25×25cm, 수실 약간

실물 도안 | 대형 실물본 5-22

# 목욕 수건 만들기

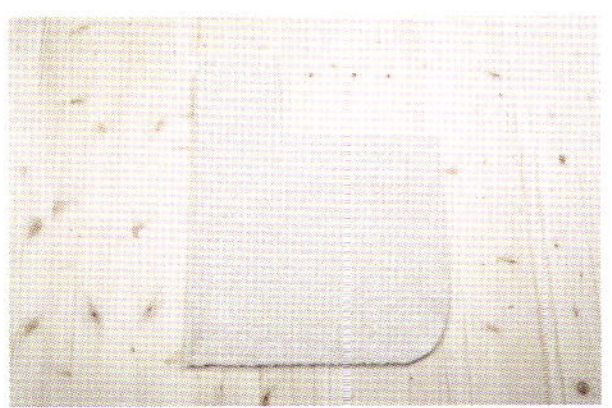

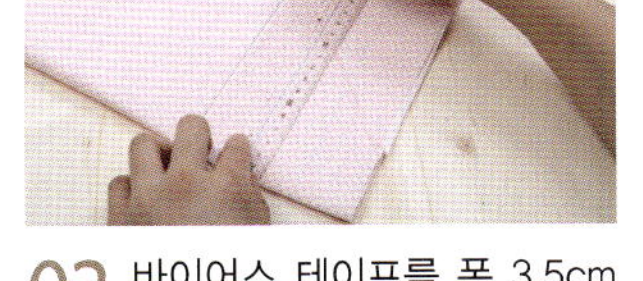

**01** 가로 150cm 높이 85cm의 타월 원단을 준비하여 도안처럼 재단합니다.

**02** 목욕 수건의 모자 부분을 시침핀으로 고정하고 머리 윗부분만 박음질합니다.

**03** 바이어스 테이프를 폭 3.5cm 길이 30cm로 재단합니다.

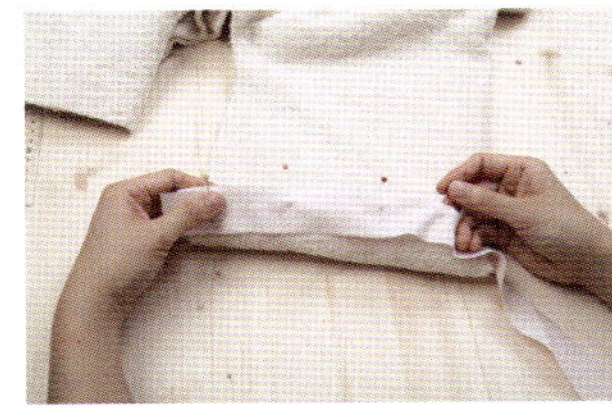

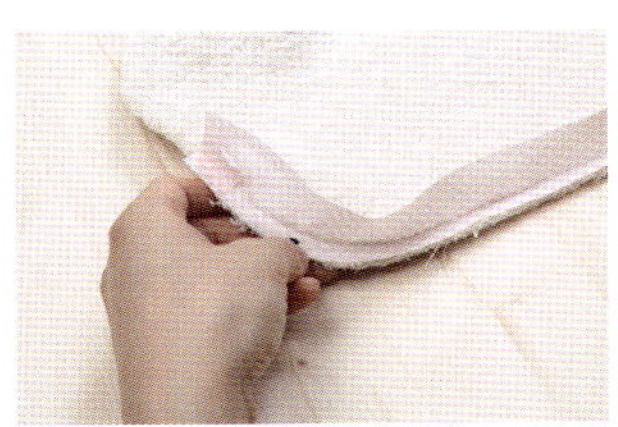

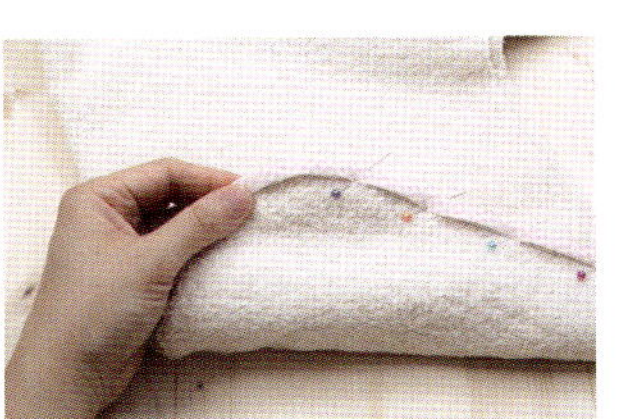

**04** 모자의 시접 부분에 바이어스 테이프를 겉면이 아래로 가도록 놓고 시침핀으로 고정합니다.

**05** 시접의 가장자리에서 7mm 안쪽으로 박음질합니다.

**06** 시접 부분의 반대쪽으로 접어 올려 시접 부분을 감싸서 다시 시침핀으로 고정합니다.

07 시접을 접어 넣은 가장자리 선을 따라 공그르기 하여 모자의 시접을 깔끔하게 마무리합니다.

08 목욕 수건의 나머지 가장자리 바이어스 처리를 위해서 폭 3.5cm 길이 400cm의 긴 바이어스 테이프를 준비합니다.

09 사선으로 연결하면 바이어스 연결 부위의 두께감이 많이 줄어들어 자연스럽답니다.

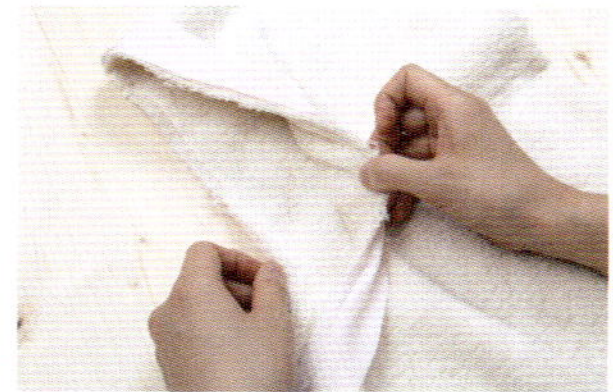

10 준비해 놓은 바이어스 테이프를 가장자리에 올려 겉면끼리 마주보도록 시침핀으로 고정하고 7mm 들어와서 박음질합니다.

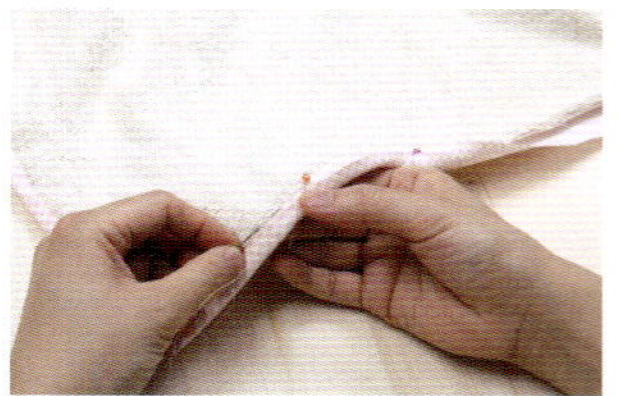

11 박음질한 선에서 가장자리 쪽으로 바이어스테이프를 접어 돌려 박음질한 반대쪽에서 시접을 접어 넣고 공그르기 합니다.

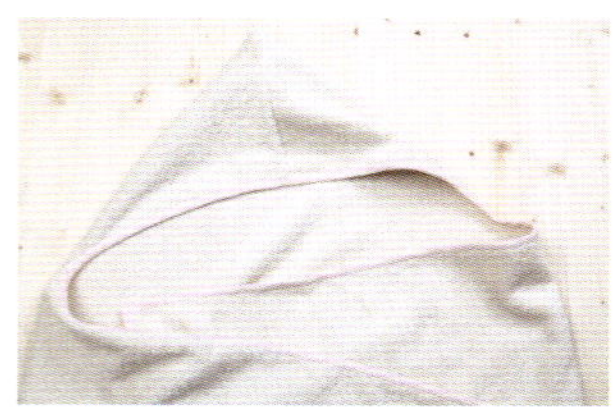

12 목욕 수건의 가장자리를 잘 마무리 해줍니다.

# 곰돌이 귀와 발 만들어 마무리하기

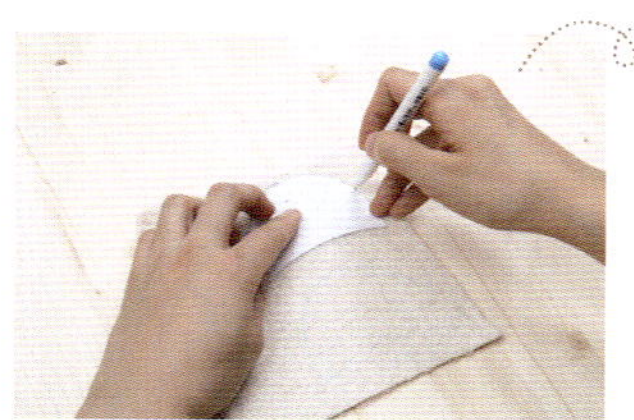

13 양면 타월 원단과 체크 원단을 겉면끼리 마주 놓고 곰돌이 귀와 발을 그립니다.

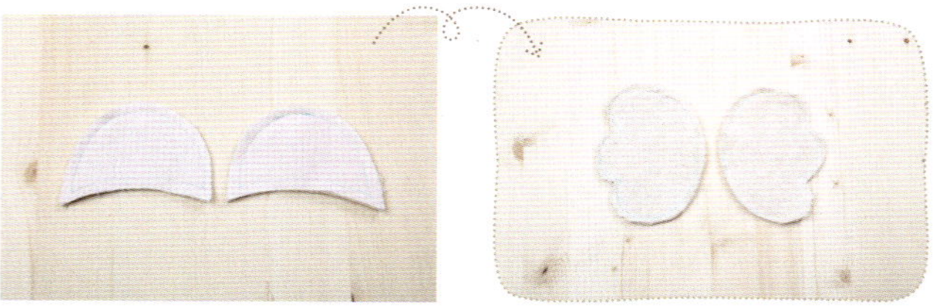

14 박음질하여 시접을 남기고 재단합니다.

15 곰돌이 귀와 손의 곡선과 모서리 부분에 가위집을 주고 창구멍으로 뒤집어줍니다.

16 귀와 발의 창구멍을 공그르기로 막아줍니다.

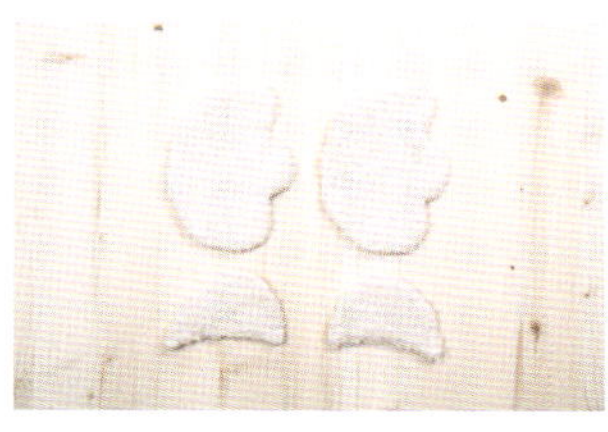

**17** 곰돌이의 귀와 발이 완성되었습니다.

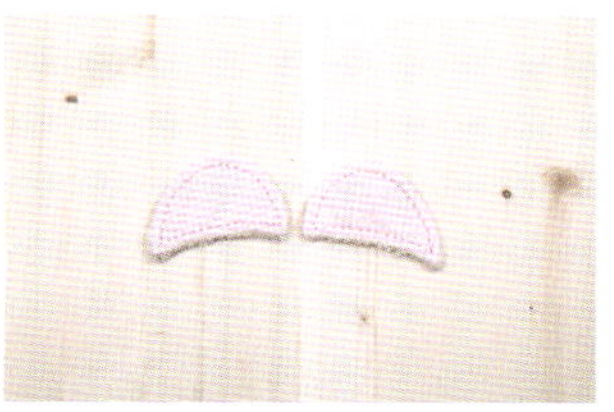

**18** 곰돌이 귀를 분홍색 수실로 가장자리에서 7mm 들어와 러닝스티치 합니다.

**19** 모자 부분 가장자리에서 10cm 올라온 위치에 시침핀으로 고정합니다.

**20** 곰돌이 귀는 앞쪽과 뒷쪽에서 공그르기 합니다.

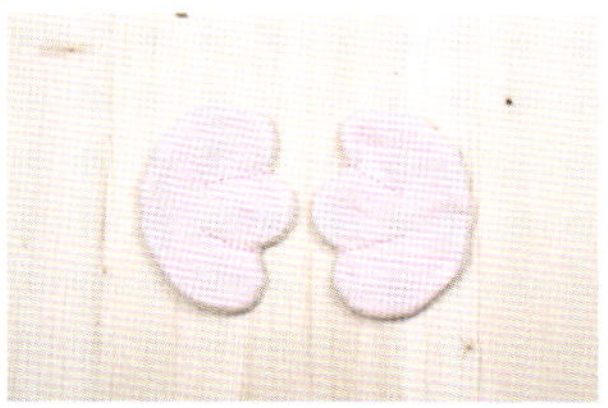

**21** 곰돌이 발도 분홍색 수실로 러닝스티치를 해줍니다.

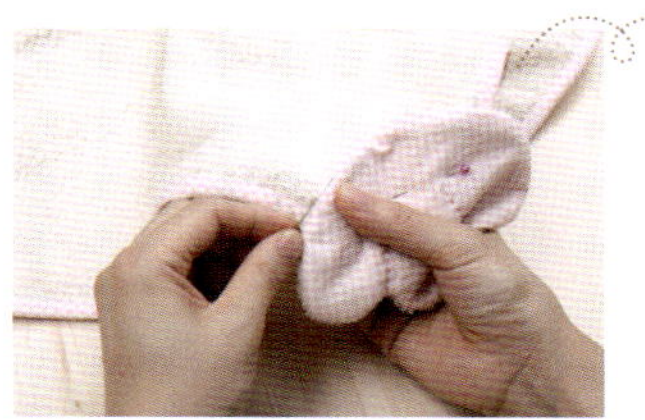

**22** 목욕 수건의 양쪽 모서리 부분에 곰돌이 발을 시침핀으로 고정하고 공그르기 합니다.

**23** 발 2개를 바깥쪽과 안쪽에서 모두 공그르기로 달아줍니다.

**24** 곰돌이 목욕 스건이 완성되었습니다.

23

목욕 시간이 즐거운

# 곰돌이 퍼프

곰돌이 퍼프만 있어도 아기의 목욕 시간이 즐거워져요.
방긋 웃는 아기를 보고 있으면 엄마도 덩달아 즐거워진답니다.

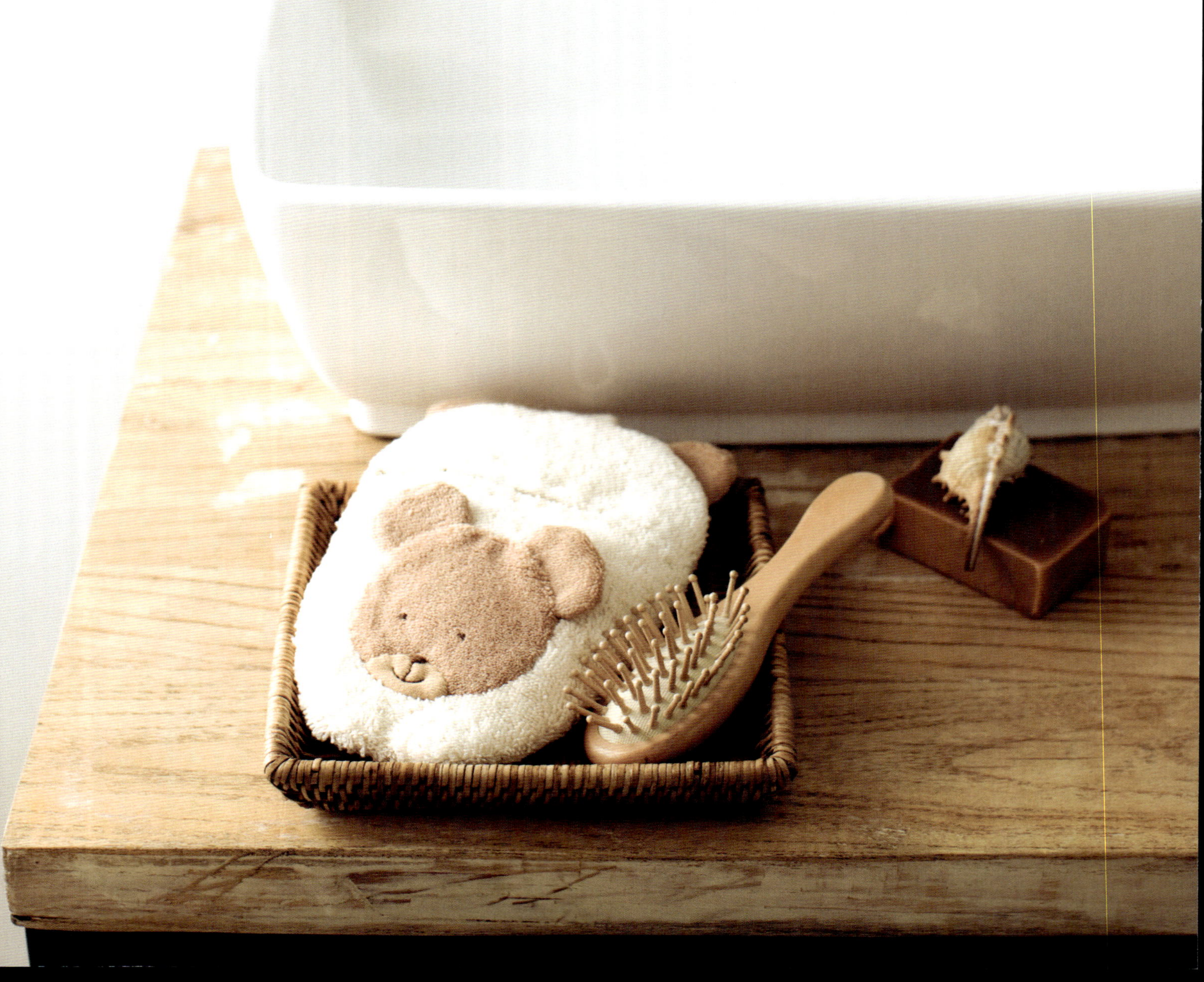

# **23** 목욕 시간이 즐거운 **곰돌이 퍼프**

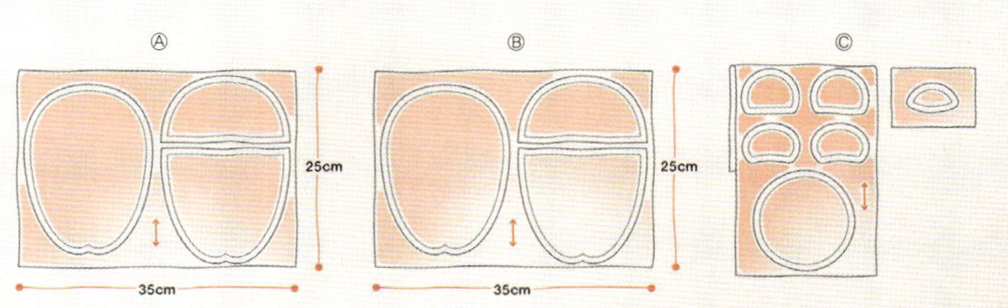



예상 제작 시간: 4시간 ★ 예상 재료비: 16,000원
완제품 예상가: 35,000원 ★ 완성 사이즈: 가로 15cm, 세로 20cm 정도

**준비물** 양면 타월 원단 35×25cm, 포플린 35×25cm, 곰 아플리케용 단면 타월 원단 약간씩 2종, 면끈 약간, 수실 약간

실물 도안 | 대형 실물본 5-23

# 퍼프 만들기

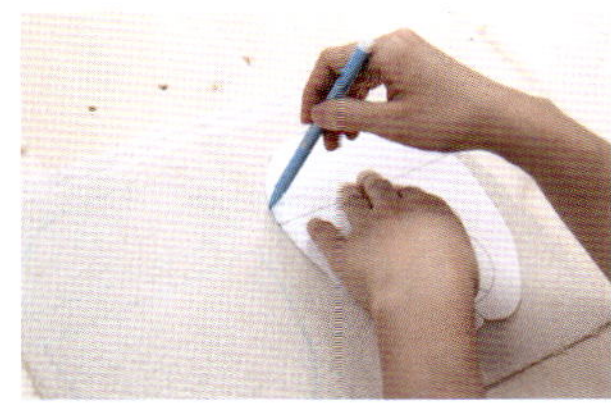

**01** 양면 타월 원단(Ⓐ)에 곰돌이 몸통의 아랫부분 1장, 윗부분 2장을 그립니다.

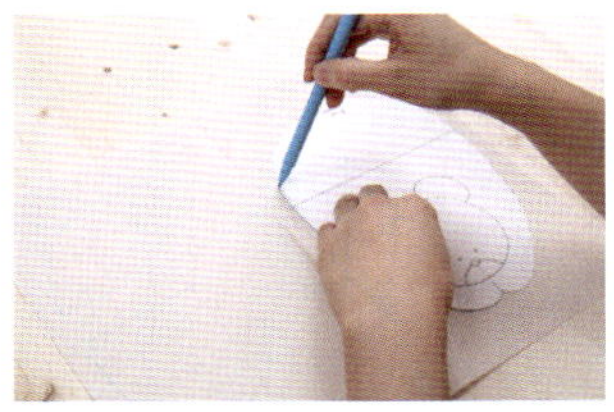

**02** 안감 원단(Ⓑ)에 곰돌이 몸통 아랫부분 1장, 윗부분 2장을 그립니다.

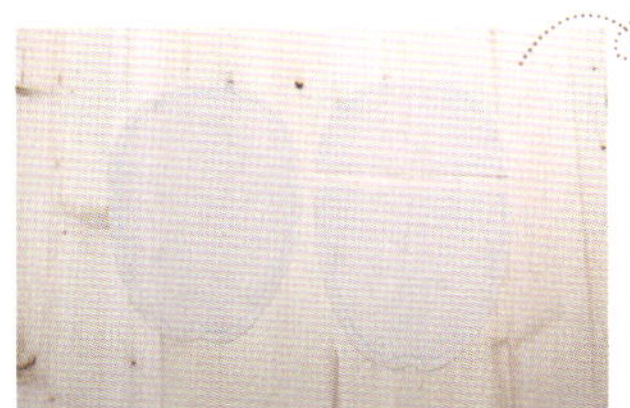

**03** 겉감, 안감 모두 시접을 고루 남기고 재단해주세요.

**04** 단면 타월 조각 원단 2장을 겉면끼리 마주 놓고 발을 2개 그립니다.

**05** 박음질하여 시접을 남기고 재단합니다.

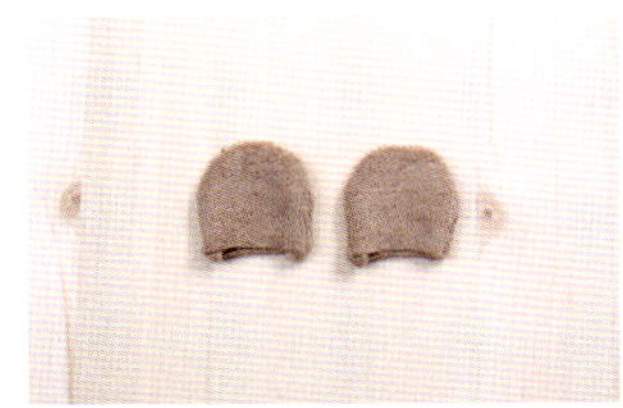

**06** 창구멍으로 뒤집어 곰돌이 발을 준비해둡니다.

**07** 면끈을 15cm로 준비하여 두 겹으로 접은 뒤 끝을 묶습니다.

08 곰돌이 엉덩이 부분에서 겉감과 안감을 겉면끼리 겹칠 때 면 끈과 곰돌이 발을 끼워 넣습니다. 시침핀으로 고정합니다.

09 곰돌이 몸통 모두 겉감과 안감을 마주 보도록 놓고 시침핀으로 고정합니다.

10 창구멍만 남기고 곰돌이 몸통을 모두 박음질 해주세요.

11 곡선 부분과 모서리 부분에 가위집을 주고 창구멍으로 뒤집어줍니다.

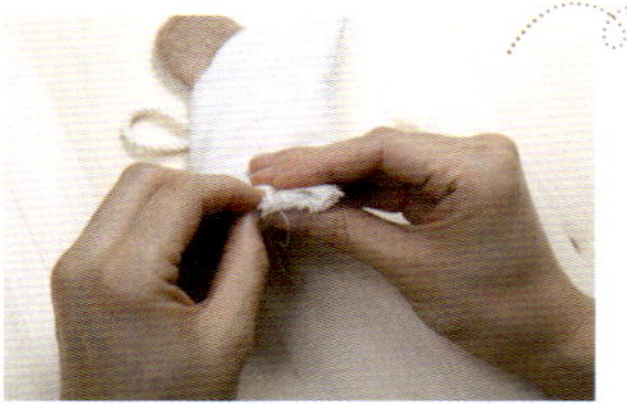

12 창구멍을 공그르기로 막아주세요.

13 단면 타월 조각 원단 2장을 겉면끼리 마주 놓고 곰돌이 귀를 그린 후 그린 선을 따라 박음질합니다.

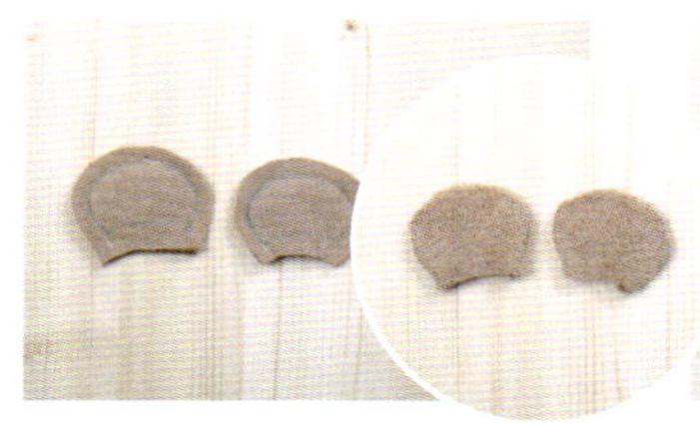

14 시접을 남기고 재단하고 창구멍으로 뒤집어 곰돌이 귀를 준비합니다.

15 곰돌이 앞 몸통에 곰돌이 얼굴을 수성펜으로 그려준 후 귀 위치에 완성해 놓은 곰돌이 귀를 시침핀으로 고정하고 감침질합니다.

16 조각 원단의 겉면에 곰돌이 얼굴을 그려서 시접을 0.5cm만 남기고 재단합니다.

17 아플리케 하기 위해서 곰돌이 몸통에 시침핀으로 고정합니다.

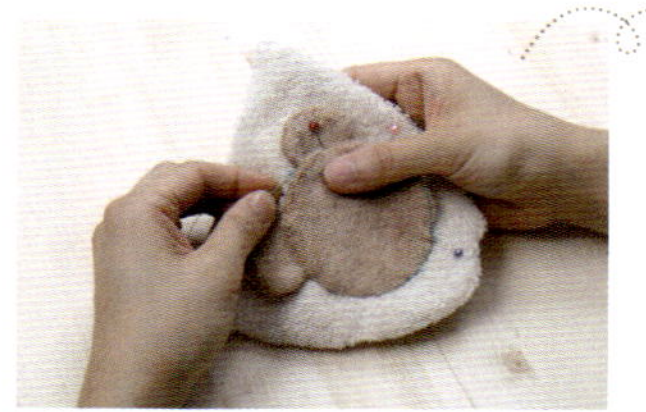 

18 가장자리를 따라 공그르기 하여 곰돌이 얼굴을 완성합니다.

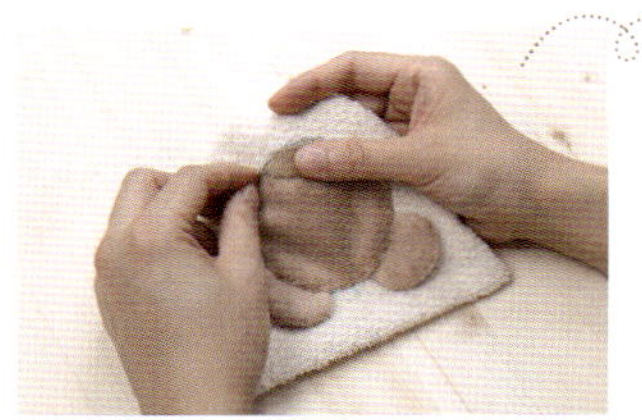

**19** 양면 저지 조각으로 곰돌이 입 부분도 아플리케 합니다.

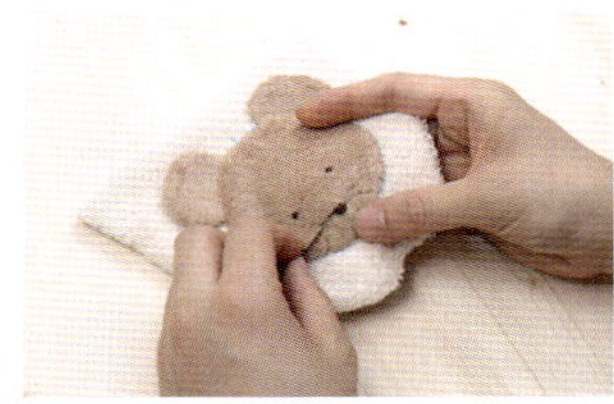

**20** 눈과 코는 새틴스티치. 입은 백스티치합니다.

**21** 완성한 곰돌이 앞면과 뒷면을 공그르기 하기 위해 시침핀으로 고정한 후

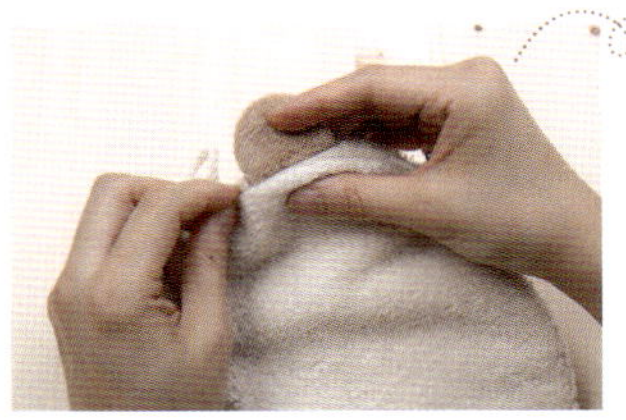

**22** 곰돌이 몸통 가장자리를 따라가면서 공그르기 해줍니다. 뒤집어 안쪽에서 안감끼리 공그르기를 한번 더 해줍니다

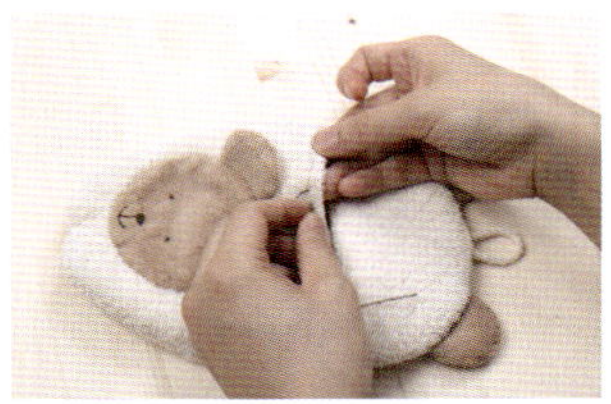

**23** 손이 들어가게 되는 곰돌이 퍼프의 입구 가장자리를 홈질로 눌러줍니다. 그리고 양쪽 끝이 완전히 벌어지지 않도록 끝 가장자리 1cm를 공그르기 합니다.

**24** 곰돌이 퍼프가 완성되었습니다.

따스한 해피곰

# 목도리♥

찬바람이 씽씽 불어도 절대, 감기랑은 친해지지 말아요.

## 24 따스한 해피곰 **목도리**

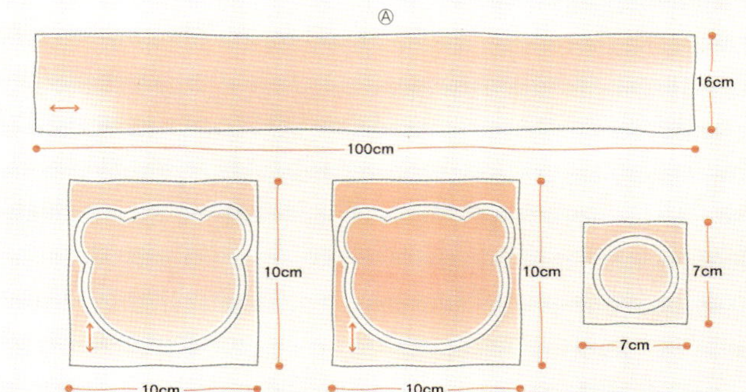


예상 제작 시간 : 2시간 ★ 예상 재료비 12,000원
완제품 예상가 : 25,000원 ★ 완성 사이즈 : 폭 10cm 정도, 길이 100cm

**준비물** 오가닉 양면 저지 16×100cm 1장, 곰돌이용 오가닉 니키 10×10cm,
포플린 10×10cm, 오가닉 니키 7×7cm, 아플리케용 7×7cm, 수실 약간

실물 도안 : 대형 실물본 5-24

# 목도리 만들기

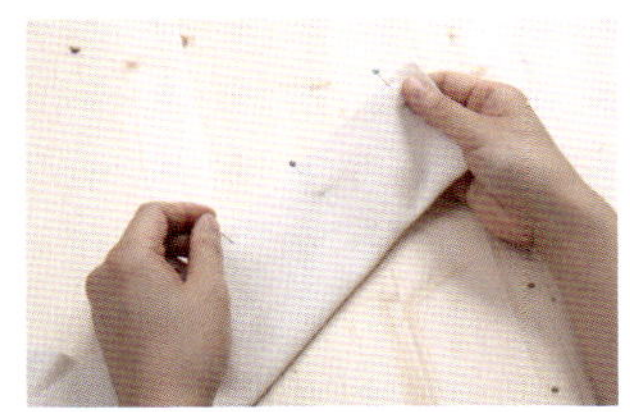

**01** 아이보리색 양면 저지 원단Ⓐ
을 가로 16cm, 폭 100cm로
재단합니다. 길게 절반을 접
어 시침핀으로 고정합니다.

**02** 세로 선을 따라 창구멍을 10cm를 남기고 박음질합니다.

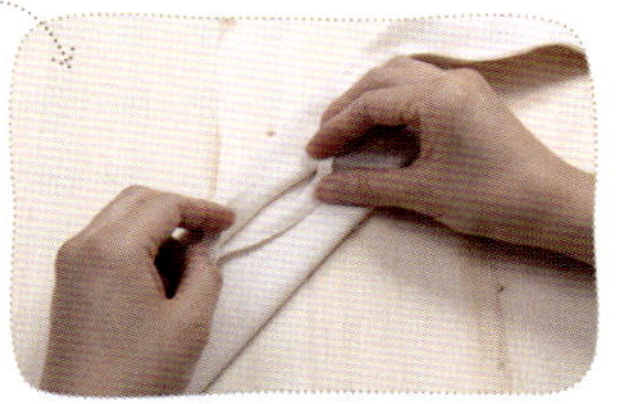

**03** 박음질한 선이 목도리의 가운
데에 오도록 절반을 접은 상
태에서 목도리 가장자리에 실
물 패턴을 올리고 수성펜으로
그립니다.

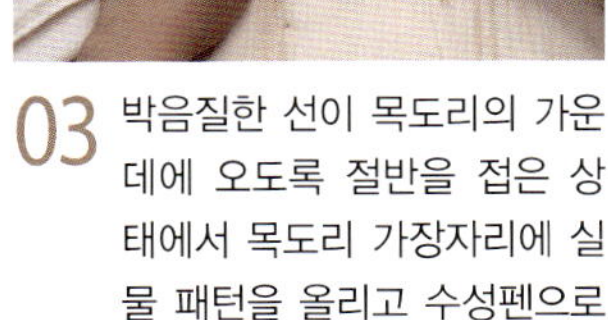

**04** 그린 선을 따라 박음질합니다.

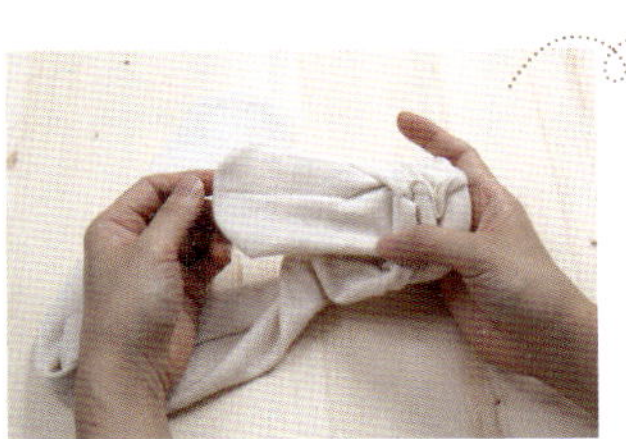

**05** 창구멍으로 뒤집은 후 목도리의 창구멍을 공그르기합니다.

**06** 목도리 부분이 완성되었습니다.

# 곰돌이 만들어 완성하기

**07** 베이지색 니키 원단과 안감을 겉면끼리 마주 놓고 곰돌이 패턴을 그립니다.

**08** 창구멍을 남기고 박음질 합니다.

**09** 시접을 남기고 재단한 후 모서리 부분과 곡선 부분에 모두 가위집을 내주세요.

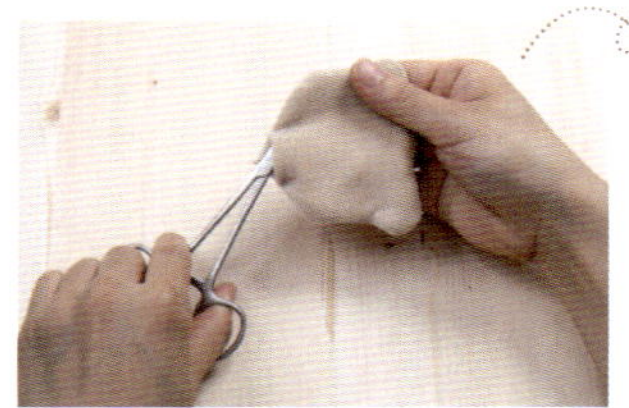

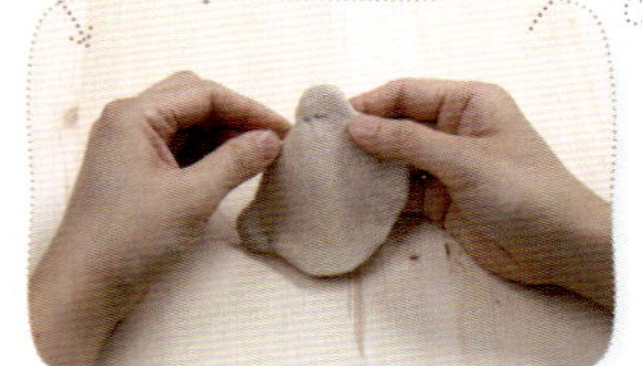

**10** 창구멍으로 뒤집은 후 곰돌이의 귀 부분을 홈질합니다.

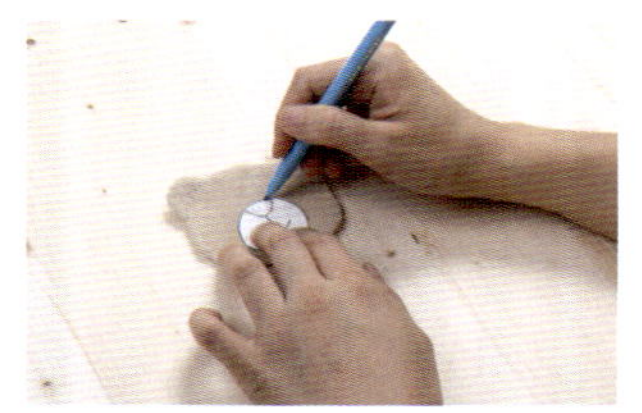
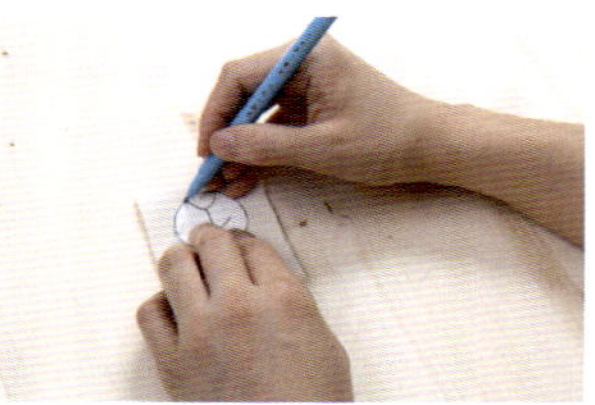
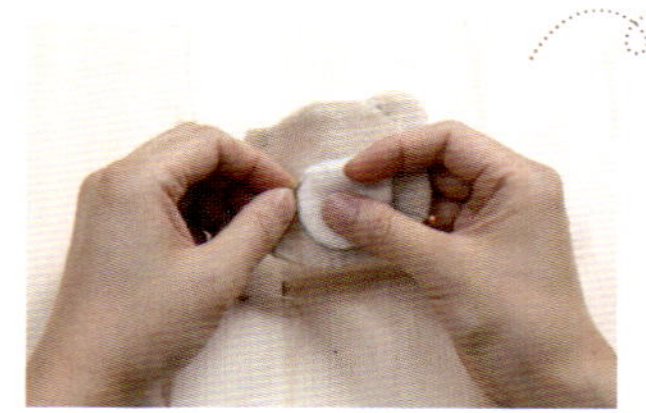

**11** 입 부분을 아플리케 하기 위해서 곰돌이 얼굴의 겉면에 입 부분을 수성펜으로 그립니다.

**12** 아이보리 니키 조각 원단의 겉면에 곰돌이 입 부분을 그려서 시접 5mm를 남기고 재단합니다.

**13** 곰돌이 얼굴에 올리고 시침핀으로 고정한 후 공그르기합니다.

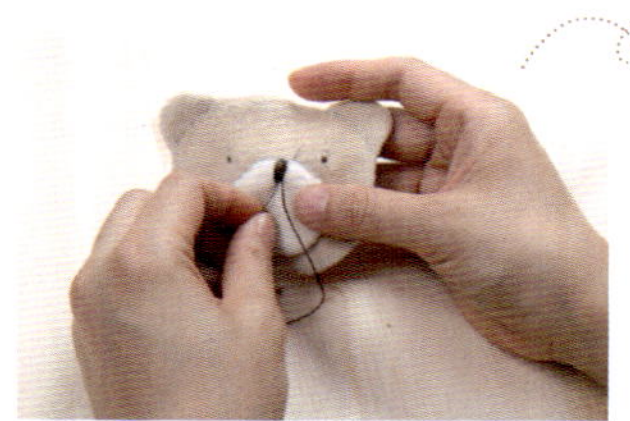

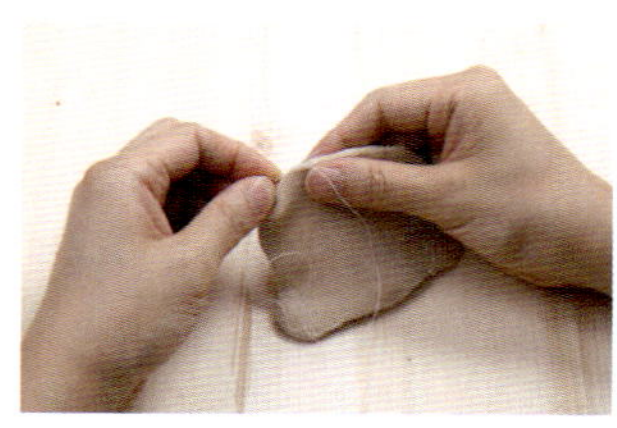

**14** 곰돌이의 눈과 입을 수놓습니다. 곰돌이 눈은 매듭수를 놓고 코는 새틴스티치로 도톰하게 놓아줍니다. 입은 백스티치합니다.

**15** 곰돌이 얼굴의 창구멍을 공그르기 합니다.

**16** 앞에서 완성한 목도리의 원하는 위치에 곰돌이 얼굴을 시침핀으로 고정합니다. 목도리 끝에서 약 15cm 올라와서 위치를 잡으세요.

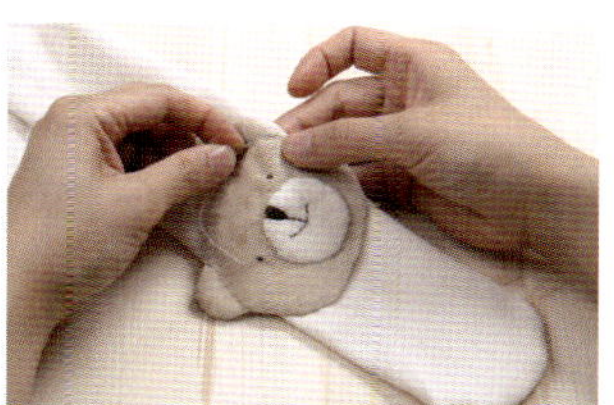

**17** 반대쪽 목도리를 끼워야 하므로 약간 사선으로 곰돌이 얼굴을 돌려서 공그르기합니다.

**18** 예쁜 해피곰 목도리가 완성되었습니다.

**덧붙이기**

## 침을 많이 흘리는 아기를 위한 아기 스카프

아기 스카프는 침을 많이 흘리는 아가들의 완소 아이템이에요. 아가의 이니셜을 수놓아 세상에 하나밖에 없는 내 아이만의 스카프로 만들어 주세요.

햇빛 한바구니 내리쬘 때

# 물고기 썬 캡

## 25 햇빛 한바구니 내리쬘 때 물고기 썬 캡

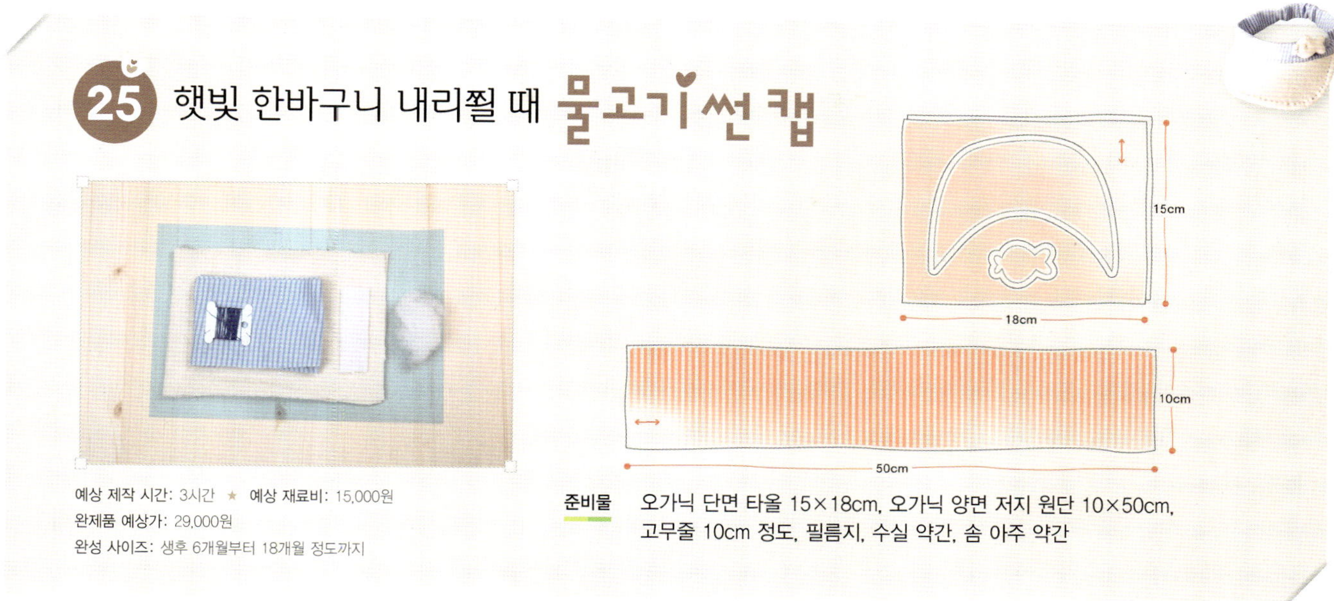

예상 제작 시간: 3시간 ★ 예상 재료비: 15,000원
완제품 예상가: 29,000원
완성 사이즈: 생후 6개월부터 18개월 정도까지

**준비물** 오가닉 단면 타올 15×18cm, 오가닉 양면 저지 원단 10×50cm,
고무줄 10cm 정도, 필름지, 수실 약간, 솜 아주 약간

🗂 실물 도안 : 대형 실물본 5-25

# 모자 만들기

**01** 단면 타월 원단 2장을 겉면끼리 마주 놓고 도안을 참고하여 모자의 챙 부분을 그립니다.

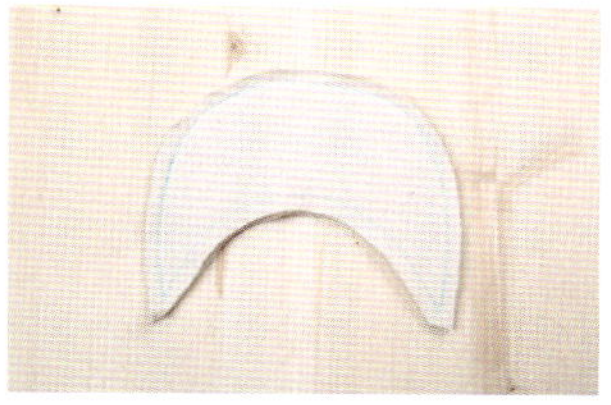

**02** 그린 선을 따라 박음질하고 시접을 고루 남기고 재단합니다.

**03** 곡선 부분에 가위집을 주고 모자 창을 뒤집어줍니다.

**04** 모자 창의 가장자리에서 안쪽으로 들어와 파랑색 수실로 러닝스티치를 해줍니다.

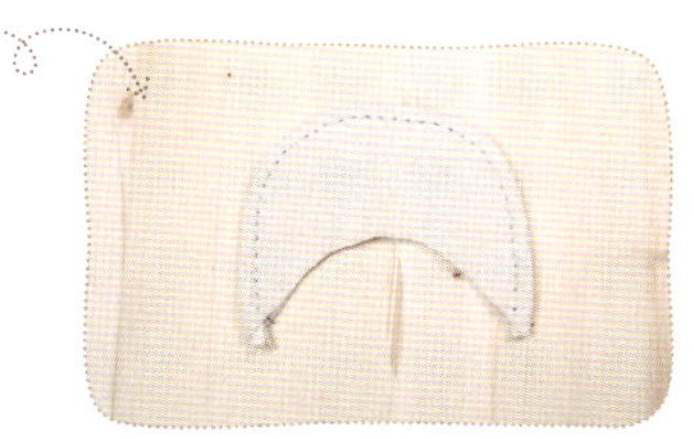

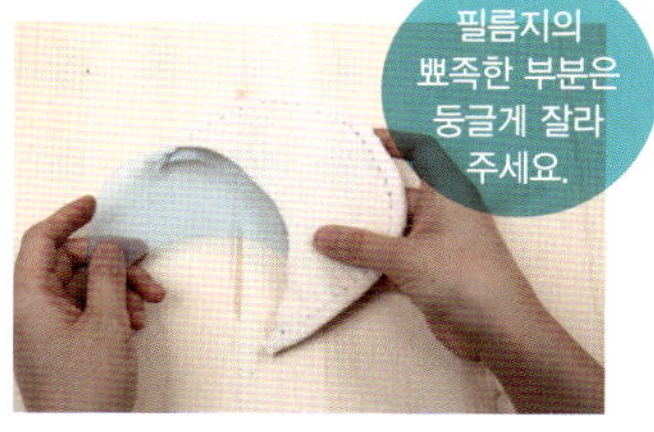



**05** 필름지로 재단한 모자 창을 원단 사이에 끼워 넣어줍니다.

**06** 필름지가 밀려 나오지 않도록 시침핀으로 고정합니다.

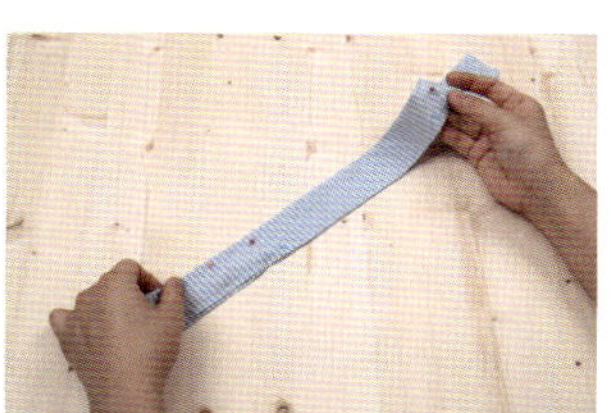

**07** 모자 밴드 부분을 폭 7cm, 길이 50cm로 재단합니다. 길게 절반을 접어 정 가운데를 표시한 후. 정 가운데서 19cm 만큼 창구멍으로 남겨놓고 표시합니다.

08 창구멍으로 남겨 놓는 부분을 제외하고 박음질합니다.

09 모자 밴드 부분을 겸자로 뒤집어주세요.

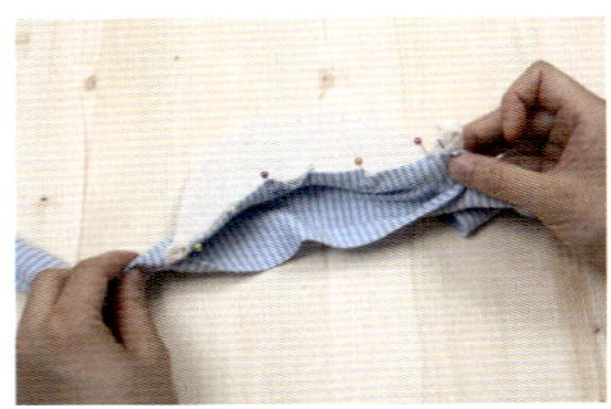

10 완성해 놓은 모자 창을 밴드 부분에 겉면끼리 마주 잡고 시침핀으로 고정합니다.

11 고정해 놓은 모자 창의 안쪽 완성선을 따라 박음질합니다. 이때는 필름지를 모자 창 바깥 부분으로 밀어가면서 박음질하도록 합니다.

12 반대쪽 부분에 시접을 접어 넣고 시침핀으로 고정합니다.

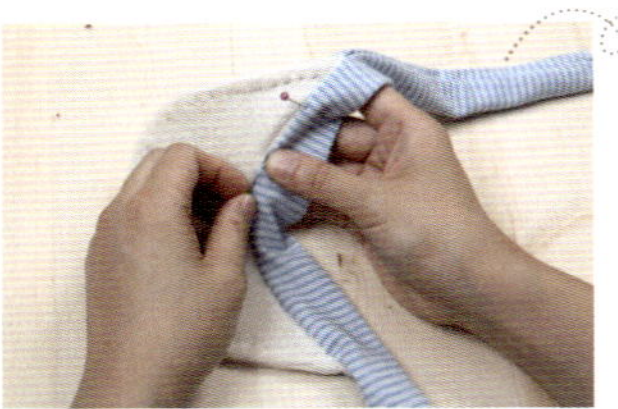

13 남겨 놓았던 19cm 크기의 창구멍을 공그르기합니다.

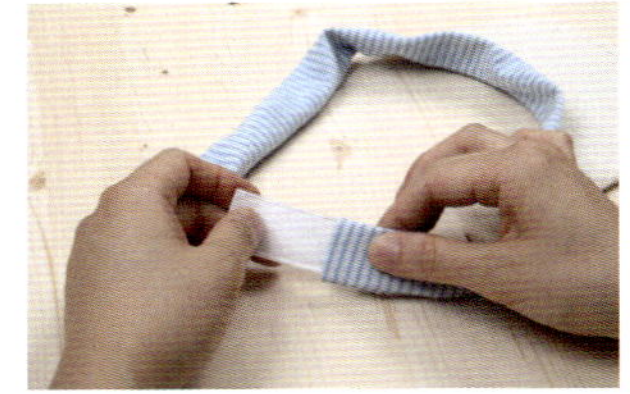

14 고무줄을 7cm로 재단하여 모자의 밴드 부분 한쪽 가장자리 끝에 끼워 넣고

15 가장자리에서 완성선을 따라서 고무줄과 함께 박음질합니다.

16 박음질한 고무줄을 반대쪽 모자 밴드 부분 사이에 겸자로 밀어 넣습니다.

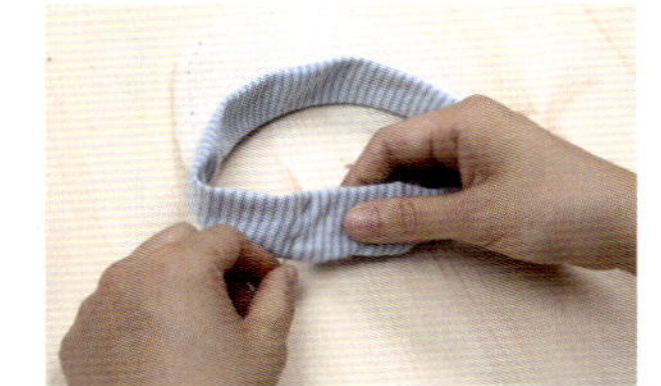

17 아기의 머리 둘레를 확인하고 적당히 잡아당겨 박음질할 부분을 시침핀으로 고정합니다.

18 고무줄과 밴드 부분을 함께 박음질합니다.

19 주름이 잡힌 모자 밴드 부분을 다시 반대쪽으로 잡아 당겨 처음에 박음질한 선에 공그르기하면 선캡이 완성됩니다.

# 물고기 만들어 모자 완성하기

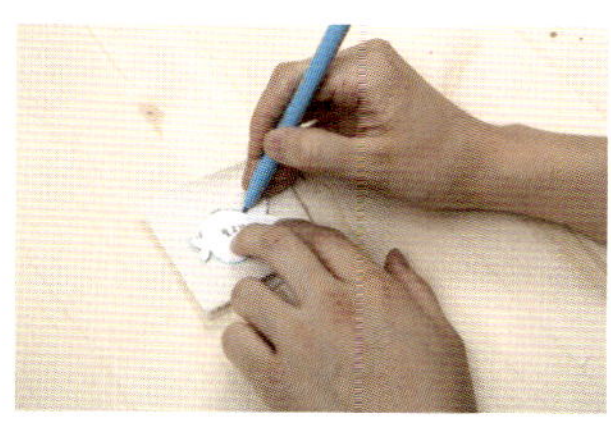

20 단면 타월 원단 2장을 겉면끼리 마주 놓고 도안을 참고하여 물고기를 그려줍니다.

21 그린 선을 따라 전체를 모두 박음질합니다.

22 시접을 남기고 재단한 후 모서리 부분과 곡선 부분에 가위집을 주세요.

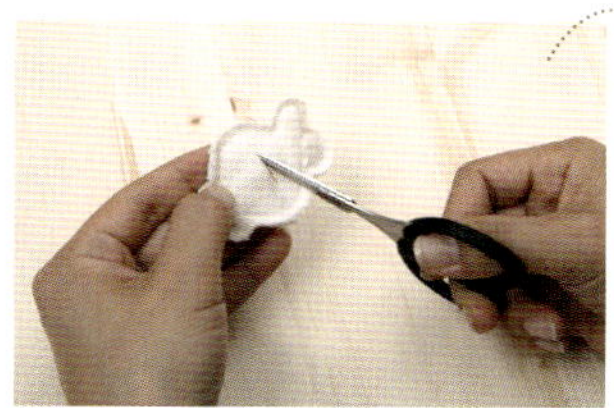

23 물고기 한쪽에서 세로로 길게 가위집을 주고 창구멍을 만들어 뒤집어 주세요.

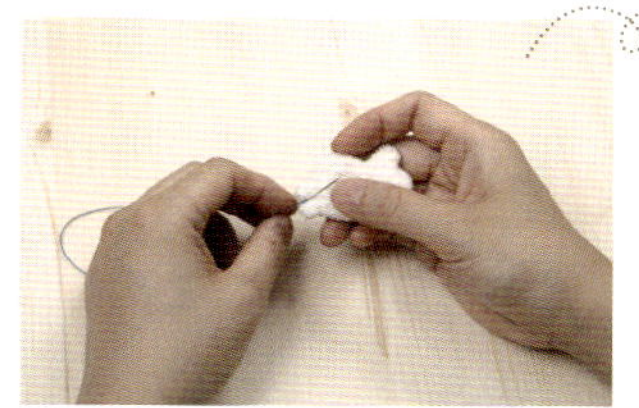
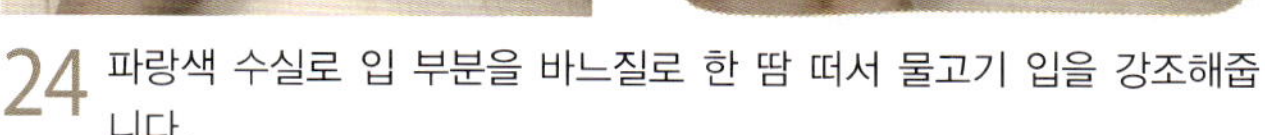
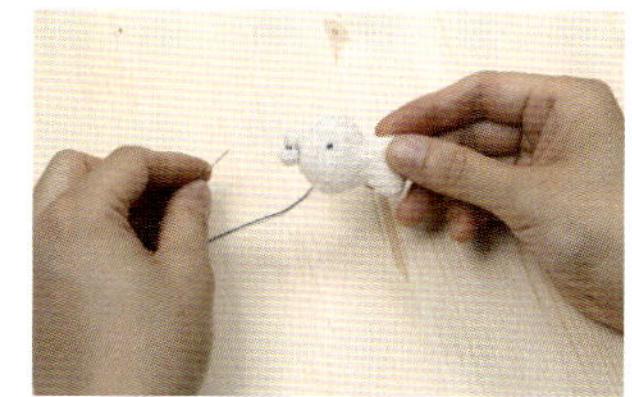

24 파랑색 수실로 입 부분을 바느질로 한 땀 떠서 물고기 입을 강조해줍니다.

25 파랑색 수실로 눈을 매듭수로 수놓아주세요.

26 솜을 채우고 창구멍을 공그르기로 막아줍니다.

27 완성한 물고기를 모자의 밴드 부분에 고정해주면 물고기 선캡 모자가 완성됩니다.

26
동글 동글
방울 달린 아기 모자
손이 시려워 꽁! 발이 시려워 꽁!!!
겨울바람 때문에~~~ ♫♫

# 26 동글 동글 방울 달린 아기 모자

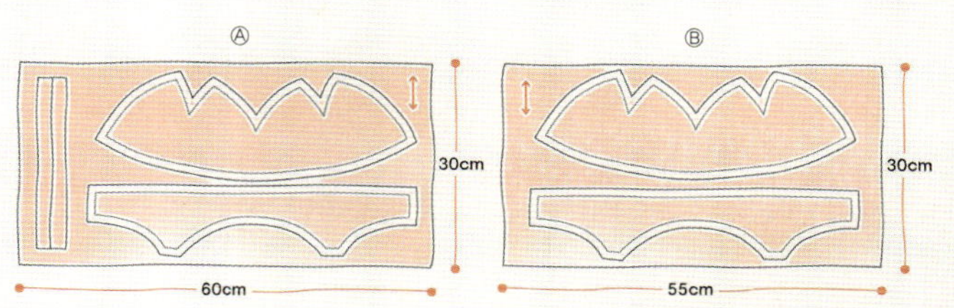


예상 제작 시간: 3시간 ★ 예상 재료비: 29,000원
완제품 예상가: 55,000원 ★ 완성 사이즈: 생후 6개월부터 3~4세까지

**준비물** 오가닉 플리스 원단 30×55cmⒷ, 오가닉 니키 원단 30×60cmⒶ, 수실 약간, 오가닉 코튼 털실

실물 도안 : 대형 실물본 5-26

# 모자 만들기

**01** 겉감과 안감에 모자 윗부분 골선으로 1장, 모자 아랫부분 골선으로 1장을 그립니다.

**02** 시접을 남기고 재단합니다. 모자 끈은 안감 원단으로 폭 2cm, 길이 25cm로 2개를 재단합니다.

**03** 모자 윗부분의 다트선을 시침핀으로 고정한 후

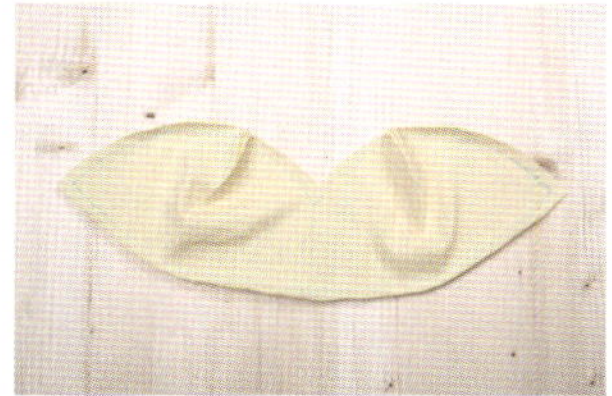

**04** 모자의 다트선을 박음질해주세요.

**05** 겉감 안감 따로 따로 모자 윗부분과 아랫부분을 박음질로 연결합니다. 안감 부분에서 모자 윗부분과 아랫부분을 연결할 때 창구멍으로 10cm를 남겨둡니다.

**06** 모자를 겉감끼리, 안감끼리 마주보도록 절반 접어서 박음질하여 모자 모양을 완성합니다.

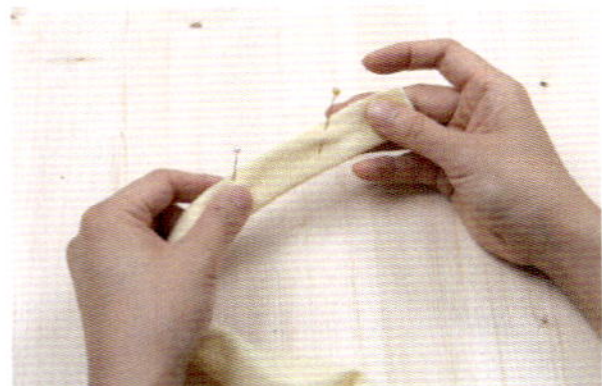

07 재단해 놓은 모자 끈을 길게 절반 접어 시침핀으로 고정하고 박음질합니다.

08 박음질한 솔기가 가운데 오도록 접은 뒤 한쪽 가장자리 끝을 박음질해주세요.

09 모자의 끈은 길고 좁기 때문에 겸자로 뒤집어줍니다.

10 모자 끈을 2개 준비합니다.

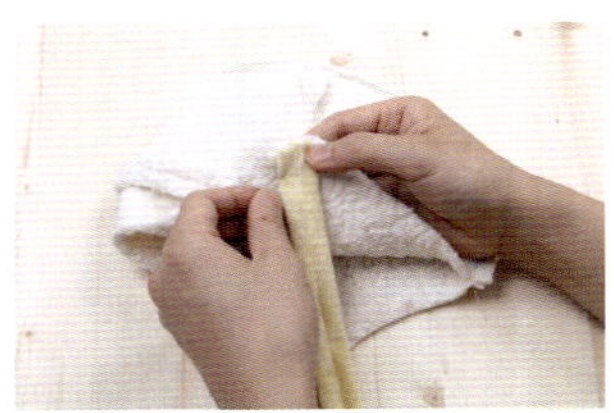

11 모자의 겉면에 모자 끈을 시침핀으로 고정한 후

12 모자 안감과 겉감을 가장자리 따라 겉면끼리 마주보도록 시침핀으로 고정합니다.

13 모자의 가장자리 전체를 박음질합니다.

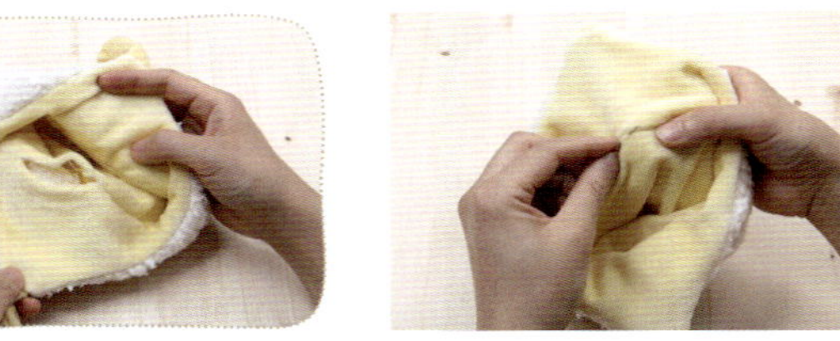

14 모자 윗부분과 아랫부분을 연결할 때 남겨 놓았던 창구멍으로 뒤집어줍니다.

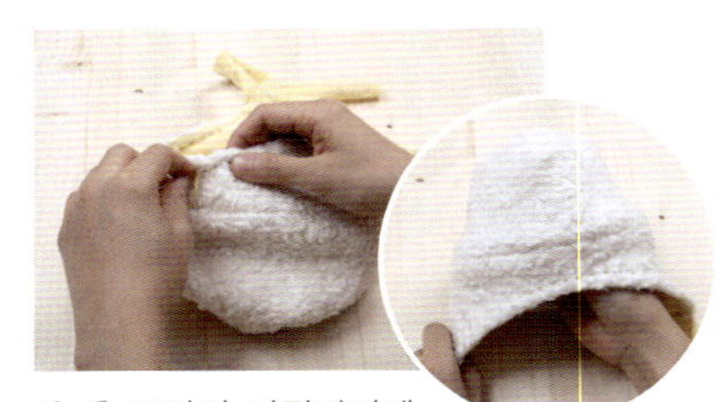

15 창구멍을 공그르기로 막아줍니다.

16 모자의 가장자리에서 7mm 안쪽으로 노란 색 수실로 러닝스티치 해줍니다.

# 방울 만들어 모자 완성하기

17 오가닉 털실을 길이가 8cm 정도 되는 판에 감아주세요.

18 적당히 감겼으면 판을 빼내고 가운데를 같은 실로 튼튼하게 묶어줍니다.

19 양쪽 끝을 가위로 잘라 동그랗게 만듭니다.

20 톡톡 털어가면서 동그랗게 되도록 만들어 방울을 완성합니다.

21 만들어진 방울을 모자 끝에 튼튼하게 달아줍니다.

22 동글동글 방울 모자가 완성되었습니다.

잠자리의 포근한 친구

# 말랑말랑 스마일 베어

곰 세 마리가 한집에 있어 아빠 곰, 엄마 곰, 아기 곰~~~~
아빠 곰이랑 엄마 곰은 품에 안고 자는 잠자리 인형으로 좋고요.
아기 곰은 놀이인형으로 참 좋아요.

# 27 잠자리의 도근한 친구 **말랑말랑 스마일 베어**

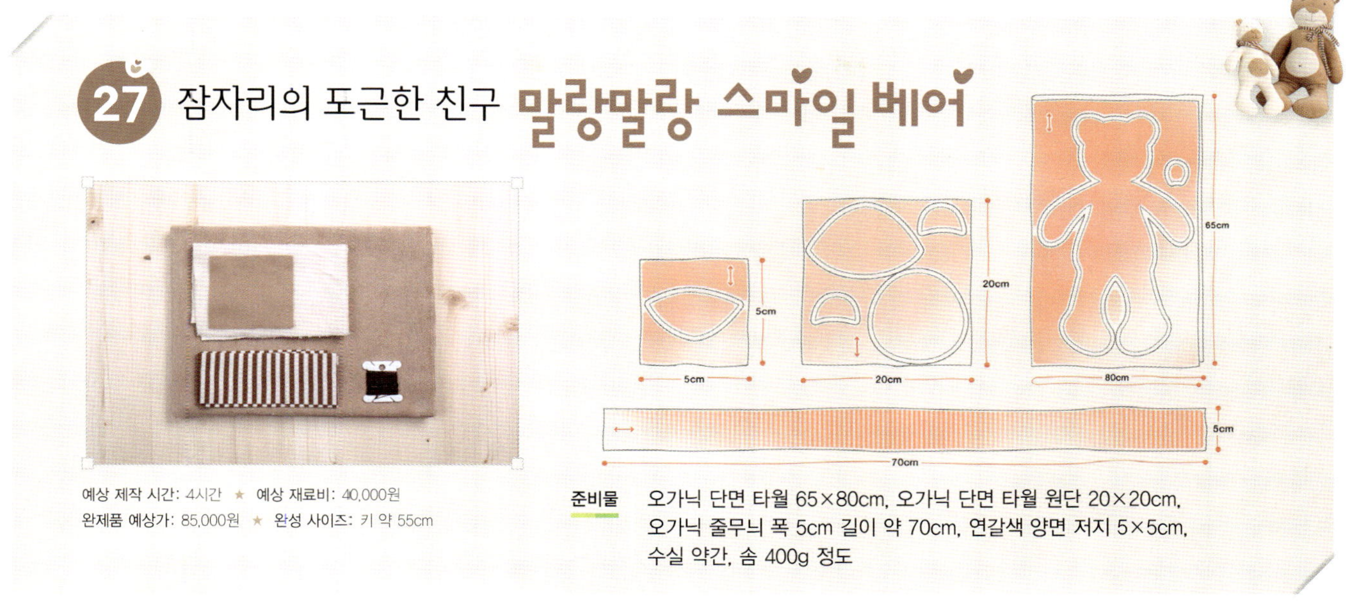

예상 제작 시간 : 4시간 ★ 예상 재료비 : 40,000원
완제품 예상가 : 85,000원 ★ 완성 사이즈 : 키 약 55cm

**준비물** 오가닉 단면 타월 65×80cm, 오가닉 단면 타월 원단 20×20cm,
오가닉 줄무늬 폭 5cm 길이 약 70cm, 연갈색 양면 저지 5×5cm,
수실 약간, 솜 400g 정도

실물 도안 : 대형 실물본 5-27

# 베어 만들기

**01** 단색 타월 원단 2장을 겉면끼리 마주 놓고 곰돌이 패턴을 그립니다.

**02** 그린 선을 따라 창구멍만 남기고 박음질합니다.

**03** 시접을 고루 남기고 재단해주세요.

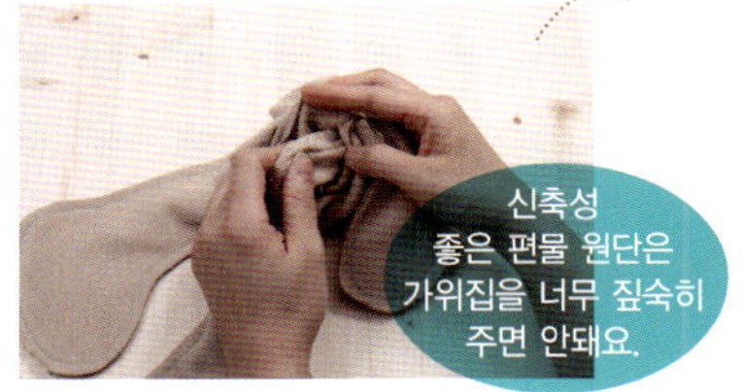

**04** 곡선 부분에 살짝 살짝 가위집을 주고 창구멍으로 뒤집어줍니다.

신축성 좋은 편물 원단은 가위집을 너무 짚숙히 주면 안돼요.

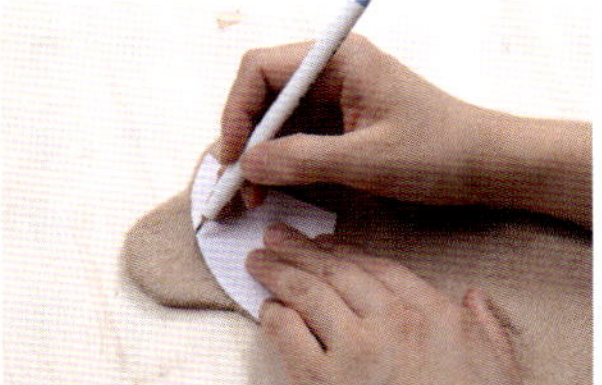

**05** 귀와 얼굴의 경계선을 실물 패턴을 놓고 수성펜으로 표시합니다.

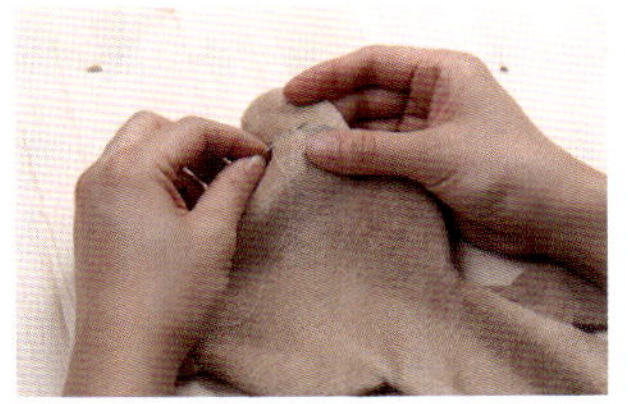

**06** 그린 선을 따라 홈질하여 귀 모양을 만들어주세요.

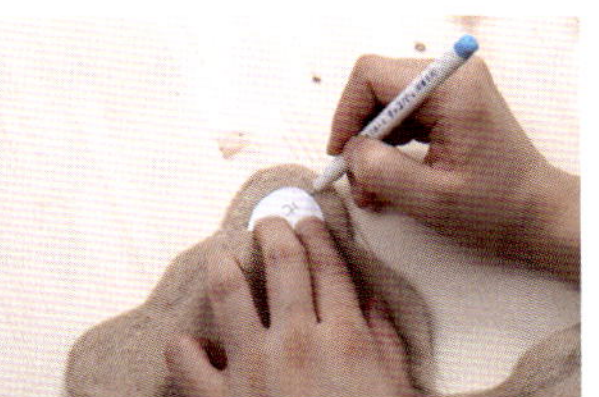

**07** 귀를 아플리케 하기 위해 곰돌이 얼굴의 겉면에 귀를 수성펜으로 그립니다.

08 조각 원단의 겉면에 귀를 그리고 시접 5mm를 남겨 놓고 재단합니다.

09 재단한 귀를 그려놓은 위치에 올리고 시침핀으로 고정한 후

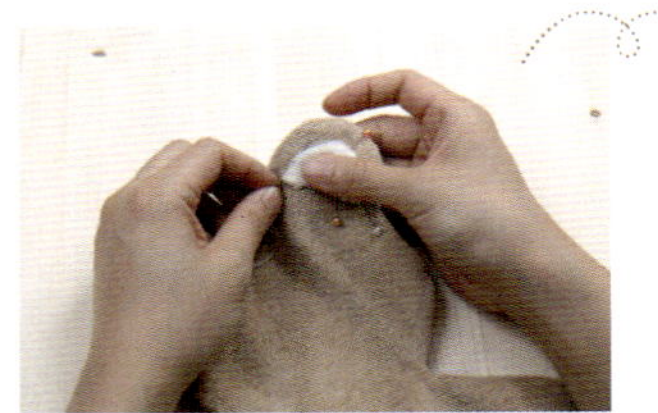

10 귀의 가장자리를 따라서 공그르기 하여 아플리케를 완성합니다.

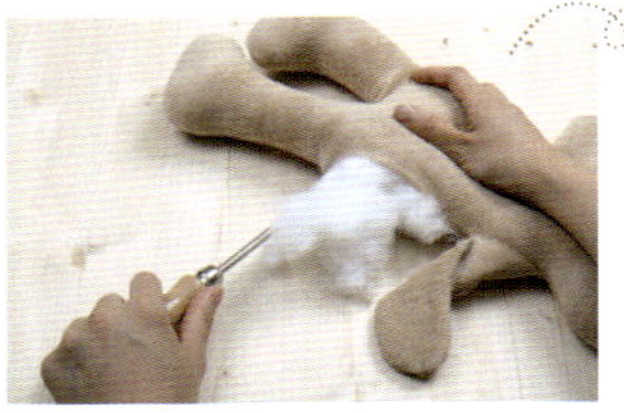

11 창구멍으로 솜을 말랑하게 채워주고 창구멍은 시침핀으로 고정해둡니다.

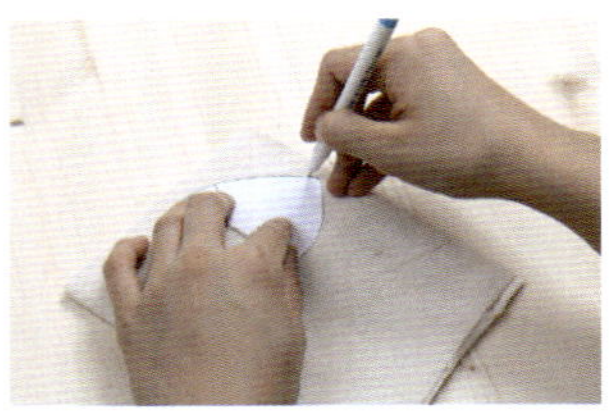

12 곰 얼굴 중 입 부분을 아플리케 하기 위해 조각 원단의 겉면에 얼굴의 입 부분을 그립니다.

13 시접 5mm를 남기고 재단하여 시침핀으로 얼굴에 입 부분을 고정합니다.

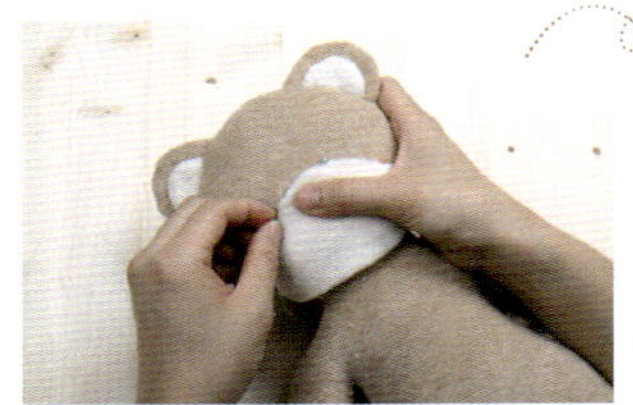

14 고정해놓은 얼굴 부분의 가장자리를 따라가면서 공그르기하여 입 부분의 아플리케를 완성합니다.

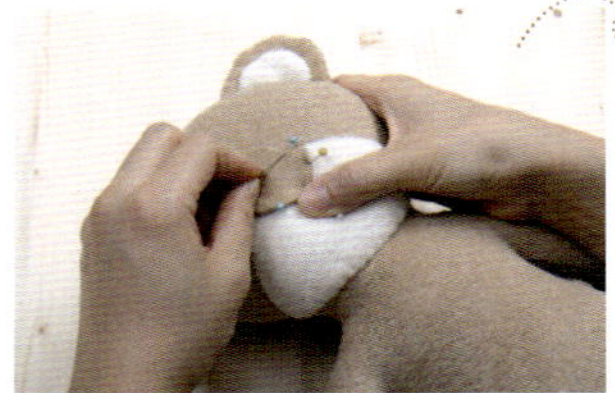

15 코 부분은 양면 저지 조각 원단으로 아플리케하여 완성합니다.

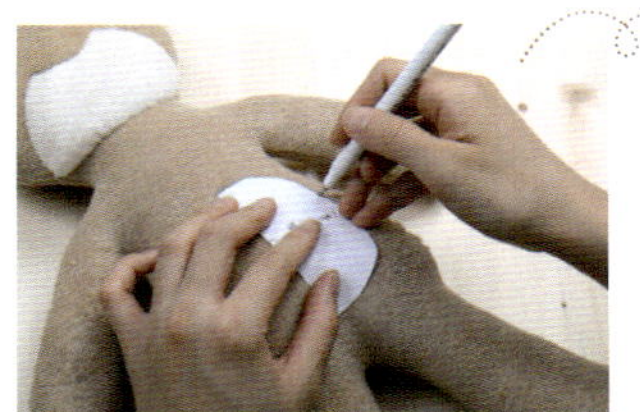
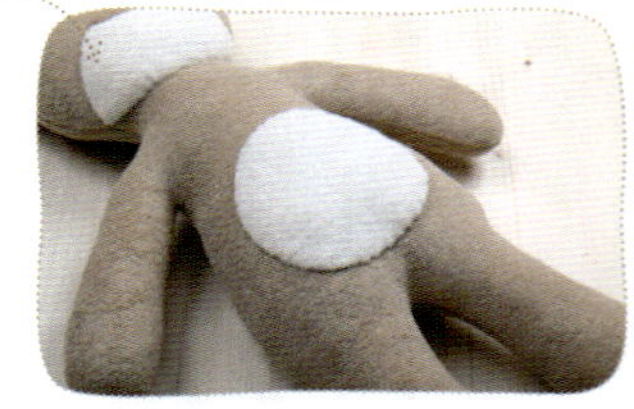

16 곰돌이의 배 부분 역시 조각 원단으로 아플리케 해줍니다.

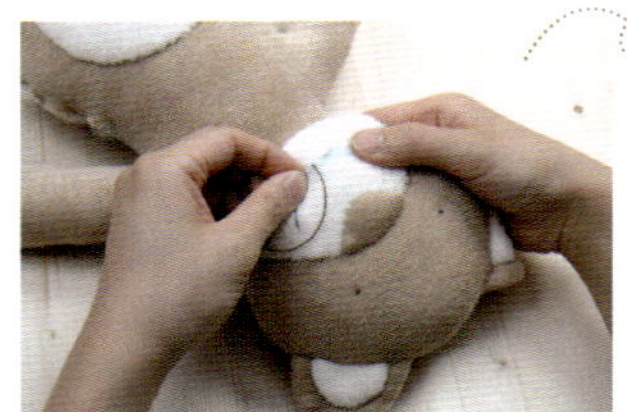

17 곰돌이 눈은 새틴스티치하고 입은 백스티치합니다.

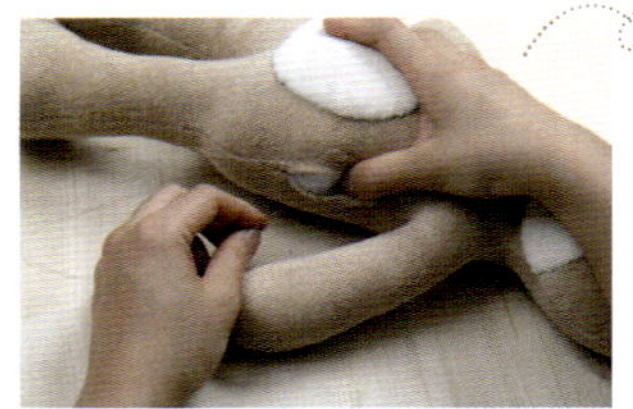

18 곰돌이 몸통의 창구멍을 공그르기로 막아줍니다.

19 곰돌이 꼬리는 조각 원단 2장을 겹쳐 놓고 수성펜으로 그립니다.

20 창구멍만 남기고 박음질한 후 시접을 남기고 재단합니다.

 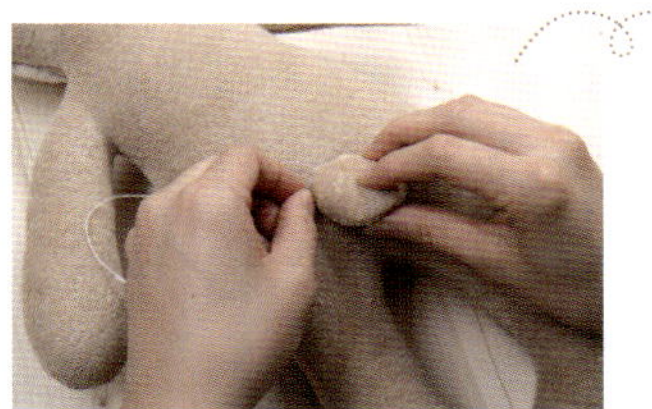 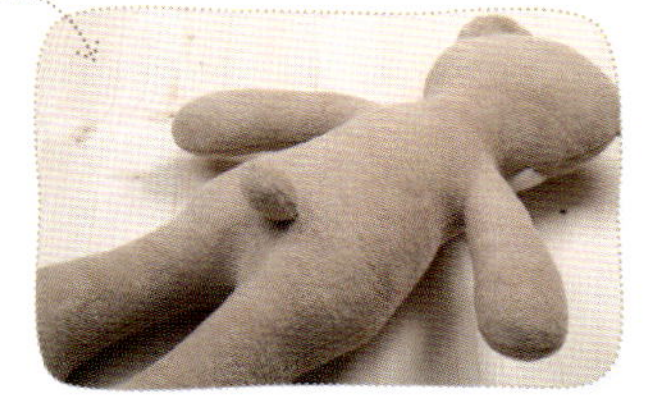

**21** 뒤집어 솜을 채우고 창구멍 부분에 시접을 접어 넣고 감 침질해주세요.

**22** 곰돌이의 가랑이 부분 박음질 선에서 약 10cm 올라와 공그르기로 달 아줍니다.

**23** 목도리는 길이 70cm, 폭 3cm로 재단하여 곰돌이 목에 예쁘게 돌려주면 완성입니다.

**24** 스마일 베어가 완성되었습니다.

## 큰 곰, 작은 곰도  만들어보세요.

다양한 사이즈로 확대 축소하여 만들어 보세요. 크기에 따라 인형의 느낌이 달라져서 모든 가족 이 가지고 싶은 인형이 될 거에요.

# 곱슬곱슬
# 형아 양과 동생 양

아장아장 뒤뚱뒤뚱 걸음마를 시작해요.
아이들은 움직이는 모든 것들을 신기해해요. 특히나 또르르
굴러가는 동생 양이랑 함께 걷는 걸 너무 좋아한답니다.

## 마음 속에 행복의 씨앗을 키우는
# 발도르프 인형

담백한 표정의 발도르프 인형은 나에게 한결 같아요.
울고 싶을 때, 화날 때, 기분 좋을 때, 즐거울 때
항상 변함없는 친구가 되어주니 참 좋아요.

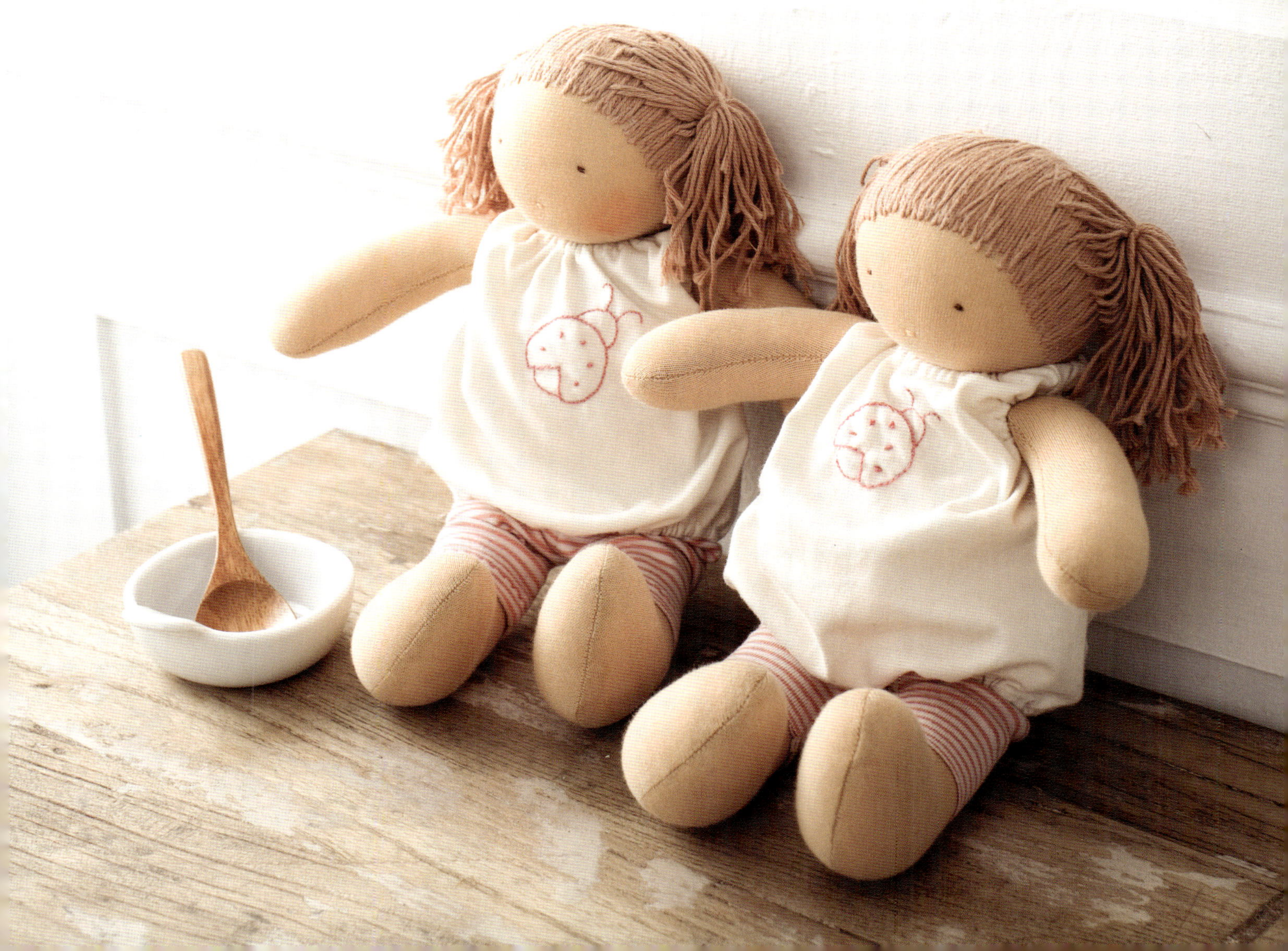

# 28 곱슬곱슬 형아 양과 동생 양

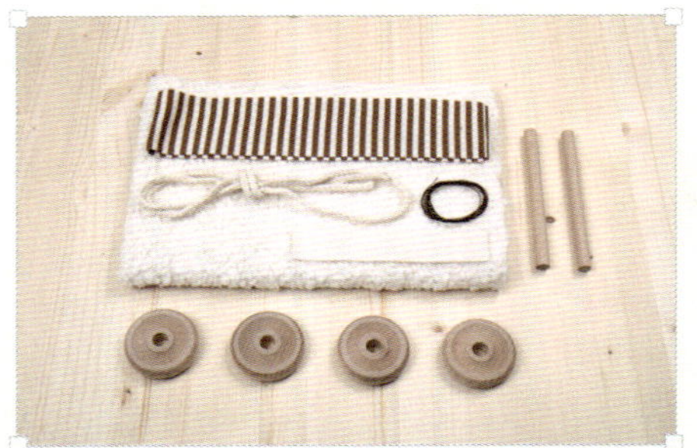

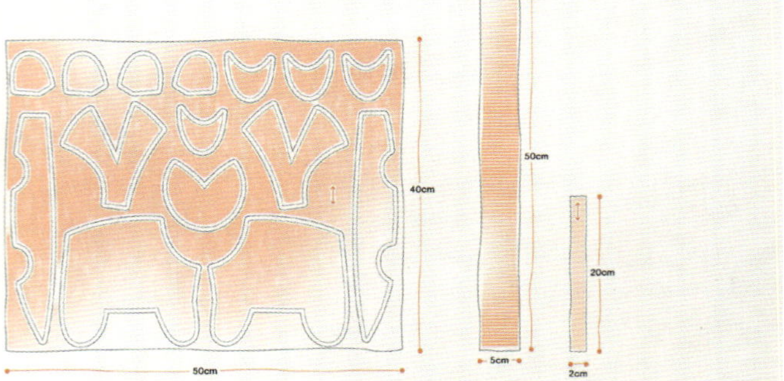

예상 제작 시간: 5시간 ★ 예상 재료비: 32,000원
완제품 예상가: 70,000원
완성 사이즈: 길이 약 25cm 높이 약 20cm 정도

**준비물** 오가닉 플리스 원단 40×50cm, 오가닉 줄무늬 저지 폭 5cm 길이 약 50cm, 오가닉 양면 저지 20×2cm, 수실 약간, 면 끈, 바퀴세트, 솜 200g 정도, 목공용 접착제

실물 도안 | 대형 실물본 5–28

# 양 만들기

**01** 오가닉 뽀글뽀글 원단(Ⓐ) 뒷면에 몸통 패턴 1장부터 시작하여 패턴을 그립니다. 큰 패턴부터 그리고 작은 패턴을 곳곳에 배치합니다. 모든 패턴은 좌우 대칭이 되도록 그려주세요.

**02** 시접을 고루 남기고 재단한 후 귀는 겉면과 안쪽 면끼리 마주 보도록 2장 겹쳐 시침핀으로 고정합니다.

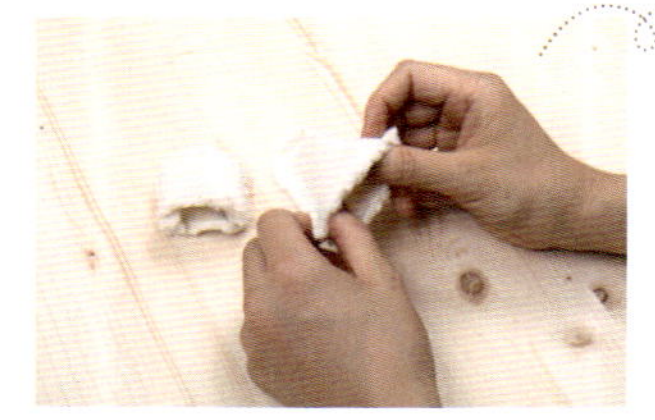

**03** 귀는 박음질하여 뒤집어주고 귀의 1/3만큼을 접어 시침핀으로 고정합니다.

**04** 귀를 접은 상태로 감침질하여 귀 2개를 완성합니다.

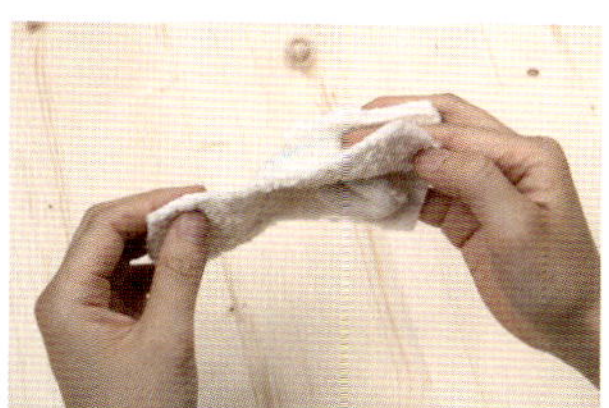

05 아기 양의 머리 부분 다트선(실물 도안 참고)에 완성한 귀를 끼워 시침핀으로 고정합니다.

06 머리 부분의 다트선을 박음질 합니다.

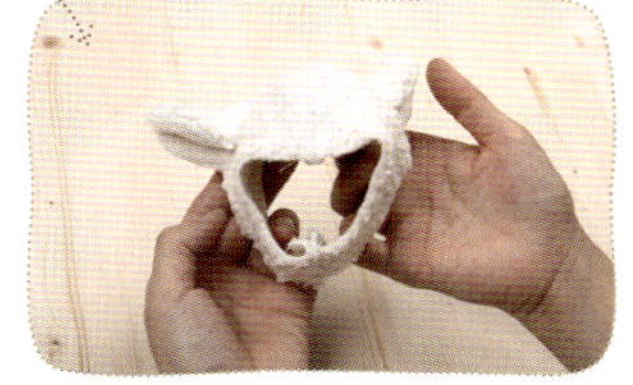

07 귀를 끼워 넣은 머리 부분 2장을 겉면끼리 마주 보게 놓고 머리 윗부분과 아랫부분을 시침핀으로 고정하여 박음질 합니다.

08 양의 얼굴 부분은 뽀글뽀글한 원단의 안쪽 면이에요. 안쪽 면끼리 마주보게 접어 시침핀으로 고정합니다.

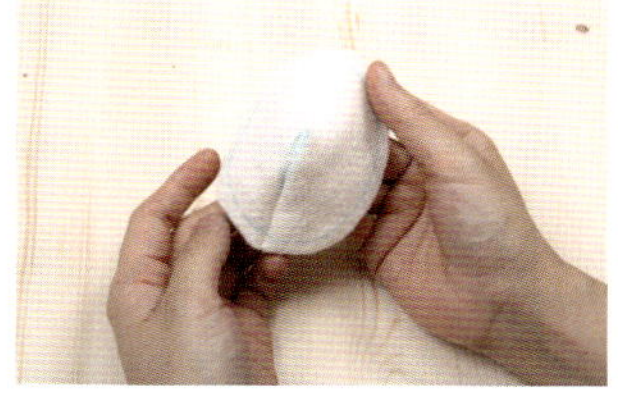

09 양 얼굴의 다트선을 박음질합니다.

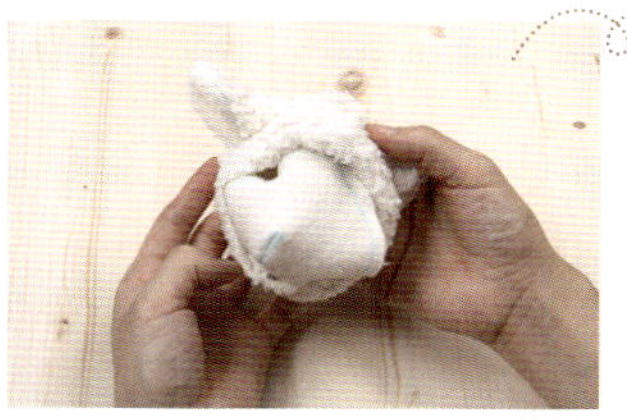

10 얼굴 부분과 머리 부분을 겉면끼리 마주 놓고 시침핀으로 고정합니다.

11 시침핀으로 고정해 놓은 선을 따라 박음질해주세요.

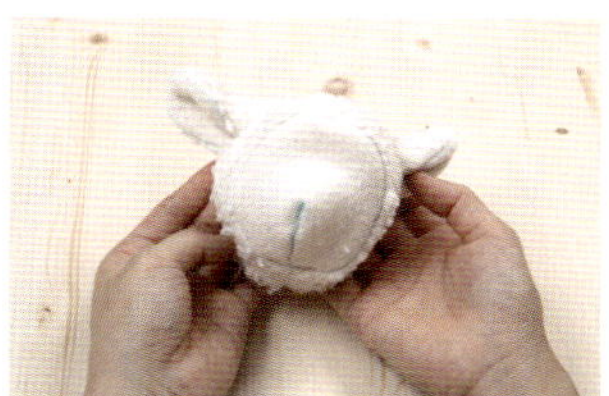

12 양의 머리를 뒤집어주세요.

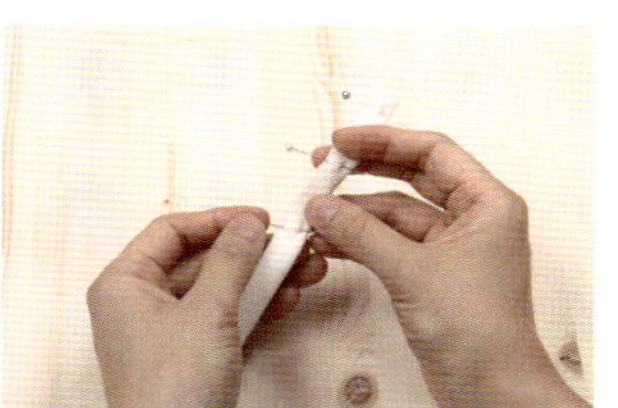

13 양 꼬리를 만들기 위해 폭 2cm, 길이 20cm를 재단합니다. 길게 절반을 접어 시침핀으로 고정하고 박음질합니다.

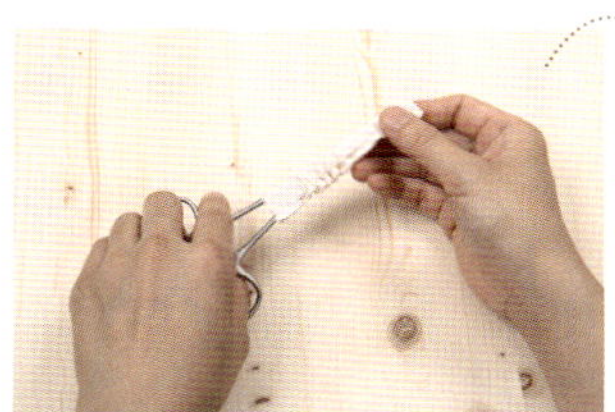

14 겸자로 꼬리를 뒤집어주고

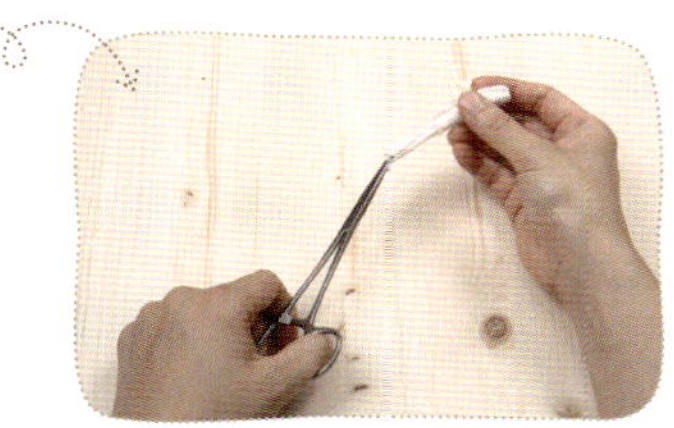

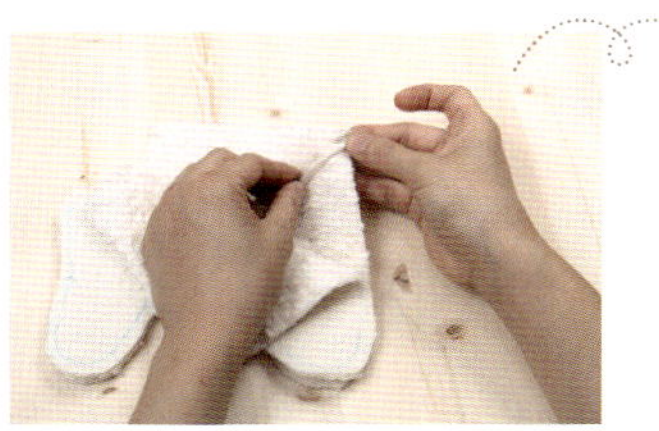

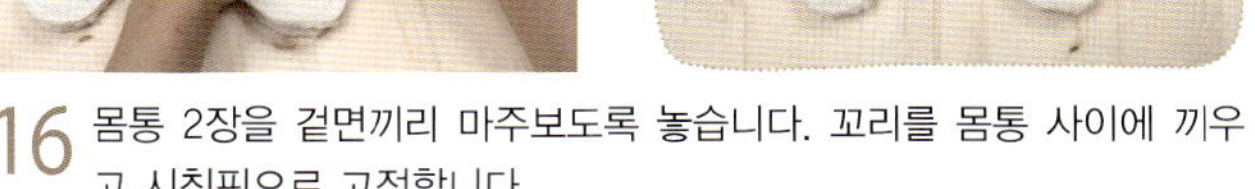

15 꼬리를 완성합니다.

16 몸통 2장을 겉면끼리 마주보도록 놓습니다. 꼬리를 몸통 사이에 끼우고 시침핀으로 고정합니다.

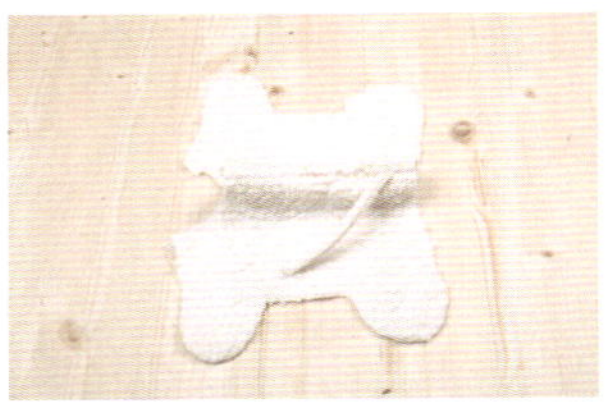

17 양의 몸통 어깨선을 박음질합니다.

18 양의 배 부분을 2장 겹쳐 시침핀으로 고정한 후 창구멍만 남기고 배 부분을 박음질합니다.

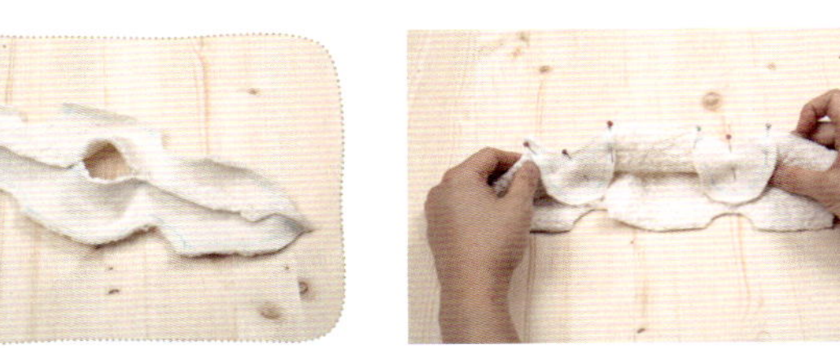

19 양의 배 부분에 네 발을 모두 시침핀으로 고정하고 박음질합니다.

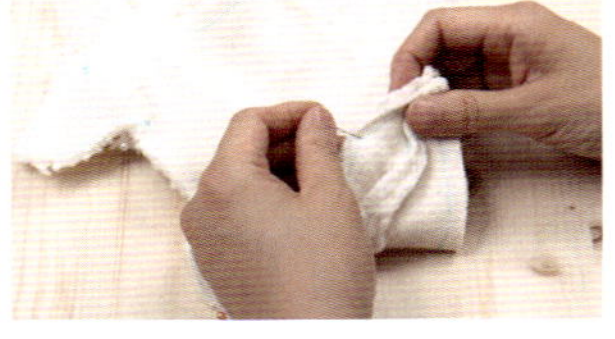

20 몸통 부분과 배 부분을 겉면끼리 시침핀으로 고정합니다.

21 목둘레 부분만 남기고 모두 박음질합니다.

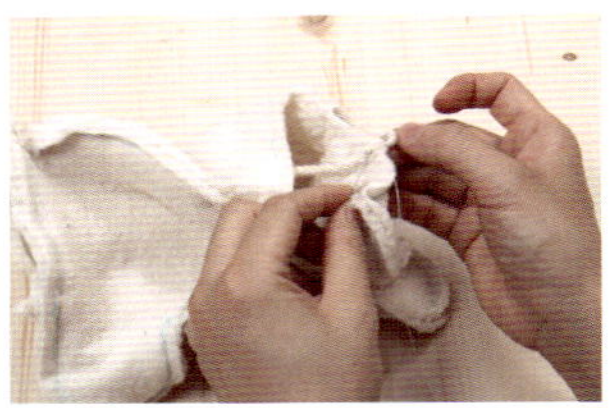

22 면끈을 준비하여 양쪽 끝을 묶어둡니다. 몸통의 앞 중심에 감침질로 고정합니다.

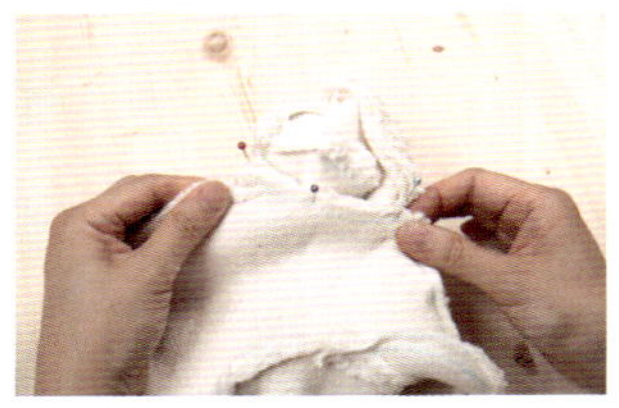

23 양 머리와 몸통을 겉면끼리 마주보도록 놓고 시침핀으로 고정합니다.

24 목둘레를 돌아가면서 박음질합니다.

25 배 부분의 창구멍으로 뒤집어줍니다.

26 솜을 단단하게 넣어줍니다. 바퀴가 고정되는 발끝 부분에는 솜을 채우지 않는 것이 좋습니다.

27 긴 바늘을 이용해서 눈은 매듭수로, 입은 한 땀씩 크게 떠서 수놓아줍니다. 긴 바늘이 없을 경우에는 머리만 만들어 놓았을 때 눈과 입을 수를 놓아줍니다.

28 창구멍을 공그르기로 막아줍니다.

29 바퀴는 접착제를 발라 고정한 후,

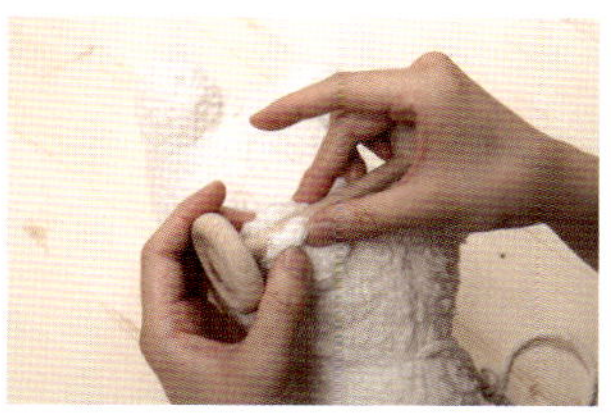

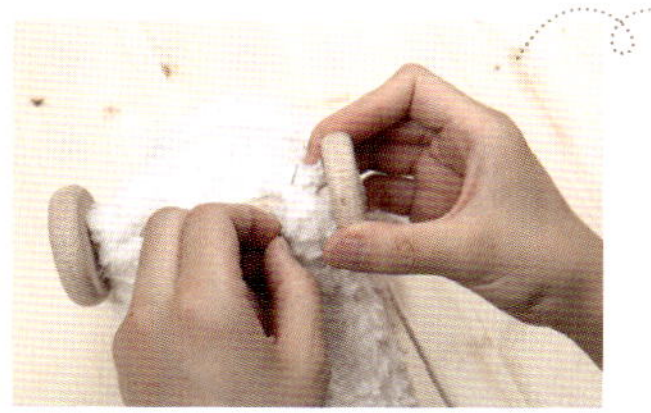

**30** 아기양의 발끝에 올려줍니다.

**31** 발끝을 잡아 당겨 바퀴를 감싸고 감침질이나 공그르기로 고정시킵니다.

**32** 목도리는 가로 폭 5cm, 길이 50cm로 재단하여 길게 박음질하여 뒤집어줍니다.

**33** 아기 양의 목에 살짝 둘러 묶어주면, 바퀴 달린 동생 양이 완성됩니다.

# 29 마음 속에 행복의 씨앗을 키우는 발도르프 인형

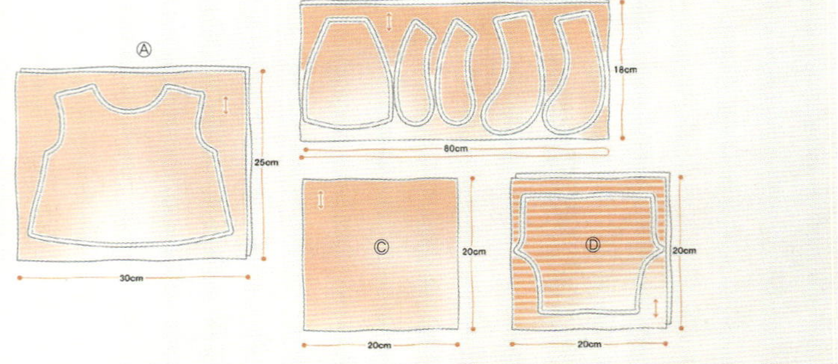

예상 제작 시간: 느긋하게 이틀 ★ 예상 재료비: 38,000원
완제품 예상가: 110,000원 ★ 완성 사이즈: 키 약 30cm

**준비물** 몸통 트리코트 80×15cm, 얼굴 트리코트 20×20cm, 오가닉 저지 25×30cm, 오가닉 줄무늬 저지 20×20cm, 눈 입용 수실 약간, 고무줄 1마, 트리코트 전용사, 옷 스티치용 수실 약간, 오가닉 코튼 털실 30g 정도, 솜 300g 정도

실물 도안 : 대형 실물본 5-29

## 얼굴 만들기

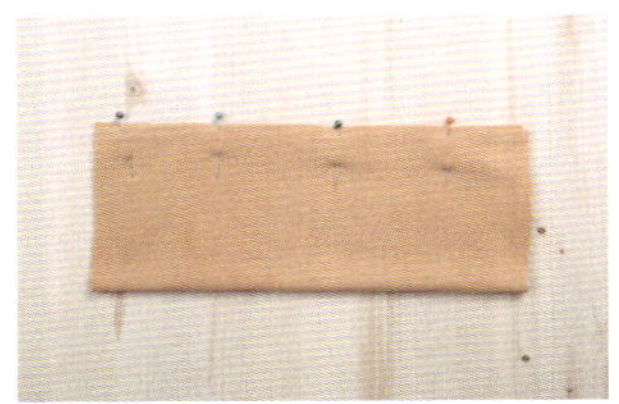

**01** 얼굴 트리코트ⓒ 가로를 세로 20cm로 재단하여 세로로 절반을 접어 시침핀으로 고정합니다.

**02** 세로선을 길게 박음질합니다.

**03** 한쪽 끝 가장자리를 홈질하여 주름을 잡아줍니다.

**04** 튼튼한 실로 동여 묶은 후

**05** 뒤집어 솜을 단단하게 채웁니다. 머리 크기를 가늠하여 되도록 한꺼번에 솜을 밀어 넣도록 합니다.

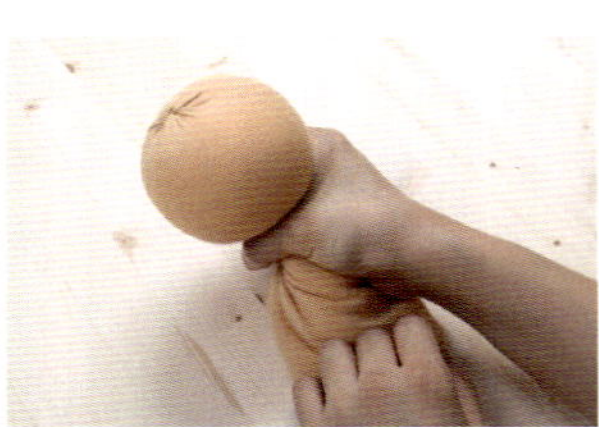

**06** 솜을 채운 머리 둘레가 약 25×26cm가 나오도록 잡아줍니다.

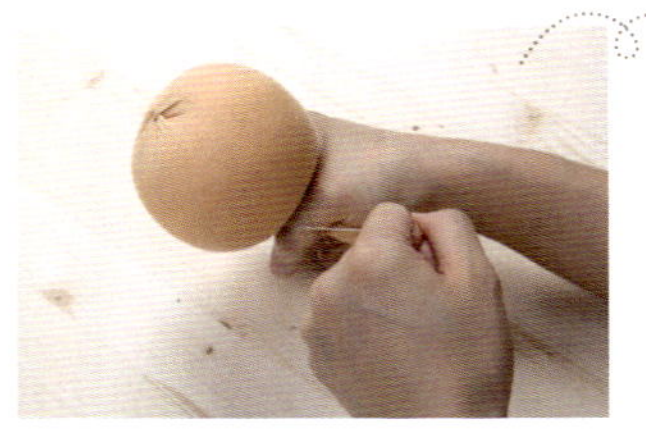

**07** 목 부분에도 솜을 적당히 넣어 동여맵니다.

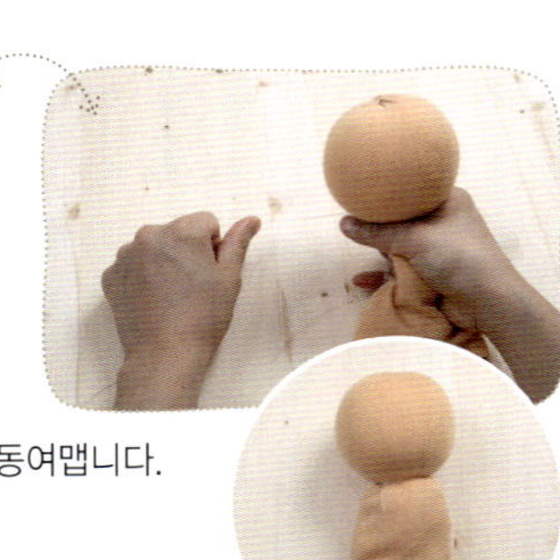

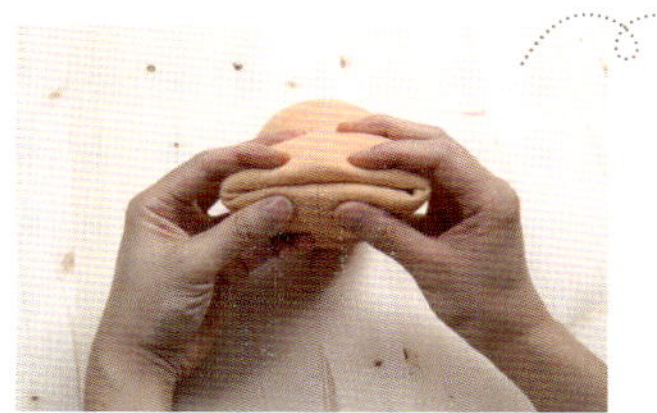 

08 머리를 만들고 남은 아랫부분에 시접을 접어 넣고 아랫부분을 감침질로 꼼꼼하게 바느질합니다.

09 둥근 머리가 완성되었습니다.

# 몸통 만들기

 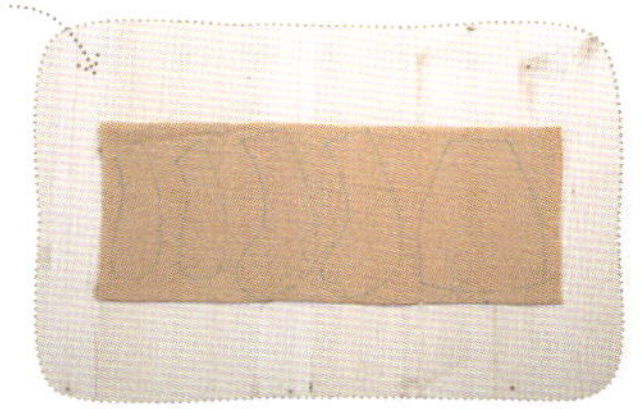

10 몸통 트리코트(Ⓑ) 2장을 겉면끼리 마주 놓고 도안을 이용하여 팔 2개, 다리 2개, 몸통 1개를 그립니다.

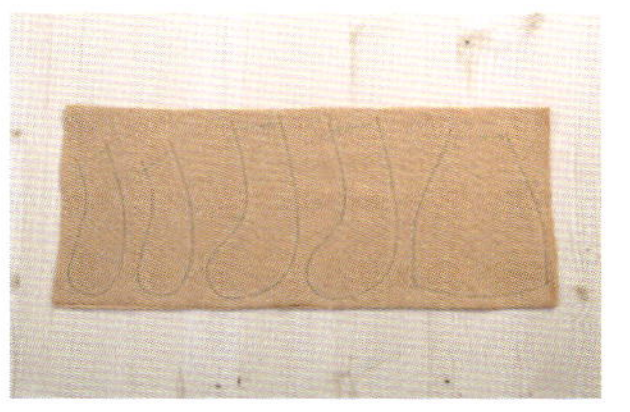

11 그린 선을 따라 박음질합니다. 창구멍 쪽에는 1cm를 더 박음질해줍니다.

12 시접을 고루 남기고 재단합니다. 창구멍 부분은 시접을 1cm 남겨주세요.

 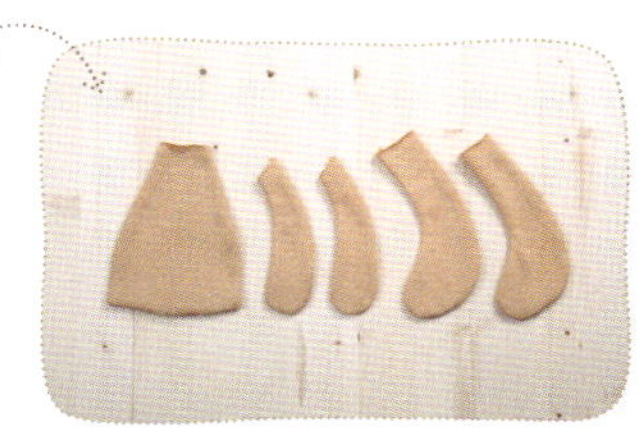

13 겸자로 몸통, 팔, 다리를 뒤집어줍니다.

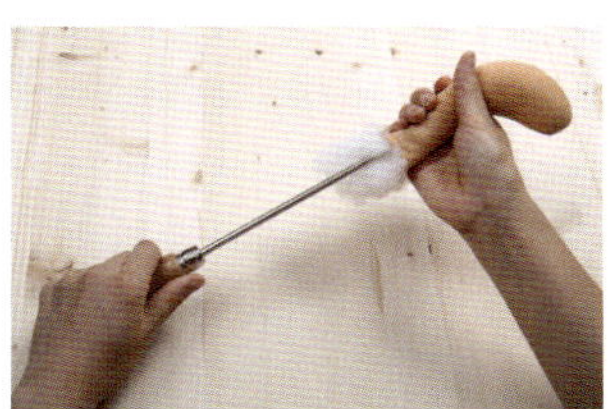

14 팔과 다리, 몸통에 솜을 단단하게 채워주고

15 팔과 다리만 시접을 접어 넣고 창구멍을 감침질합니다.

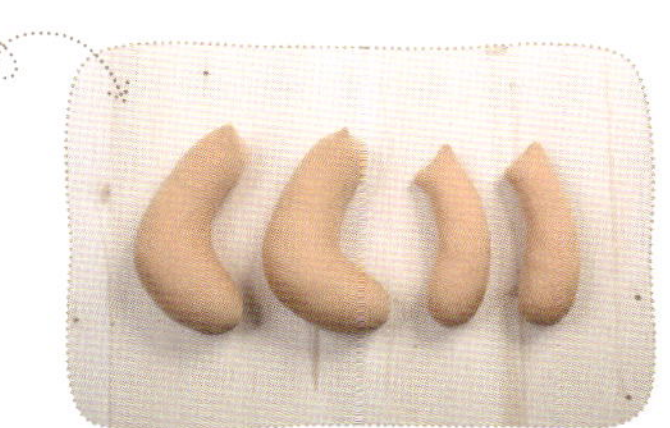 

16 솜을 채운 몸통은 가장자리 시접을 접어 넣고 휘갑치기 합니다.

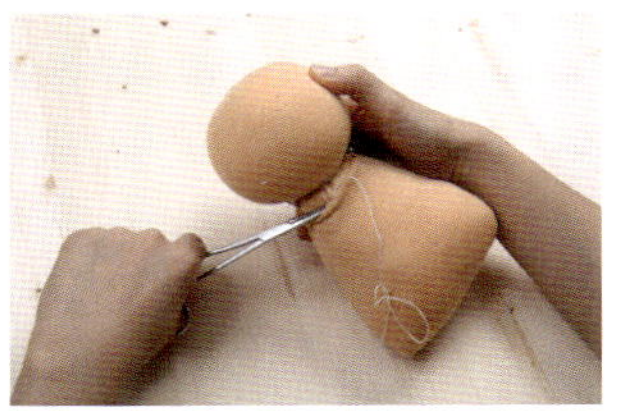

17 완성해 놓은 둥근 머리를 몸통에 끼워 넣고 휘갑치기한 실을 잡아당겨 고정합니다.

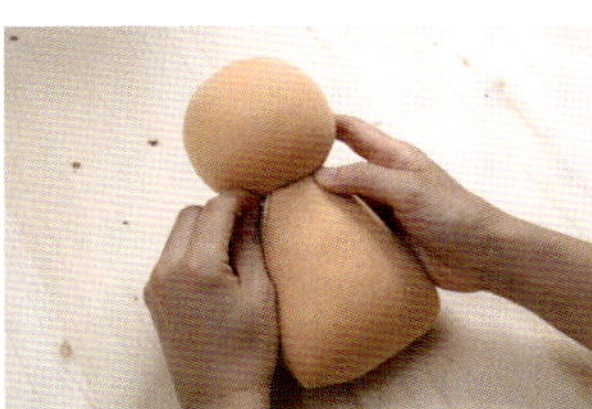

18 목 부분과 몸통 연결 부분을 예쁘고 꼼꼼하게 공그르기 합니다.

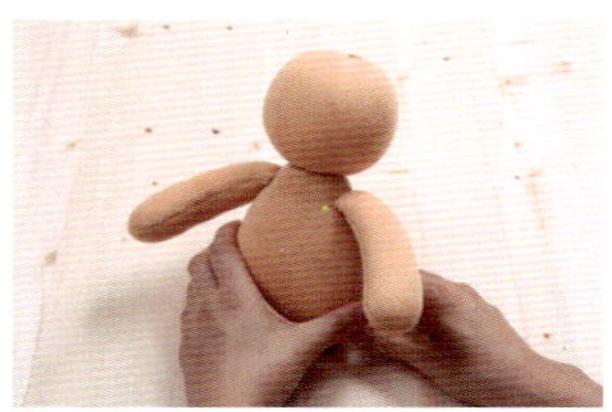

**19** 목 부분에서 1cm 내려와 팔을 시침핀으로 고정합니다.

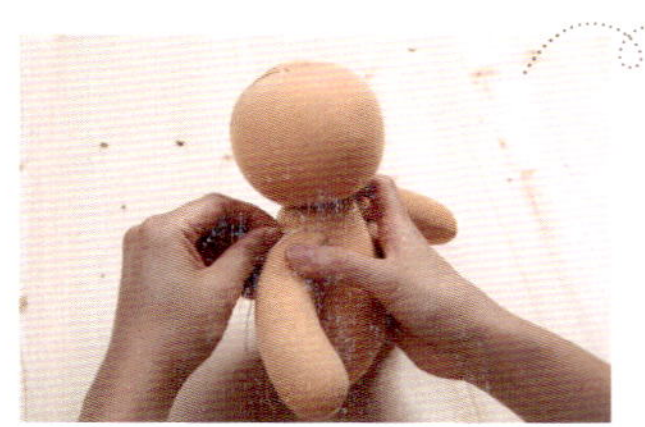

**20** 팔을 아래, 위 모두 공그르기 하여 연결합니다.

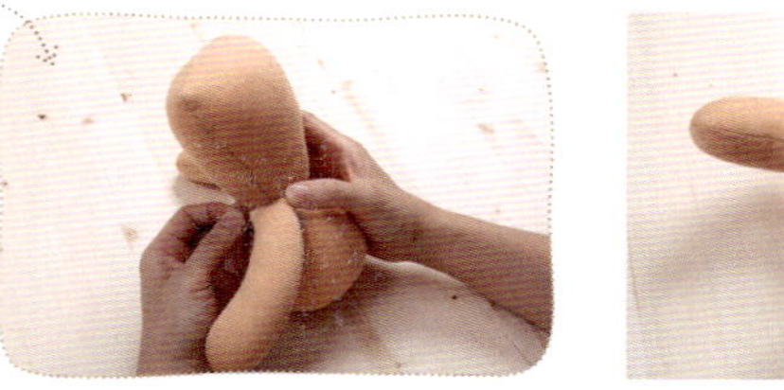

**21** 다리는 몸통 아랫부분의 박음질 선에 맞추어 시침핀으로 고정하고 앞/뒤로 공그르기 하여 연결합니다.

# 눈과 머리카락 만들기

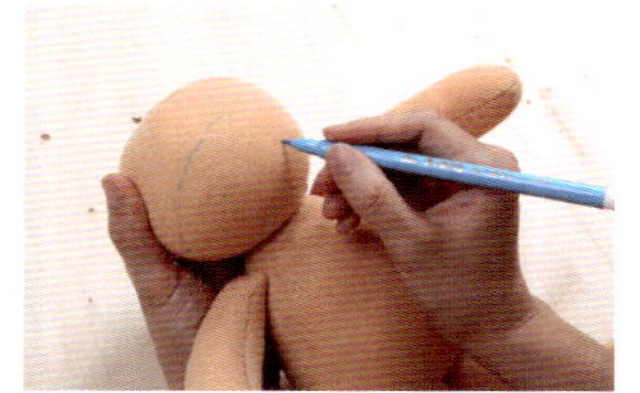

**22** 수성펜으로 머리카락이 있는 헤어라인과 눈, 입을 수성펜으로 그립니다.

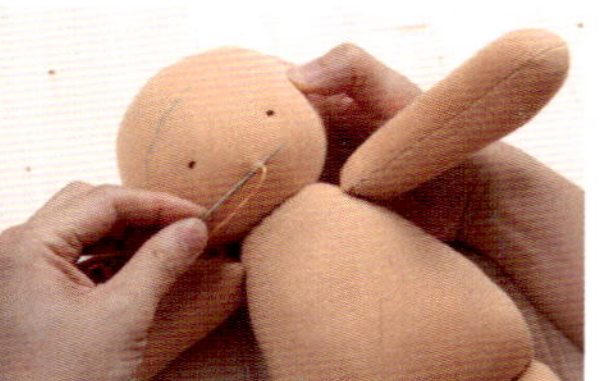

**23** 수실을 6가닥 모두 사용하여 눈과 입을 수놓습니다. 실 매듭은 모두 머리카락이 있는 곳에 가도록 합니다.

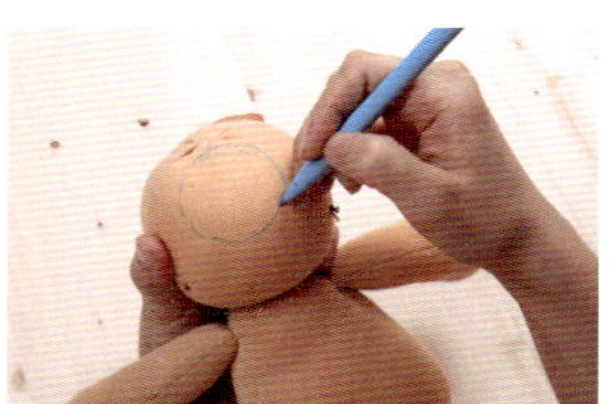

**24** 머리 뒤쪽 정수리에 약 3~4cm 정도 되는 원을 그려줍니다.

**25** 실을 바늘에 꿰어 정수리에 그려놓은 원 안쪽에서 한 땀을 뜹니다.

**26** 얼굴 앞쪽 헤어 라인에서 다시 한 땀을 떠서 길게 실이 나오도록 합니다.

**27** 다시 정수리 쪽으로 실을 보내서 한 땀 뜨기를 반복합니다.

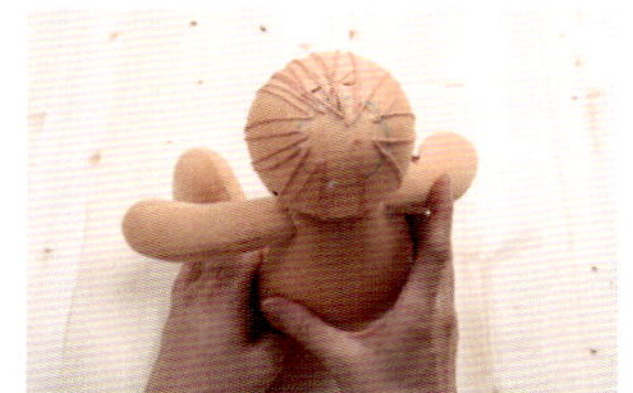

**28** 정수리에 있을 원을 중심으로 헤어 라인 쪽으로 한 바퀴 듬성듬성 돌아가면서 머리카락을 심어줍니다.

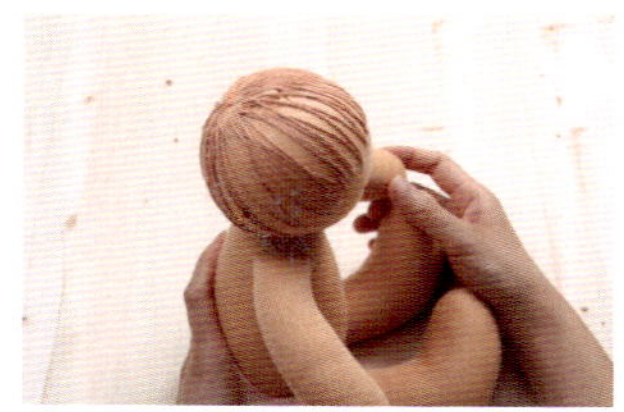

**29** 바닥이 보이지 않을 때까지 반복하여 심어줍니다.

**30** 원하는 머리카락 길이만큼 남기고 바닥에서 한 땀을 떠줍니다.

**31** 실이 움직이거나 빠지지 않도록 매듭을 해줍니다.

 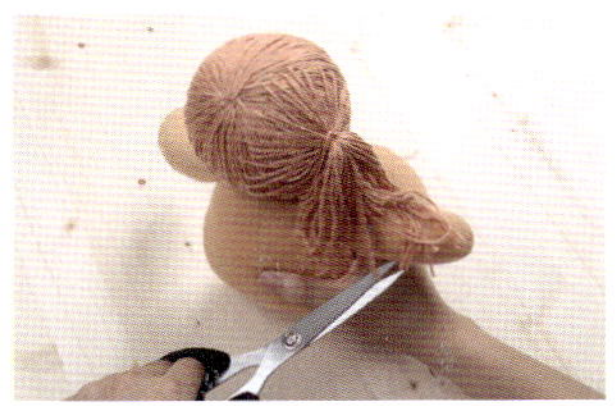  

**32** 심고 매듭하기를 반복하여 원하는 실의 양만큼 반복합니다.

**33** 같은 색상의 실로 묶어 주고 끝을 가위로 자릅니다.

**34** 반대쪽도 똑같이 반복하여 예쁘게 묶어줍니다.

# 쫄바지 만들기

 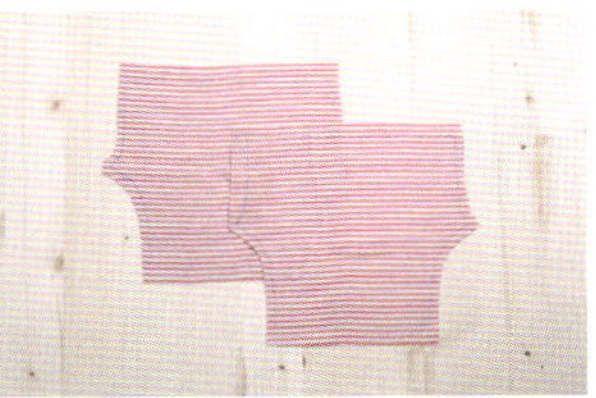  

**35** 줄무늬 저지 원단(ⓓ)에 바지 패턴을 2장 그려줍니다.

**36** 고무줄이 들어가는 허리선 부분은 시접을 1cm 남기고 나머지 부분은 기본 시접을 남기고 재단합니다.

**37** 재단한 바지 2장을 겉면끼리 마주보도록 놓고 시침핀으로 고정합니다.

**38** 바지의 앞 밑위선과 뒷 밑위선을 박음질합니다.

**39** 박음질한 밑위선끼리 마주보도록 놓고 밑아래선(가랑이선)을 시침핀으로 고정합니다.

**40** 밑 아래선(가랑이선)을 박음질합니다.

**41** 바지 밑단 시접을 접어올려 홈질합니다.

**42** 허리 부분 시접을 접어넣고 시침핀으로 고정합니다.

**43** 고무줄을 끼울 창구멍을 남겨 놓고 박음질합니다.

**44** 고무줄을 끼워 넣어줍니다.

**45** 줄무늬 쫄바지가 완성되었습니다.

# 민소매 원피스 만들기 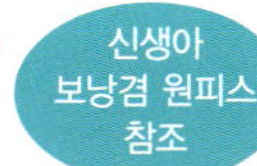

신생아
보낭겸 원피스
참조

**46** 단면 저지 원단(ⓐ)에 민소매 원피스 패턴을 2장 그립니다.

**47** 시접을 남기고 재단하는데 고무줄이 들어가는 목둘레선, 겨드랑이선, 원피스의 밑단은 시접을 1cm 남겨줍니다.

**48** 원피스 앞판과 뒤판을 겉면끼리 마주놓고 어깨선을 시침핀으로 고정합니다.

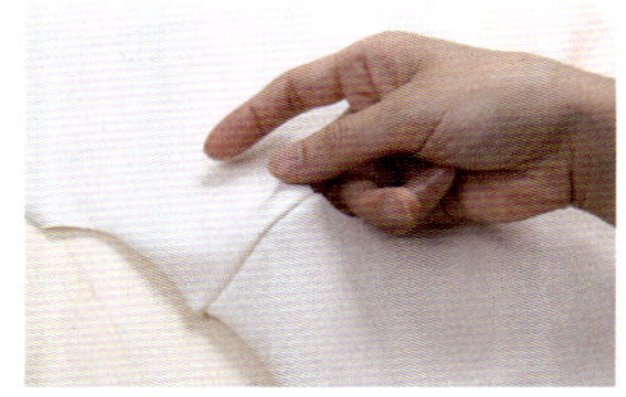

**49** 원피스의 어깨선을 박음질합니다.

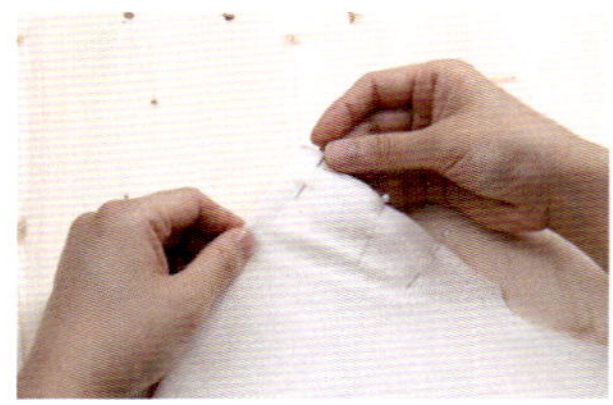

**50** 옆선 역시 시침핀으로 고정합니다.

**51** 원피스의 옆선을 박음질합니다.

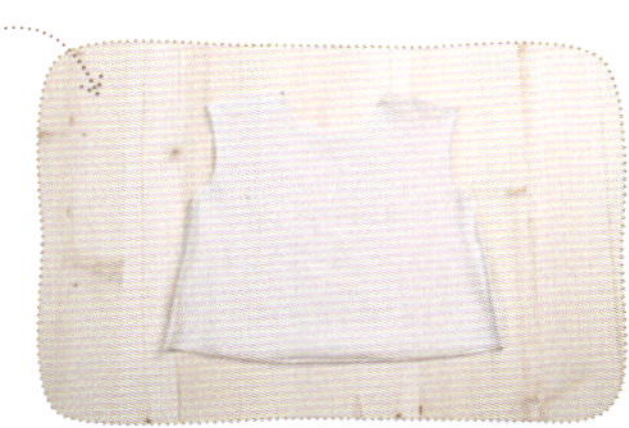

**52** 진동둘레선의 시접을 접어넣고 박음질합니다. 이때 고무줄을 끼울 창구멍을 남기고 박음질 해줍니다.

**53** 진동둘레선, 목둘레선, 원피스의 밑단 모두 창구멍을 남기고 박음질 해주세요.

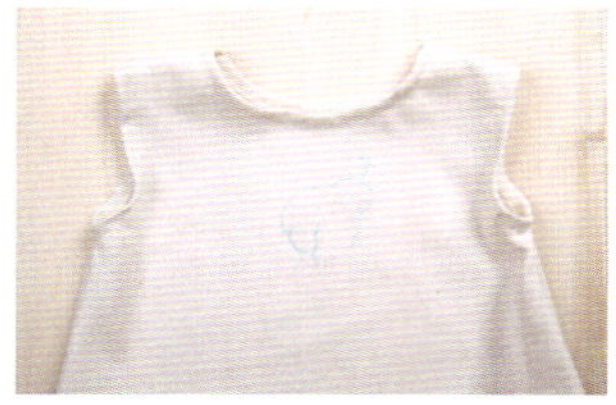

**54** 무당벌레 수를 놓기 위해 원피스 앞판에 수성펜으로 그려줍니다.

**55** 분홍색 수실로 무당벌레의 날개와 몸통은 백 스티치, 더듬이는 아우트라인 스티치로 수를 놓아줍니다.

**56** 무당벌레의 점박이는 프렌치 너트 스티치로 놓습니다.

**57** 목둘레선, 진동둘레선, 원피스 밑단에 고무줄을 끼워 넣어줍니다.

**58** 민소매 원피스가 완성되었습니다.

**59** 원피스와 쫄바지를 인형에게 입혀주면 발도르프 인형이 완성됩니다.

덧붙
이기

### 'Worry doll'이라는 전래 동화를 아세요?

걱정인형워리돌은 과테말라 고산지대 인디언들에게서 전해 내려오는 이야기에서 유래되었어요. 한 아이가 너무 걱정이 많아 잠을 이루지 못했대요. 그 모습을 딱하게 본 아이의 할머니가 구석에서 작은 인형을 꺼내 주며 이야기했어요. "이 인형에게 너의 걱정을 모두 이야기 하렴. 그리고 베개 밑에 두고 자면, 네가 잠자는 동안 너의 걱정을 대신 해 줄 거야. 이제 너는 걱정을 이 인형에게 맡기고 편히 꿈나라로 가렴~~~

그리고 나서 그 아이는 편히 잠자리에 들었다고 하네요. 아이에게 잠자리 친구를 만들어 주세요. 재미없는 일들은 모두 머리맡에 내려두고 편안하게 잠들 수 있도록 ^^

# 치즈 속에 빠진 생쥐

만지고, 쥐고, 잡으면서 아기는 손으로 생각해요.
아기의 작은 움직임도 놓치지 말아주세요.

# 30 요리조리 치즈 속에 빠진 생쥐

예상 제작 시간: 6시간 ★ 예상 재료비: 32,000원
완제품 예상가: 83,000원
완성 사이즈: 치즈 가로 세로 약 30cm, 생쥐 약 8cm

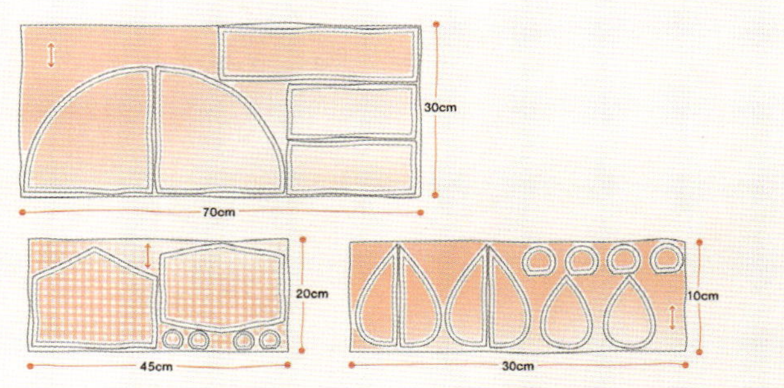

**준비물** 오가닉 니키 원단 70×30cm, 오가닉 체크 원단 20×40cm,
다양한 색상의 오가닉 조각 니키 5×2cm, 오가닉 면플뤼쉬 10×30cm,
패딩솜 1/3마, 솜 400g, 면끈, 수실 약간, 펠렛 약간, 딸랑이

실물 도안 : 대형 실물본 5-30

# 치즈 만들기

**01** 노랑 니키 원단 안쪽 면에 치즈 윗부분 1장, 치즈 아랫부분 1장, 치즈 가운데 부분 3장을 도안대로 그려줍니다.

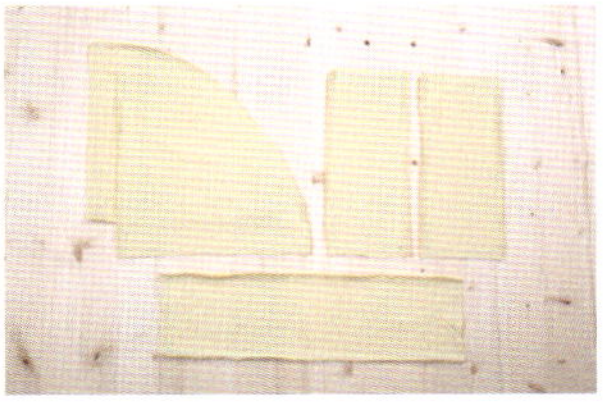

**02** 시접을 일정하게 남기고 재단합니다.

**03** 패딩솜에도 치즈 윗부분 1장, 치즈 아랫부분 1장, 치즈 가운데 부분 3장을 그려 시접을 일정하게 남기고 재단합니다.

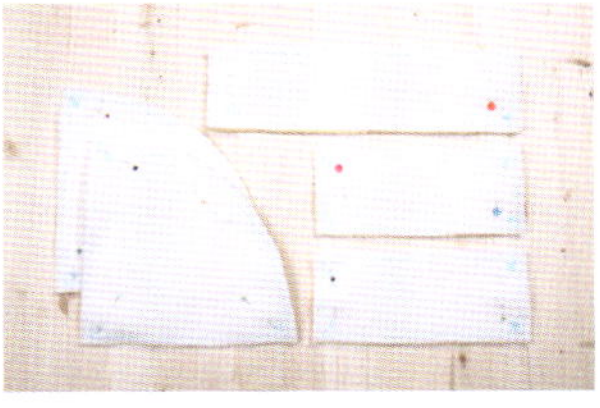

**04** 재단한 치즈 윗부분과 아래 가운데 부분을 니키 원단과 패딩솜을 겹쳐서 시침핀으로 고정합니다.

**05** 치즈 가운데 부분 3장을 연결합니다. 이때 직선이 연결되는 모서리 부분을 창구멍으로 남깁니다.

**06** 연결한 치즈 가운데 부분과 아랫부분을 연결하여 박음질합니다.

**07** 치즈 윗부분도 연결하여 박음질합니다.

**08** 남겨 놓은 창구멍으로 뒤집어 줍니다.

09 치즈에 솜을 말랑하게 채워줍니다.

10 면끈을 1미터로 2개를 잘라 양쪽 끝을 묶어주세요.

11 창구멍을 공그르기 할 때 아래쪽에 면끈 한쪽을 끼워 넣고 마무리합니다.

12 치즈 구멍은 체크 원단과 패딩솜으로 2개를 그려서 시접을 남기고 재단합니다.

13 패딩솜과 체크 원단을 겹쳐 시침핀으로 고정합니다.

14 겉면끼리 마주보도록 접어서 통로가 되도록 세로선을 박음질합니다.

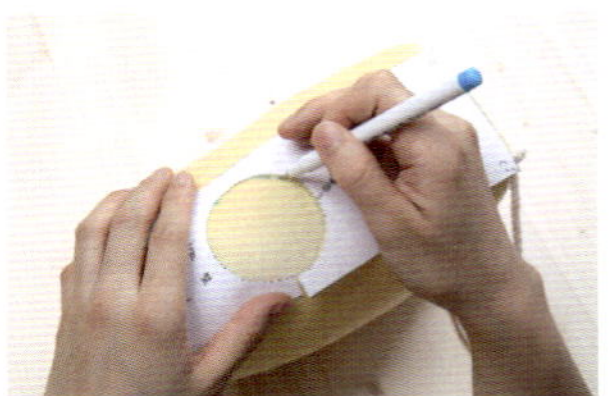

15 만들어 놓은 치즈 위에 실물 패턴의 위치대로 치즈 구멍을 표시합니다.

16 가위집을 주고 동그랗게 시접을 남기고 잘라냅니다.

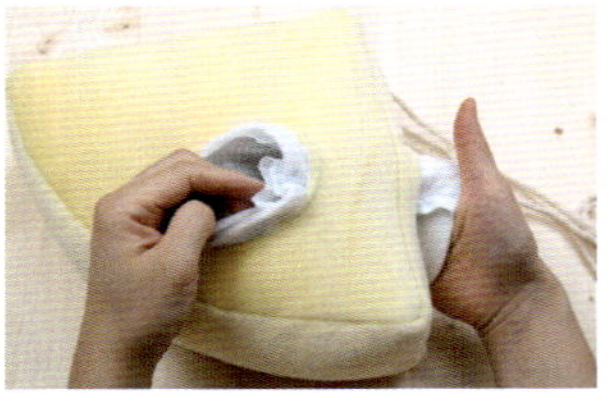

17 치즈 구멍을 치즈 속으로 끼워 넣어줍니다.

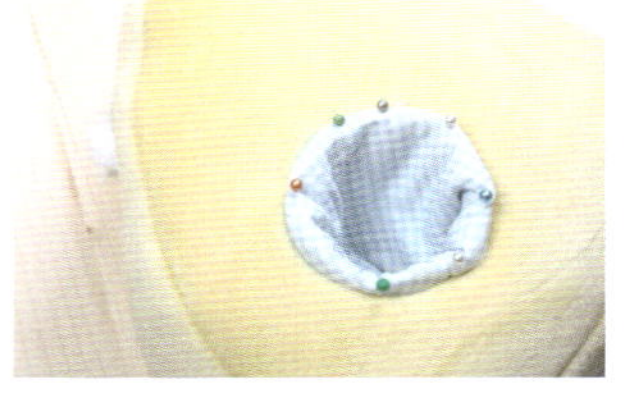

18 치즈 구멍의 시접을 바깥쪽으로 접어 시침핀으로 고정합니다.

19 치즈 구멍의 가장자리를 돌아가면서 공그르기 합니다.

20 치즈 구멍을 2개 만듭니다.

21 작은 치즈 구멍들은 조각 원단을 재단하여 아플리케 해줍니다.

22 치즈가 완성되었습니다.

## 생쥐 만들기

23 플뤼쉬 원단에 생쥐 몸통 윗부분 2장, 바닥 부분 1장을 그려준 후 재단합니다. 귀는 체크 조각 원단과 플뤼쉬 원단을 2장 겹쳐서 그려둡니다.

24 재단한 몸통 윗부분을 겉면끼리 마주보도록 시침핀으로 고정합니다.

25 몸통 윗부분을 박음질합니다.

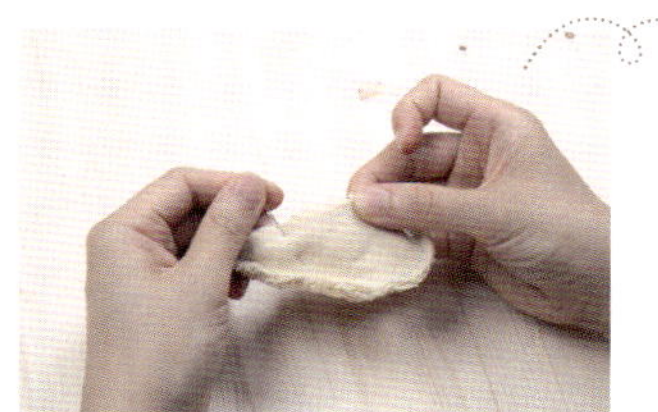

26 박음질한 몸통 윗부분과 아랫부분을 시침핀으로 고정한 후 창구멍만 남기고 박음질합니다.

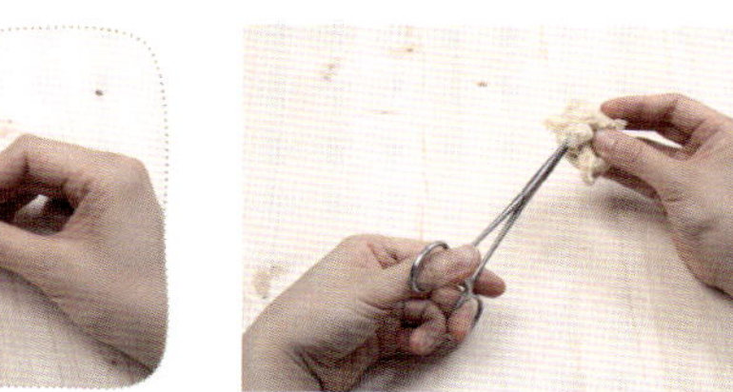

27 창구멍으로 몸통을 뒤집어줍니다.

28 펠렛이나, 솜과 딸랑이를 넣고 시침핀으로 임시 고정해둔 후 매듭수로 눈을 수놓아줍니다.

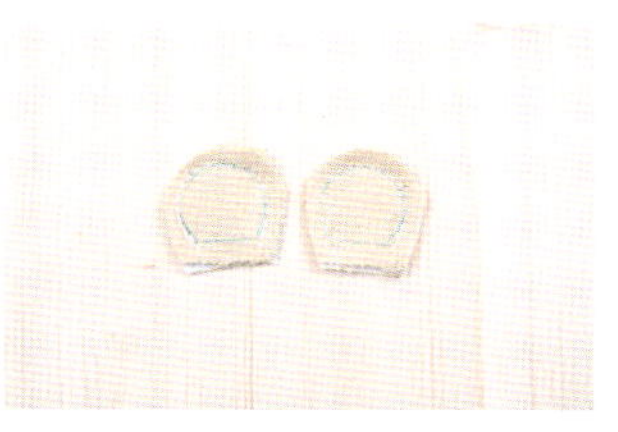

29 창구멍을 공그르기 합니다. 치즈에 달려 있는 면끈을 끼워 넣고 마무리합니다.

30 생쥐의 귀는 그린 선을 따라 박음질하여 시접을 남기고 재단합니다. 귀가 아주 작기 때문에 시접을 5mm만 남기고 재단합니다.

31 창구멍으로 뒤집어주세요.

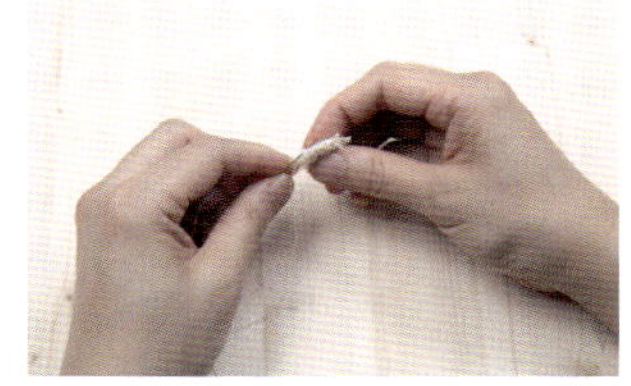

32 창구멍을 공그르기로 막아서 생쥐 귀를 완성합니다.

33 완성한 귀를 시침핀으로 고정해주세요.

34 생쥐 귀의 앞과 뒷면을 모두 공그르기 합니다.

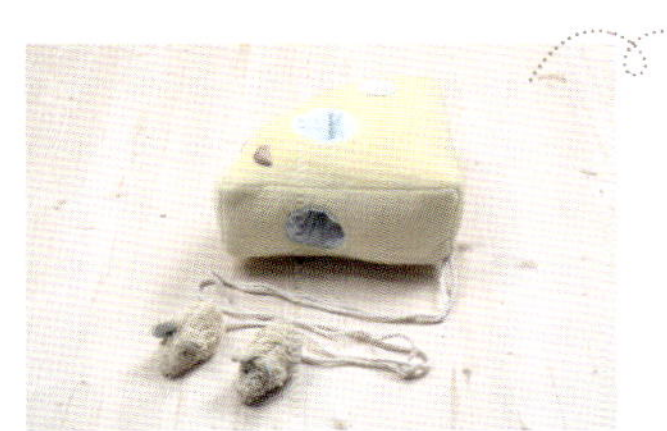

35 치즈와 생쥐가 완성되었습니다.

**31**



# 입술 모양 바디 수트

입술 모양의 바디수트는 아기에게 입히고
벗기기 좋을 뿐더러 만들기도 쉬워요.
바디 수트의 장점이라면, 아기를 안거나 보듬을 때 윗도리가
말려 올라가 배가 나오는 일이 없다는 거예요.

# 31 우리 아기 스타일을 살려주는 입술 모양 바디 수트

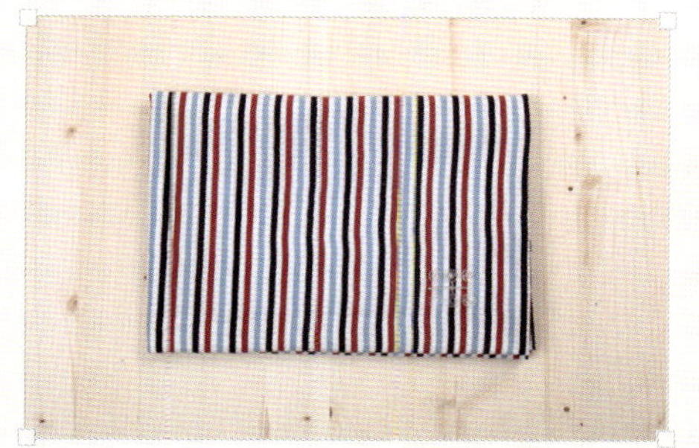

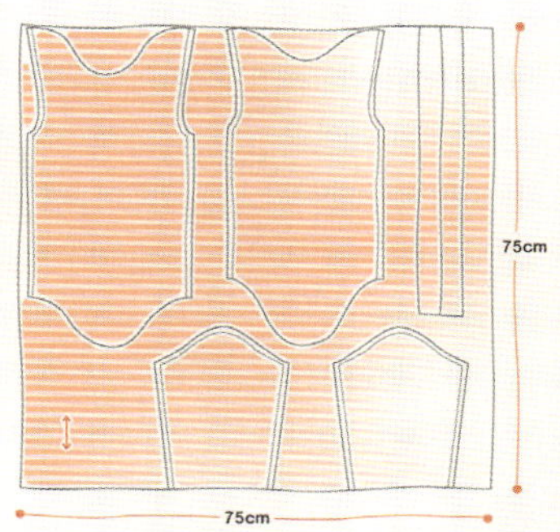



예상 제작 시간: 3시간 ★ 예상 재료비: 28,000원
완제품 예상가: 43,000원 ★ 완성 사이즈: 사이즈 80

**준비물** 오가닉 줄무늬 저지 75×75cm, 플라스틱 똑딱단추 2개

실물 도안 | 대형 실물본 5-31

## 수트 만들기

**01** 몸통 실물 패턴을 골선으로 앞판 1장, 뒤판 1장, 소매 2장을 수성펜으로 그립니다.

**02** 바이어스 치는 곳인 목둘레선, 소매 끝, 엉덩이 부분은 시접을 남기지 않고 나머지 부분은 시접을 고루 남기고 재단합니다.

**03** 바이어스 테이프를 폭 3.5cm, 길이 30cm로 재단합니다. 재단한 바이어스를 목둘레선 겉면에 시침핀으로 고정합니다.

**04** 가장자리에서 7mm 들어와서 박음질합니다.

**05** 목둘레선 안쪽으로 바이어스를 접어 올려 박음질하거나 공그르기합니다.

**06** 앞판, 뒤판 목둘레선을 모두 바이어스 쳐줍니다.

07 몸통의 앞판, 뒤판을 겉면끼리 마주 놓고 옆선을 시침핀으로 고정하고 박음질합니다. 이때 앞판과 뒤판의 옆선 길이가 틀려요. 배가 불룩 나오는 아가들을 위한 배려에요. 뒤판의 옆선을 살짝 잡아 당겨 앞판의 옆선 길이에 맞추어 가면서 박음질 해주세요.

08 소매 끝부분도 바이어스 쳐주세요. (식서 방향의 바이어스 때문에 통통한 아기들에게는 다소 소매통이 좁을 수 있는데요. 이때는 바이어스 치지 않고 시접을 남기고 재단하여, 시접을 접어 넣고 홈질해주세요)

  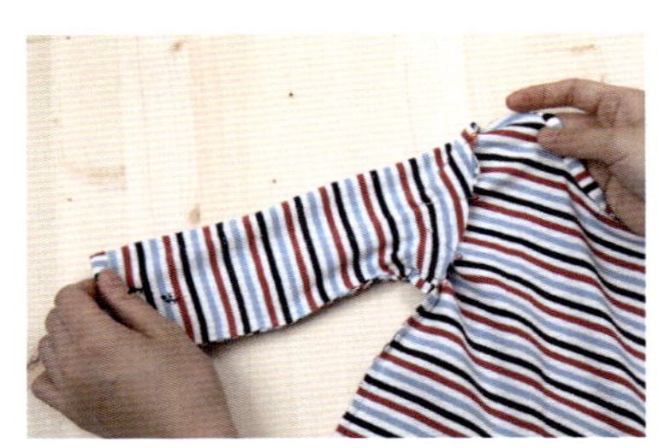

09 소매를 절반 접어 박음질합니다.

10 바이어스 목둘레선에서 어깨 부분을 10cm 정도 겹쳐지도록 시침핀으로 고정합니다.

11 완성한 소매의 진동 둘레선과 몸통의 진동 둘레선을 시침핀으로 고정합니다.

12 바디수트의 진동 둘레선을 박음질합니다.

13 엉덩이 부분을 바이어스 쳐주고 플라스틱 스냅단추를 달아줍니다.

**14** 입술 모양 바디스트가 완성되었습니다.

# Part 6

우리는
# 오가닉 패밀리

32

부러울 것 없는

오가닉 주방 수건

항상 사용하는 주방 수건을 도톰한 오가닉 타올 원단으로 직접 만들어보세요.

## 32 부러울 것 없는 **오가닉 주방 수건**

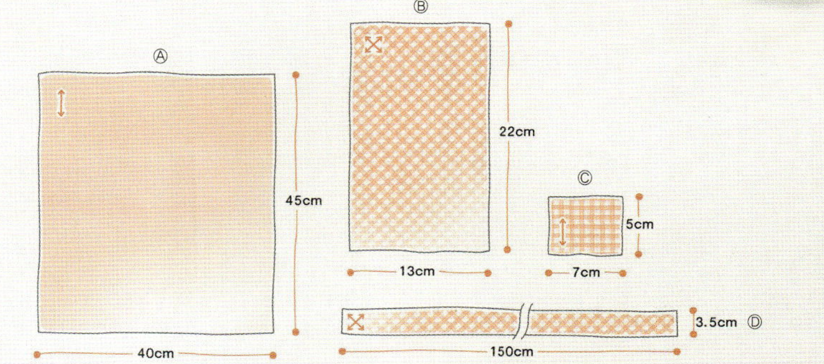

예상 제작 시간: 2시간 ★ 예상 재료비: 15,000원
완제품 예상가: 23,000원 ★ 완성 사이즈: 전체 길이 약 55cm

**준비물** 오가닉 타올 천(Ⓐ) 40×45cm, 오가닉 바이어스감(Ⓓ) 폭 3.5cm로 약 150cm,
오가닉 체크 원단(Ⓑ)( 약 22×13cm, 체크 조각 원단(Ⓒ) 7×5cm, 수실 약간,
원목링

실물 도안 | 대형 실물본 6-32

# 주방 수건 만들기

시접은 필요 없고, 네 모서리 중에서 두 곳을 동그랗게 곡선으로 만들어 줍니다.

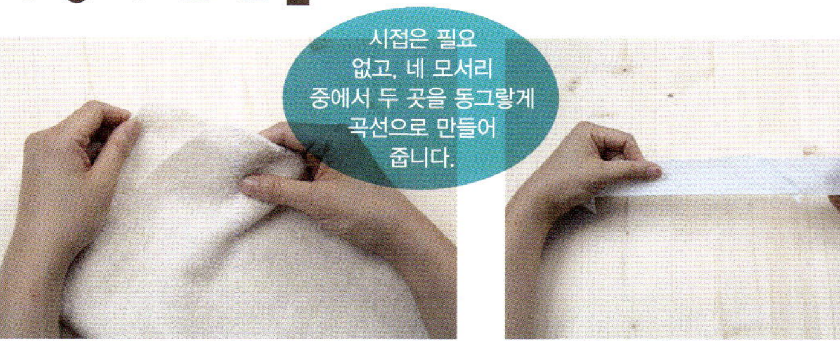

**01** 양면 타월 천을 가로 40cm, 세로 45cm로 재단합니다.

**02** 바이어스 테이프를 길게 연결하여 3.5cm 폭으로 약 140cm를 준비합니다.

**03** 바이어스 테이프의 겉면과 양면 타월의 겉면 가장자리를 시침핀으로 고정합니다.

**04** 가장자리에서 7mm 안으로 들어와서 박음질을 해줍니다.

**05** 바이어스 테이프를 접어 올려 반대쪽에서 다시 시침핀으로 고정합니다.

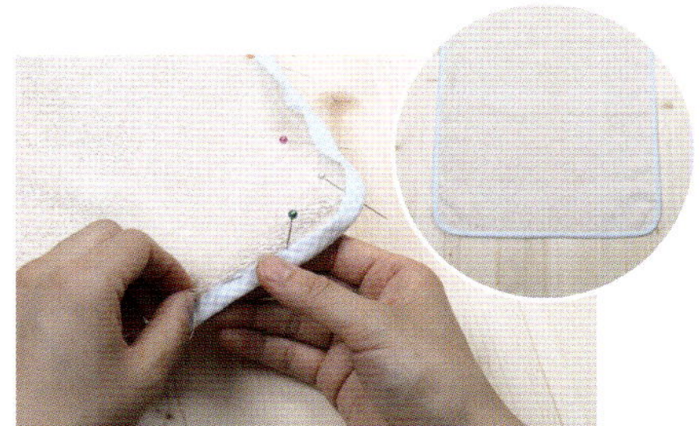

**06** 길이가 40cm가 되는 한쪽 면만 남기고 모두 공그르기하여 바이어스 처리 해주세요.

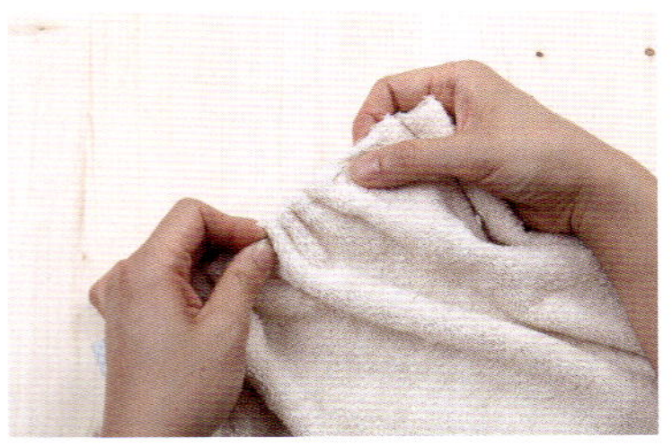

**07** 바이어스를 치지 않은 한쪽 면을 듬성 듬성 2cm 정도 간격으로 홈질하여 주름을 잡아줍니다.

**08** 주름을 잡아 길이는 11cm로 만듭니다.

**09** 체크 원단을 바이어스 방향으로 가로 13cm, 세로 22cm로 시접 없이 재단합니다. 홈질해 놓은 한쪽 면의 가장자리에 시침핀으로 고정하고 박음질합니다.

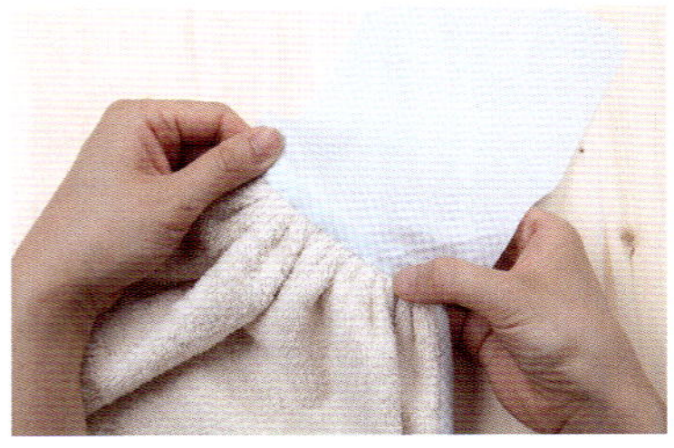

**10** 박음질한 선을 따라 가장자리 바깥쪽으로 접어 반대쪽으로 넘깁니다.

**11** 시접을 접어 넣고 시침핀으로 고정합니다.

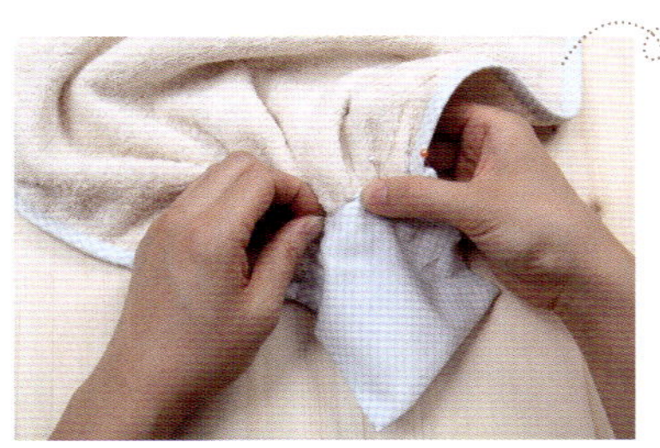

**12** 접어 넣은 가장자리 선을 따라 공그르기 합니다.(폭이 10cm가 되는 바이어스 처리라고 생각하면 간단하답니다.)

**13** 원목링을 넓게 친 바이어스로 감싸줍니다. 접어서 시침핀으로 바이어스를 친 가장자리 선에 고정합니다.

**14** 가장자리를 따라 공그르기 하여 나무링을 달아주세요.

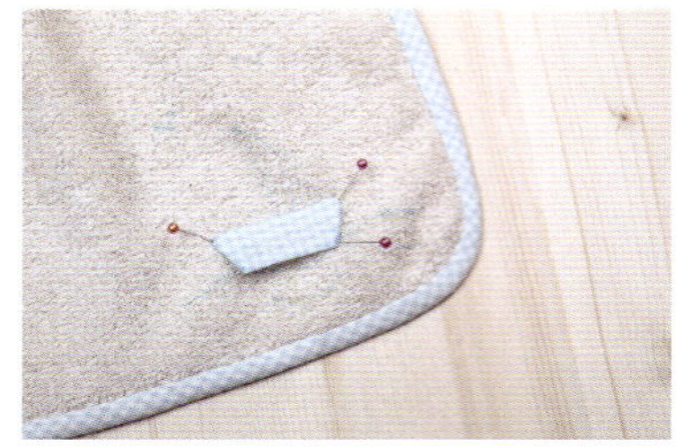

**15** 배 모양을 아플리케 하기 위해 조각 원단을 재단하여 시침핀으로 고정합니다.

**16** 배의 가장자리선을 따라 공그르기 하여 아플리케 해줍니다.

17 수를 놓기 쉽게 패턴대로 수성펜으로 그려줍니다.

18 도안대로 바다와 배의 돛, 기러기에 수를 놓아줍니다. 모두 아웃라인스티치 해줍니다.

19 오가닉 주방수건이 완성되었습니다.



## 오가닉 세면 타월

세면 타월도 직접 만들어 보아요. 꼼지락 꼼지락 바인딩 처리만 끝내면 우리 집만의 세면 타월이 완성돼요.

몸에 착착 감기는

# 까실까실 여름 이불

몸에 착착 감기는 맛이 일품이예요.

# 33 몸에 착착 감기는 **까실까실 여름 이불**

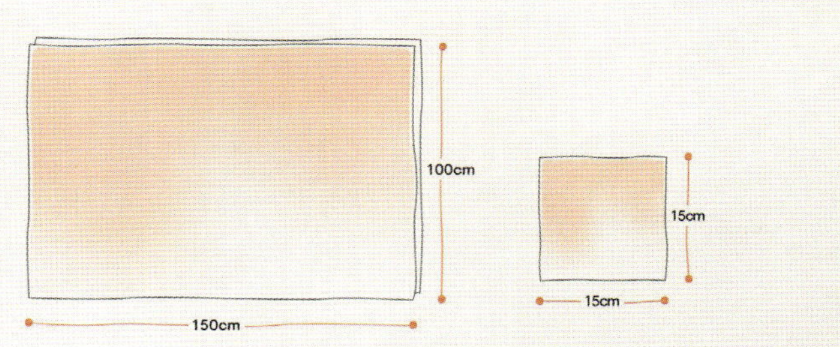


예상 제작 시간: 4시간 ★ 예상 재료비: 80,000원
완제품 예상가: 50,000원 ★ 완성 사이즈: 150×100

**준비물** 오가닉 단면 타월 천 150×100cm 2장, 오가닉 단면 타올 조각 원단 15×15cm, 오가닉 줄무늬 저지 조각 약간, 2장, 수실 약간

실물 도안 | 대형 실물본 6-33

# 이불 만들기

**01** 두 종류의 단면 타월 원단을 가로 150cm, 세로 100cm에 시접을 주고 재단합니다.

**02** 2장을 겉면끼리 마주 놓고 시침핀으로 고정합니다.

**03** 창구멍을 약 15~20cm 남기고 박음질합니다.

**04** 창구멍으로 뒤집어줍니다.

**05** 이불의 창구멍을 공그르기합니다.

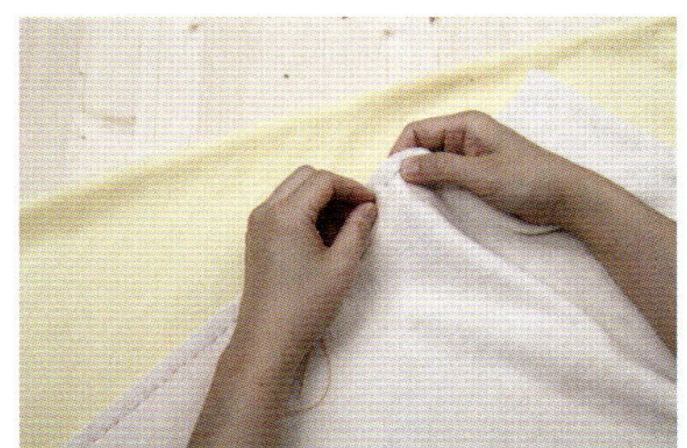

**06** 네 모서리의 가장자리에서 7mm 들어와 수성펜으로 그리고 주황색 수실로 러닝스티치 해줍니다.

아플리케는 1번에서 재단한 후 바로 하셔도 됩니다.

07 노랑 조각 원단의 겉 면에 코끼리를 그려줍니다.

08 바탕이 되는 흰색 쪽에 코끼리를 수성 펜으로 그립니다.

09 코끼리를 시침핀으로 고정합니다.

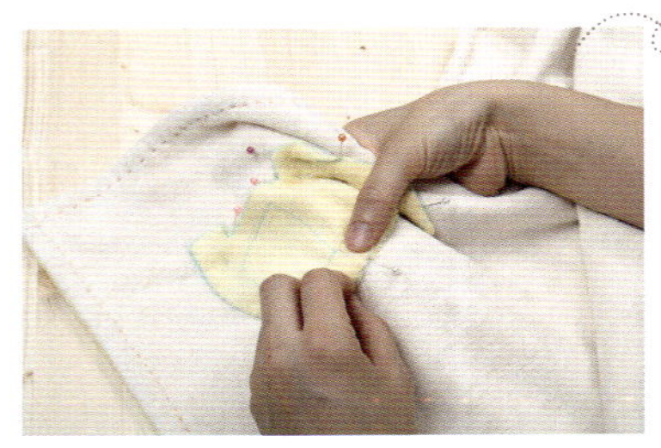

10 코끼리의 가장자리 선을 따라 공그르기합니다.

11 코끼리 귀를 만들기 위해 조각 원단 2 장을 겉면끼리 마주 놓고 그립니다.

12 그린 선을 따라 박음질합니다.

13 창구멍으로 뒤집어줍니다.

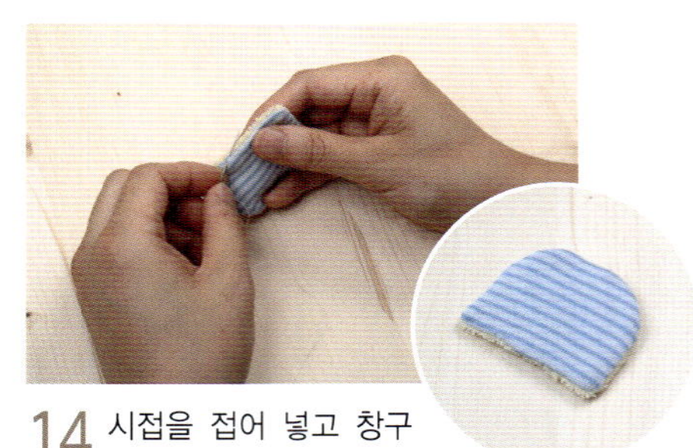

14 시접을 접어 넣고 창구 멍을 공그르기합니다.

15 완성한 귀를 아플리케한 코끼리 귀 위 치에 시침핀으로 고정하고 공그르기 합니다.

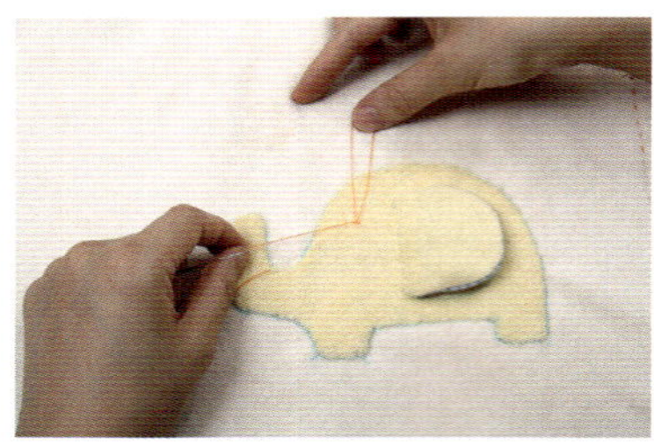

16 매듭수를 놓아 코끼리 눈을 완성합 니다.

17 코끼리 윗부분의 하트는 새틴스티치 로 수를 놓아줍니다.

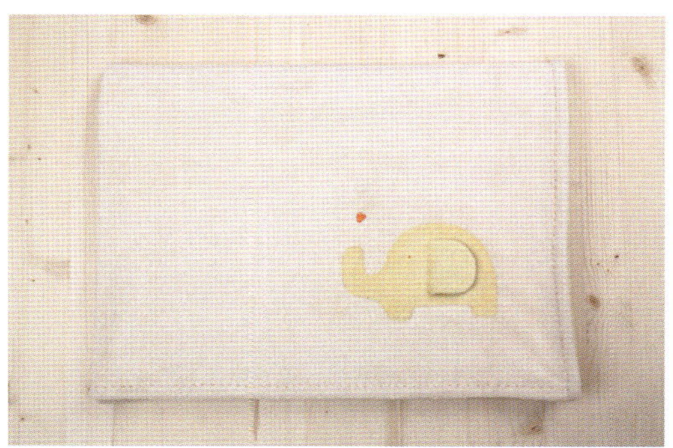

**18** 까실까실 여름 이불이 완성되었습니다.

# 체크 배색
# 오가닉 베개 커버

일생 동안의 잠을 자는 시간은 인생의 1/3이나 된답니다. ^^
잠자리 베개는 건강한 원단으로 만들어
오래도록 건강하게 살아볼까요?

35
맘에 쏙 드는
무릎담요
포근하고 보드라운 감촉의 오가닉 코튼에
코바늘뜨기로 그 매력을 더했어요.

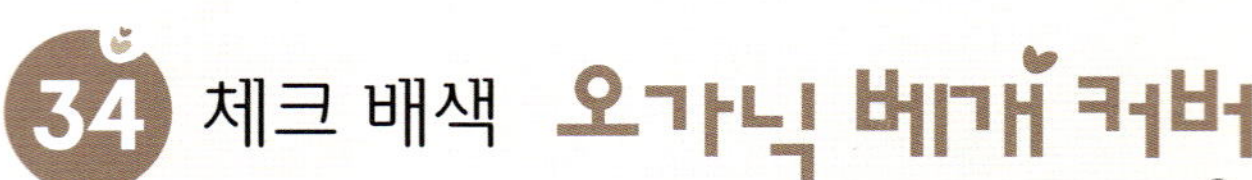

## 34 체크 배색 **오가닉 베개 커버**

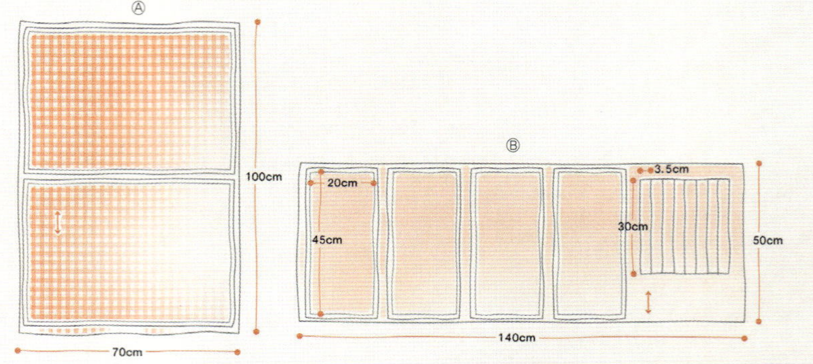

예상 제작 시간: 2시간 ★ 예상 재료비: 16,000원
완제품 예상가: 24,000원 ★ 완성 사이즈: 약 60×40cm

**준비물** 오가닉 체크 70×100 1장(ⓐ), 오가닉 포플린 140×50cm(Ⓑ) 1장.

실물 도안 · 대형 실물본 6-34

# 커버 만들기

**01** 체크 원단Ⓐ을 베개 사이즈에 여유분 가로, 세로 모두 5cm를 더하여 가로 65cm, 세로 45cm로 재단합니다.

**02** 포플린 원단Ⓑ은 가로 20cm, 세로 45 cm로 4장을 재단합니다.

**03** 베개 커버의 끈은 폭 3.5cm 길이 30 cm로 시접 없이 재단합니다.

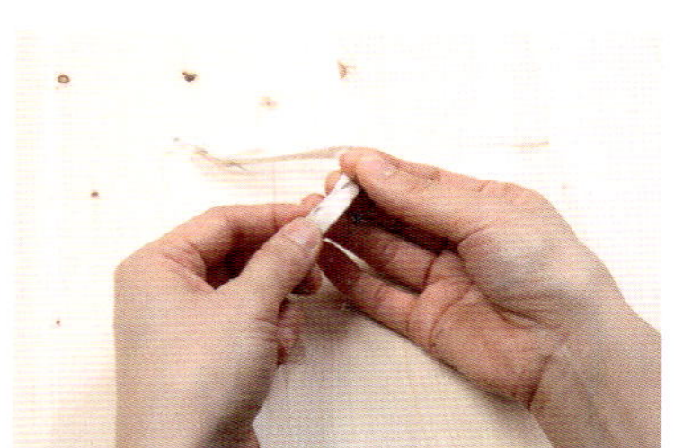

**04** 양쪽 가장자리에서 시접을 접어 넣고 시침핀으로 고정합니다.

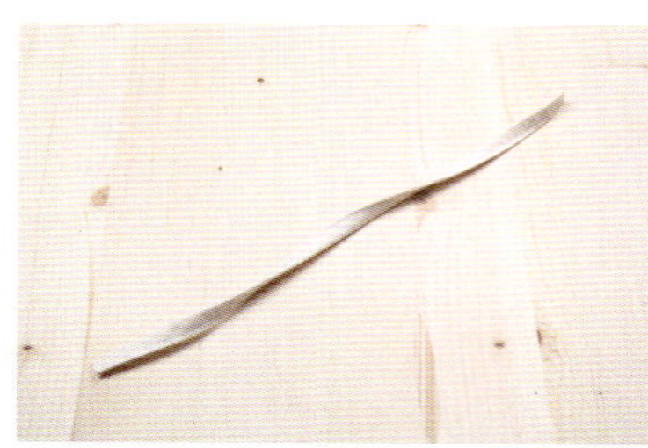

**05** 가장자리를 따라 박음질합니다.

**06** 모두 8개를 완성합니다.

07 체크 원단과 포플린 원단을 겉면끼리 마주 놓고 시침핀으로 고정합니다. 가장자리에서 15cm 올라온 위치에 끈을 끼워 넣습니다.

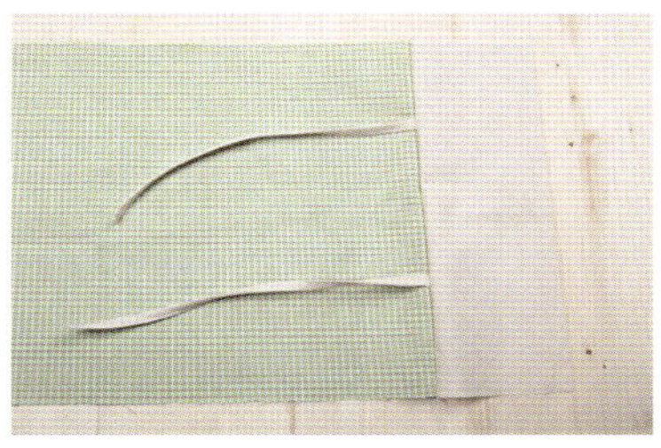

08 완성선을 따라 박음질합니다.

09 양쪽으로 모두 체크 원단과 포플린 원단을 연결하여 앞면과 뒷면 2장을 완성합니다.

10 완성한 앞면과 뒷면을 겉면끼리 마주 놓고 가로선을 길게 시침핀으로 고정하고 박음질합니다.

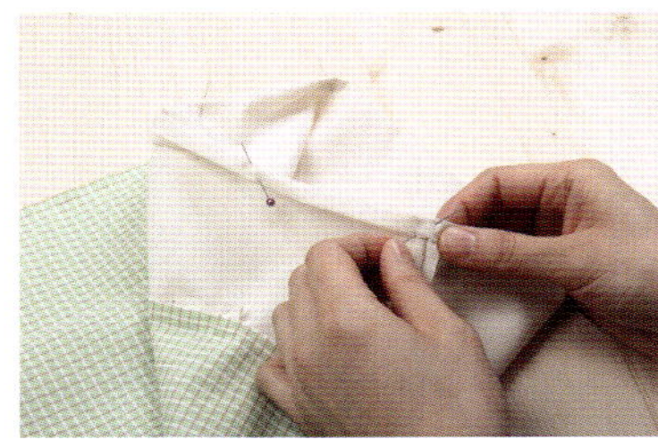

11 베개의 양쪽 입구 부분 가장자리를 두 번 접어 시침핀으로 고정합니다.

12 가장자리를 박음질합니다.

13 베개 커버의 입구 양쪽을 모두 박음질합니다.

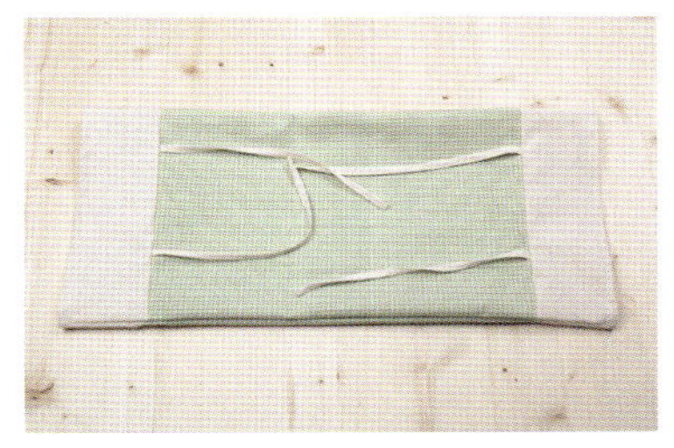

14 뒤집고 베개 커버의 끈을 끼운 가장자리를 따라 다시 7mm 안쪽에서 눌러 박음질합니다.

15 베개 커버의 양쪽 가장자리 부분을 커버 속으로 넣어줍니다.

16 예쁘게 리본을 묶어주면 베개 커버가 완성됩니다.

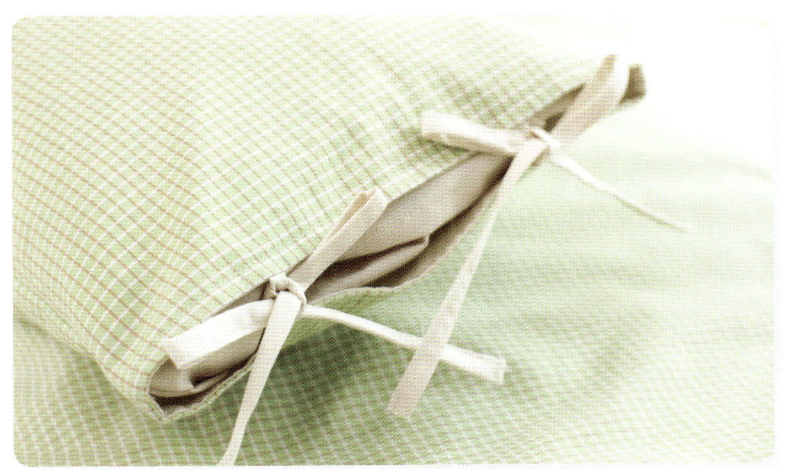

# 35 맘에 쏙 드는 **무릎담요**

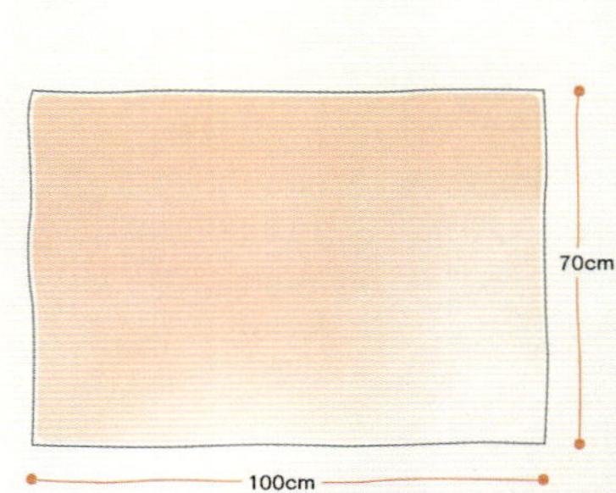



예상 제작 시간 : 6시간 ★ 예상 재료비 : 45,000원
완제품 예상가 : 80,000원 ★ 완성 사이즈 : 70×100cm

**준비물** 오가닉 플리스 원단 70×100cm, 오가닉 코튼사 25그램, 코바늘

실물 도안 : 대형 실물본 6-35

# 무릎담요 만들기

**01** 100×70cm로 재단한 오가닉 플리스 원단을 따라 가장자리에서 약 7mm 안쪽으로 수성펜으로 선을 그려줍니다.

**02** 그린 선 위에 1cm-1.5cm 간격으로 다시 점을 표시합니다.

**03** 점으로 표신한 곳에 제일 가느다란 코바늘로 구멍을 뚫어 실을 걸어 올립니다.

코바늘을 깊숙이 넣어 구멍이 커져야 실을 걸어 올리기가 편해요.

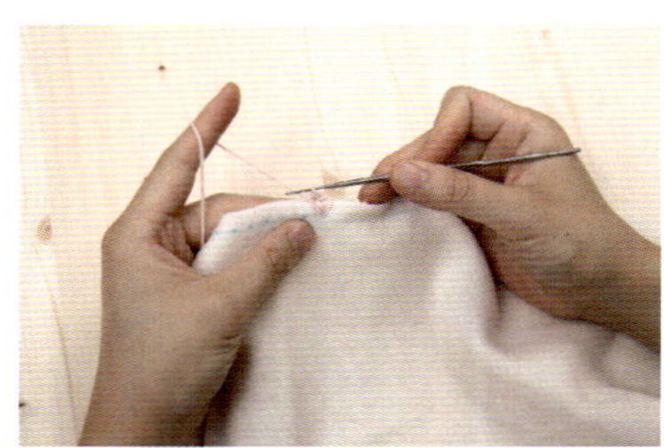

**04** 짧은 뜨기를 합니다. 만들기 코 부분을 원단이라고 생각하면 한결 짧은뜨기의 이해가 쉽습니다.

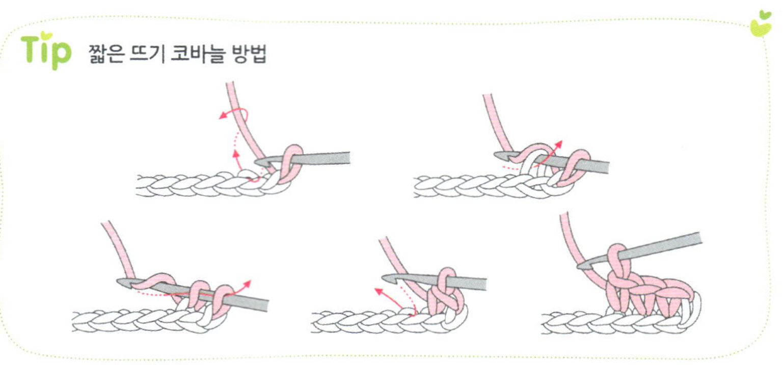

**Tip** 짧은 뜨기 코바늘 방법

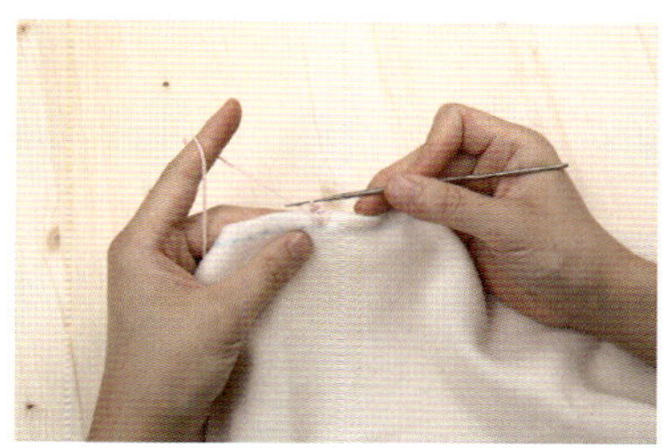

05 짧은 뜨기를 한 구멍에 3개를 해주세요.

06 한 구멍에 짧은 뜨기를 3개씩 계속 해 나갑니다.

07 사각형 네모서리 모두를 짧은 뜨기하여 완성합니다.

우리집 패밀리 룩

# 오가닉 파자마

엄마, 아빠, 나, 동생 등 우리 가족 모두
모두 줄무늬 파자마를 세트로 맞춰 입어요.

# 우리 가족 건강 지킴이 거위 인형

매달 찾아오는 생리통과 우리 아가 배앓이에 좋은
따뜻한 버찌씨를 만나요.

# 36 우리집 패밀리 룩 오가닉 파자마

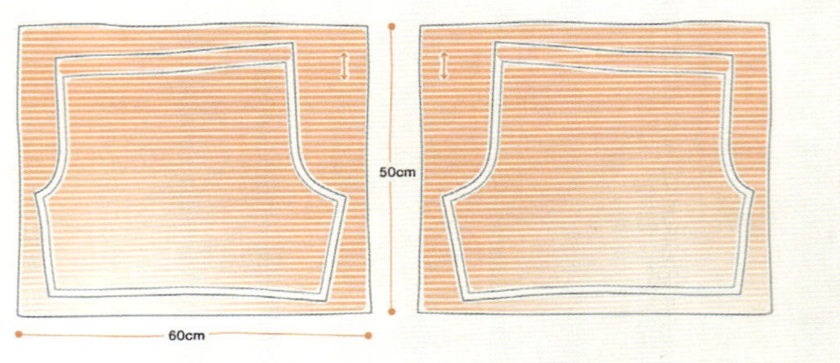



예상 제작 시간: 2시간 ★ 예상 재료비: 21,000원
완제품 예상가: 39,000원 ★ 완성 사이즈: 3~4세부터 6~7세까지

**준비물** 오가닉 줄무늬 저지 50×60cm 2장, 고무줄 1.5cm

실물 도안 : 대형 실물본 6-36

# 파자마 만들기

**01** 바지 패턴을 뒤집어 가면서 2장을 그려줍니다. 고무줄이 들어가는 허리 부분은 시접을 3cm 남겨줍니다.

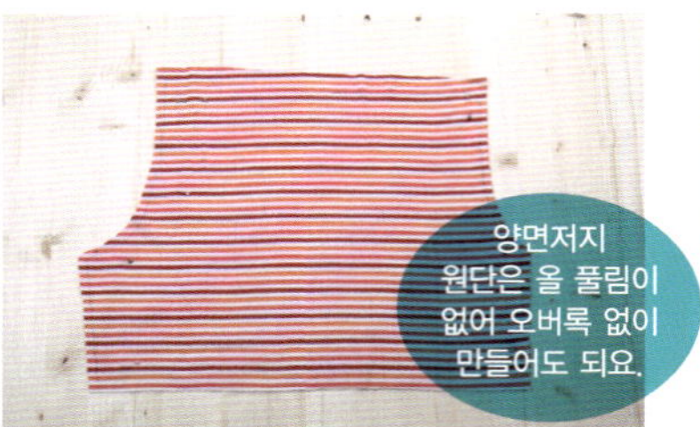



**02** 겉면끼리 마주보도록 겹쳐 놓고 밑위선을 시침핀으로 고정합니다.

**03** 앞 밑위선과 뒤 밑위선을 박음질합니다.

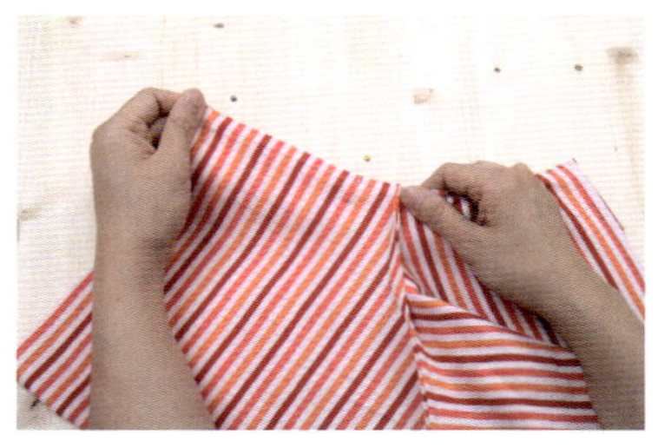

**04** 밑위선끼리 마주보도록 놓고 밑아래선(가랑이선)을 시침핀으로 고정합니다.

**05** 밑아래선(가랑이선)을 박음질합니다.

**06** 허리선을 시접 분만큼 접어 넣고 시침핀으로 고정합니다. 고무줄을 넣을 창구멍만큼 남기고 박음질합니다.

07 고무줄 끼우게나 돗바늘을 사용하여 창구멍으로 고무줄을 넣어줍니다.

08 바지 밑단을 접어 올려 박음질하거나 홈질하여 마무리합니다.

09 파자마가 완성도 었습니다.

# 37 우리 가족 건강 지킴이 **거위 인형**

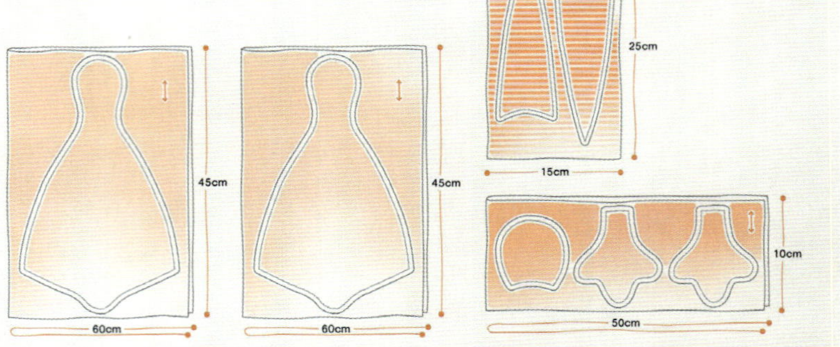

예상 제작 시간: 6시간 ★ 예상 재료비: 28,000원
완제품 예상가: 58,000원 ★ 완성 사이즈: 전체 길이 약 45cm

**준비물** 오가닉 플리스 원단 45×30cm 2장, 오가닉 니키 10×50cm, 오가닉 포플린
45×30cm 2장, 오가닉 줄무늬 저지 25×15cm, 수실 1종, 플라스틱 스냅,
버찌씨, 펠렛 솜 약간, 안감 원단 45×30cm 2장, 버찌씨 300g 정도

실물 도안 | 대형 실물본 6-37

# 거위 만들기

**01** 포실한 오가닉 플리스 원단에
거위 앞, 뒷면을 각각 그려줍
니다.

**02** 시접을 고루 남기고 재단합
니다.

**03** 거위 앞, 뒷면을 겉면끼리 마주 놓고 입구 부분을 남기고 박음질합
니다.

**04** 앞에서 만들어 놓은 거위 겉
감을 가위집을 주고 뒤집어줍
니다.

**05** 안감 원단에 거위의 앞, 뒷면
을 각각 그려줍니다.

**06** 시접을 고루 남기고 재단해주
세요.

**07** 거위 앞, 뒷면을 겉면끼리 마
주 놓고 입구 부분을 남기고
박음질합니다.

08 노랑 니키원단 2장을 겉면끼리 다주 놓고 입과 발을 그려줍니다.

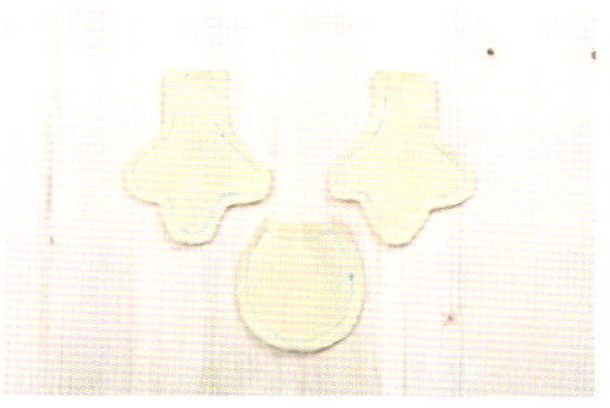

09 시접을 고루 남기고 재단해주세요.

10 입과 발을 겸자로 뒤집은 후

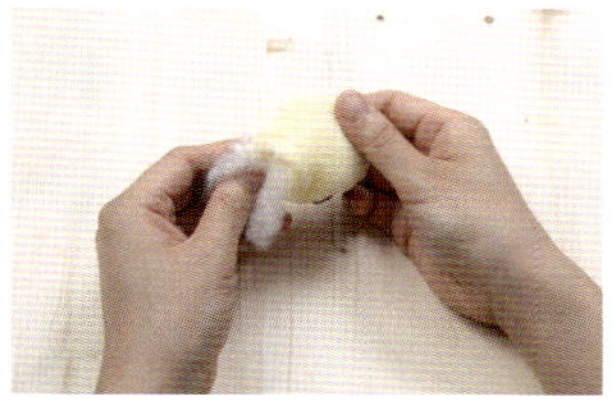

11 거위의 입에 솜을 채워줍니다.

12 시접을 접어 넣고 창구멍을 감침질해주세요.

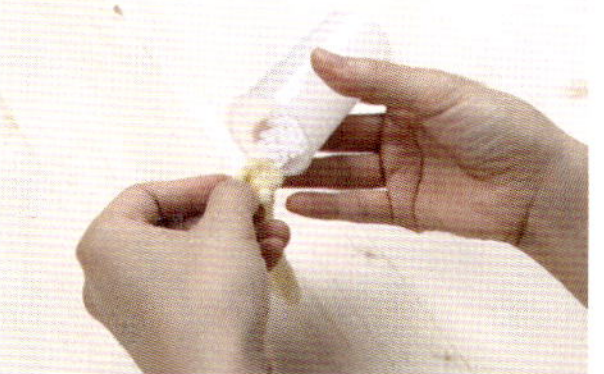

13 거위의 발에는 펠렛을 2/3 정도 채워줍니다.

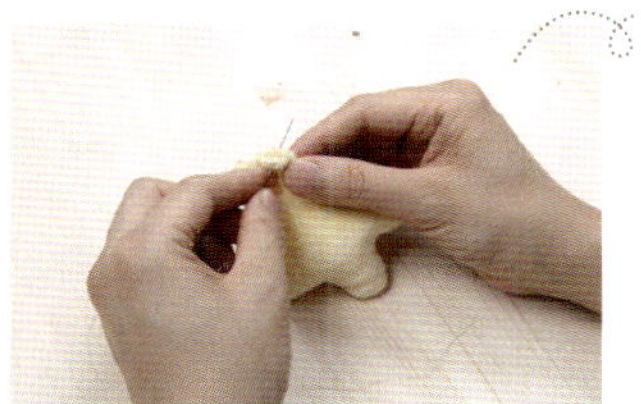

14 시접을 접어 넣지 않고 창구멍을 감침질합니다.

 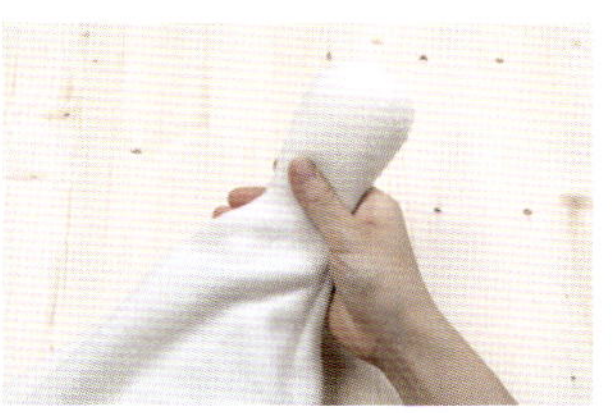

15 거위 몸통의 머리 부분에 솜을 말랑하게 채웁니다.

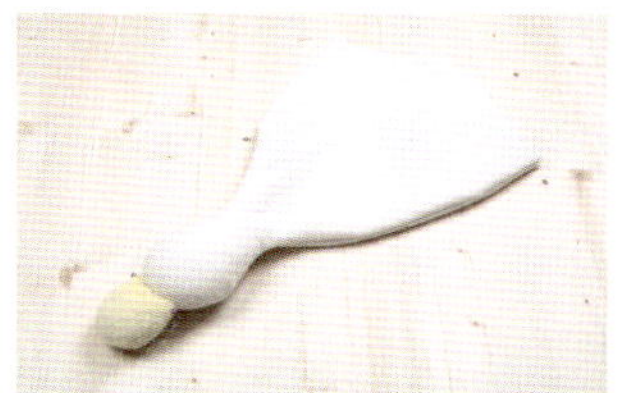

16 거위의 입을 머리 앞부분에 시침핀으로 고정합니다.

 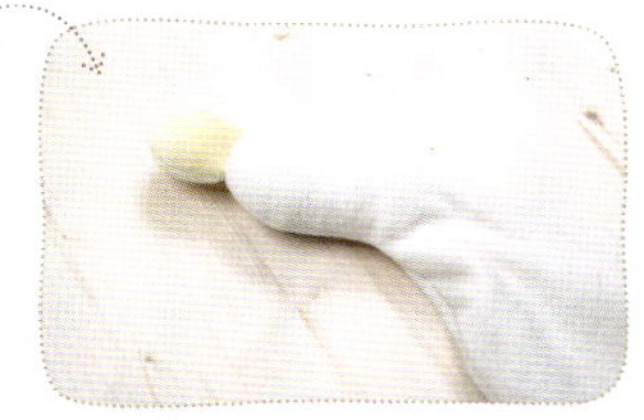

17 거위의 입을 아래 위 모두 공그르기로 달아주세요.

18 매듭수로 수놓아 눈을 만들어줍니다.

19 거위 몸통의 입구 가장자리에 완성해 놓은 거위 발을 양쪽 끝에 시침핀으로 고정합니다.

20 감침질로 거위의 발을 균형을 맞춰 고정해줍니다.

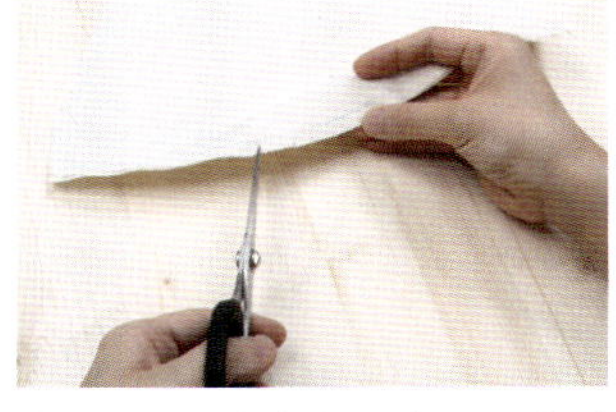

21 거위 안감의 곡선 부분에 가위집을 줍니다.

22 거위 몸통의 겉감과 안감을 겉면끼리 마주대고 시침핀으로 고정합니다.

 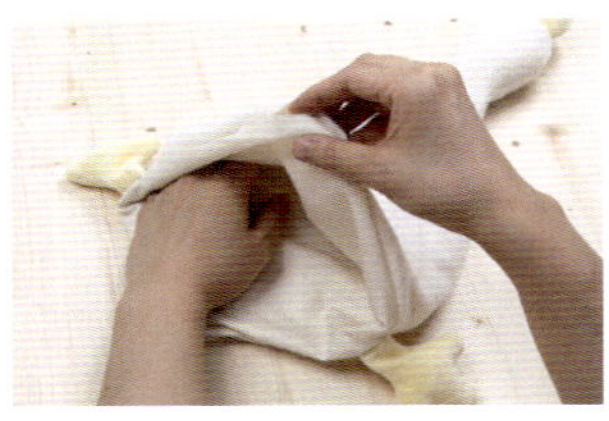 

23 창구멍만 남기고 박음질합니다.

24 창구멍으로 뒤집은 후

25 거위의 창구멍을 공그르기로 막아줍니다.

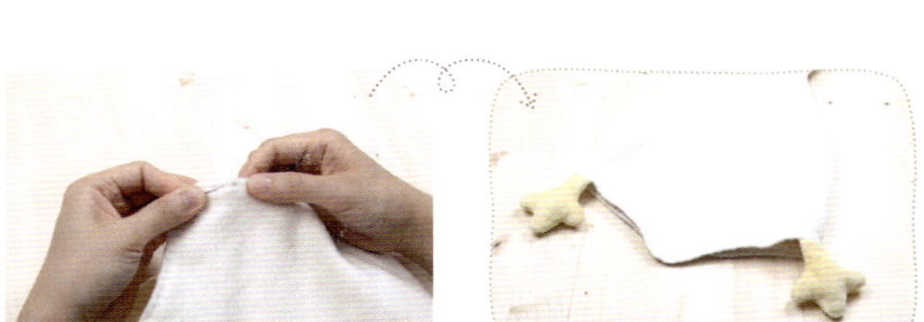 

26 거위인형의 엉덩이 가장자리는 홈질로 눌러줍니다.

27 플라스틱 스냅단추를 거위의 꼬리에 달아줍니다.

 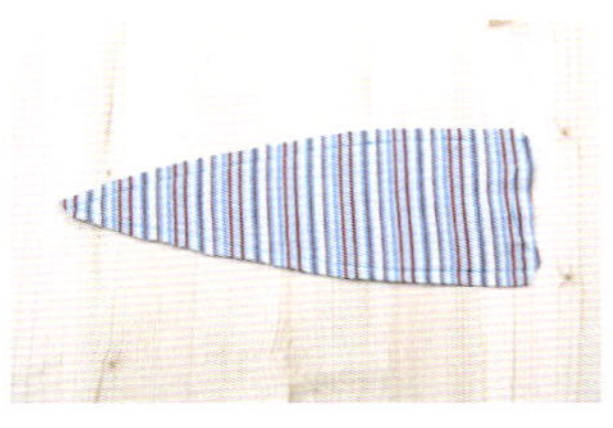 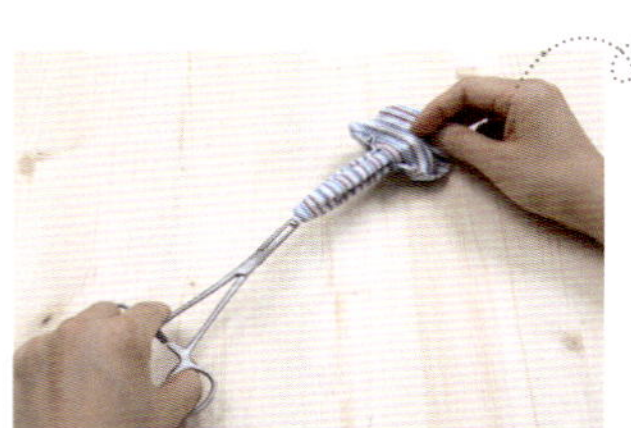

28 줄무늬 저지 원단 2겹을 겹쳐 놓고 모자 패턴을 그립니다.

29 그린 선을 따라 박음질한 후 시접을 남기고 재단합니다.

30 겸자로 뒤집은 후 창구멍은 공그르기로 막아주세요.

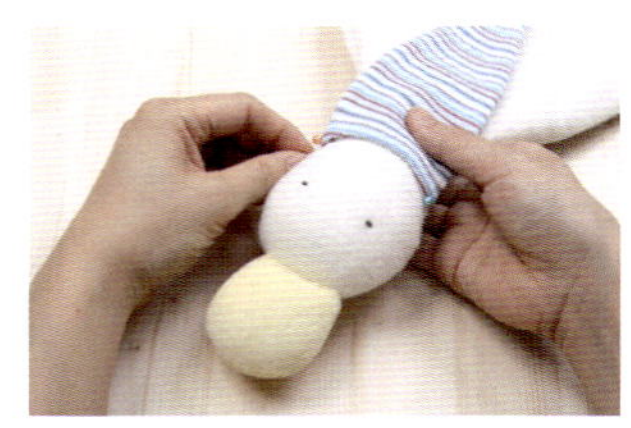  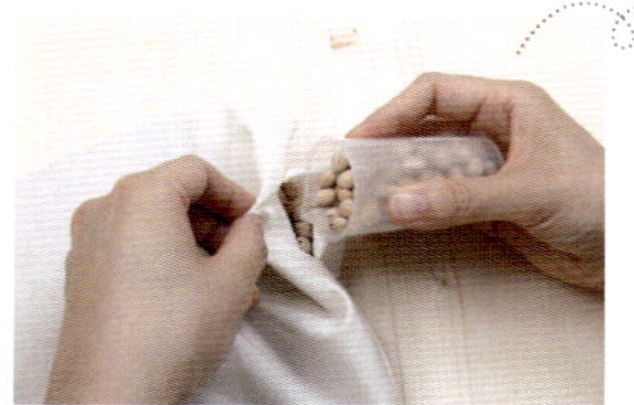 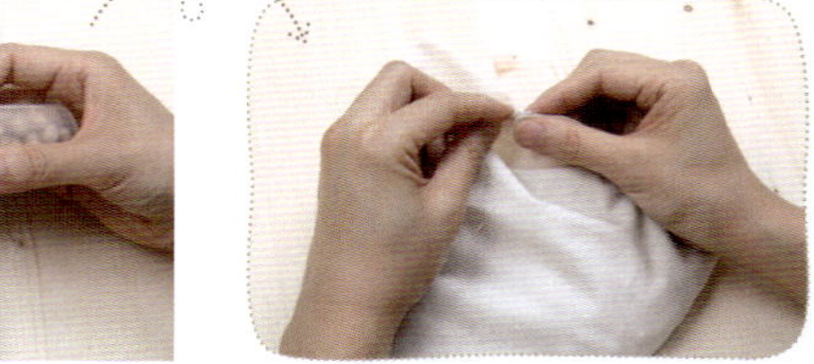

31 거위의 머리 위쪽에 모자를 시침핀으로 고정합니다.

32 공그르기로 모자를 달고 모자 끝을 묶어 거위를 완성합니다.

33 안감 패턴으로 거위 몸통에 넣을 주머니를 만들어 버찌씨를 채워줍니다.

**34** 거위 몸통에 버찌 주머니를 넣고 스냅단추
로 고정합니다.

**35** 따뜻한 거위 인형이 완성되었습니다.

**덧붙이기**

### 버찌씨 이야기

터키가 고향이면서 유럽 중남부의 어디에서나 잘 자라는 버
찌씨는 우리가 흔히 알고 있는 체리의 씨앗이랍니다. 버찌씨
주머니의 기원은 독일의 흑림에서 기원합니다. 숲속의 벽난
로 위에 올려 두었던 버찌씨가 저절로 건조되어 씨의 가운데
부분이 살짝 벌어지고 따뜻하게 데워졌어요. 그래서 따뜻해
진 버찌씨를 빈 병에 모아 두었었는데요. 그래서 건조하고 따뜻
한 병("trockene Wärmeflasche")이라고 불리며 수년 동안
독일과 스위스에서 민간요법으로 사용되어 왔습니다.
오븐이나 렌지에 따뜻하게 데운 버찌 주머니는 생리통, 이
유 없는 아이들 배앓이, 경련, 근육통, 인후통에 좋고, 냉장
고에 넣어 차갑게 식힌 버찌 주머니는 염증, 타박상, 햇볕에
의한 열상, 운동 후의 열기를 식힐 때 아주 요긴해요.

# 오래된 친구들에게 선물하고픈
# 친환경 면 생리대

혼자 사용하기 아까워 두루두루 선물하고픈
그런 아이템이에요. 많이 알리고 소문내주세요.
내 건강도 챙기고 지구의 건강도 챙기는 일이잖아요. ^^

쓸수록 매력적인

# 매트리스 커버

독특하면서 부드러운 매트리스 커버!!
그 위에서 내 아이들이 뒹굴어요.
행복이란 바로 이런 것이 아닐까요?

DVD:09. 친환경 생리대

# 38 오래된 친구들에게 선물하고픈 친환경 면 생리대

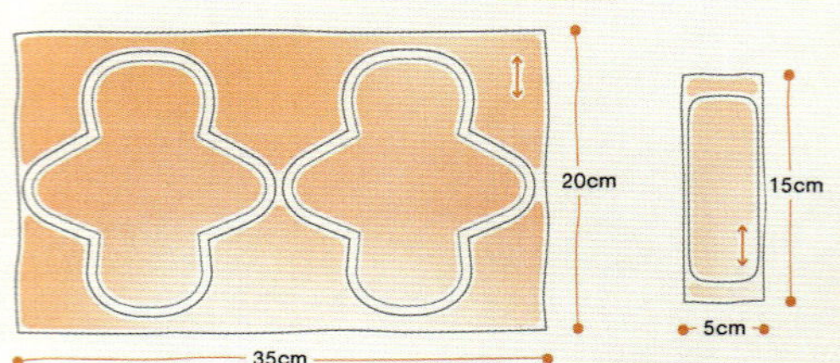



예상 제작 시간: 2시간 ★ 예상 재료비: 6,000원
완제품 예상가: 10,000원 ★ 완성 사이즈: 팬티라이너 사이즈 15×17cm

**준비물** 오가닉 양면 저지 35×20cm 1장, 오가닉 양면 타올 5×15cm,
플라스틱 똑딱단추

실물 도안 : 대형 실물본 6-38

# 생리대 만들기

**01** 양면 저지 원단에 도안을 이용해 생리대의 앞과 뒷면을 각각 1장씩 그립니다. 그리고 양면 타월 원단에 흡수천을 1장 그립니다.

**02** 생리대 패턴은 7mm 시접을 남기고 재단하고 속에 들어가는 흡수천은 시접 없이 재단해주세요.

**03** 재단한 생리대의 안쪽 면 정 가운데에 흡수천을 올리고 시침질합니다.

**04** 재단한 생리대 2장을 겉면끼리 마주 놓고 시침핀으로 고정합니다.

**05** 그린 선을 따라서 창구멍만 남기고 박음질합니다.

**06** 시접을 가지런히 잘라주고 모서리 부분과 곡선 부분에 가위집을 준 후 창구멍으로 뒤집어줍니다.

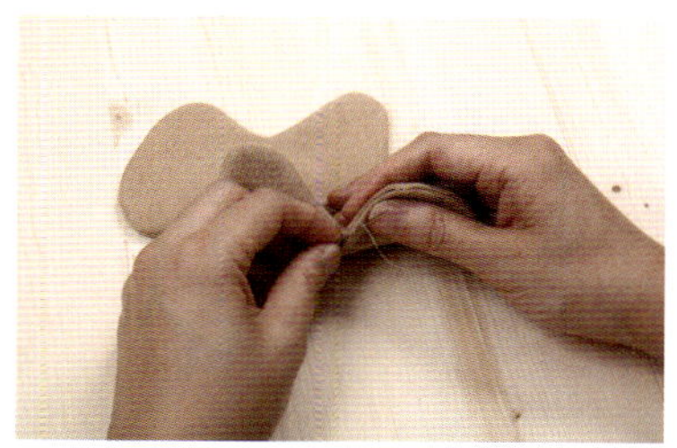

**07** 창구멍을 공그르기 합니다.

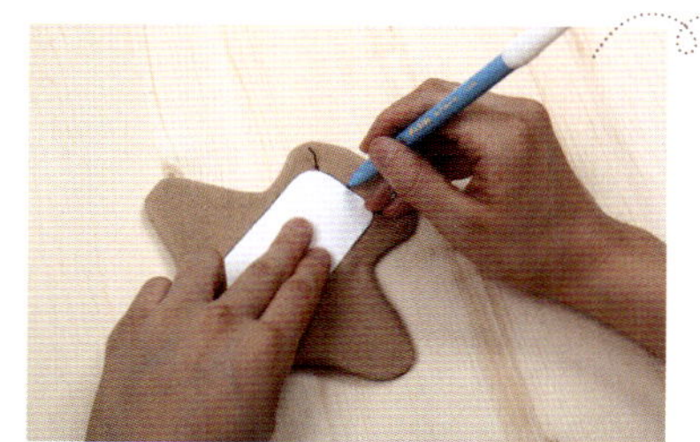

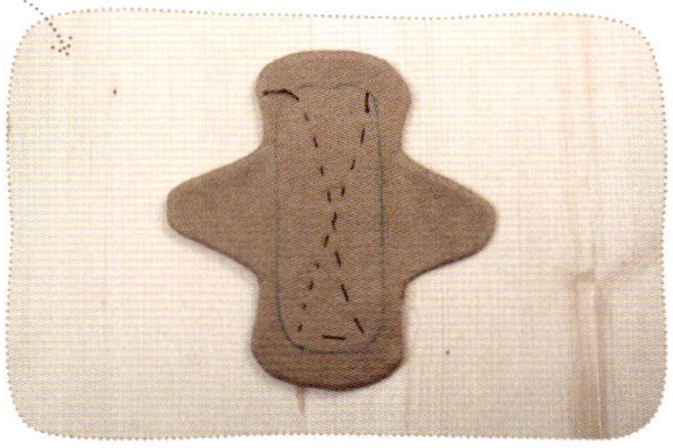

**08** 시침해 놓은 생리대의 겉면에 도안을 올려 흡수천의 위치를 다시 수성펜으로 그립니다.

**09** 그린 선을 따라서 앞 뒷면과 흡수천을 박음질해주세요. 생리대 대형은 안쪽으로 한 번 더 박음질 해주면 좋아요.

**10** 시침한 실을 뽑아냅니다.

**11** 플라스틱 스냅단추를 앞 뒤로 감길 수 있도록 달아주고 수성펜 자국은 물로 지워주면 생리대가 완성됩니다.

---

## 천 생리대/대안 생리대 이야기

가임기 여성의 삶에서 생리기간은 인생의 1/4입니다.

흡수력을 자랑하는 생리대는 그만큼 수많은 화학약품 처리 과정을 거쳤다는 사실이지요.

드러내놓고 말하지는 못하지만, 많은 여성들이 화학약품 처리된 일회용 생리대를 사용하면서 쿨편을 겪고 있어요. 가려움, 짓무름, 특유의 냄새……. 이 모든 것들이 면 생리대의 사용으로 해결된다는 사실이 놀라울 뿐입니다.

천 생리대는 기존에 사용하던 일회용 생리대처럼 놀라운 흡수력을 가질 수는 없어요. 그렇기 때문에 천 생리대 사용을 꺼리는 분들은 양이 아주 많은 하루나 이틀 정도는 일회용 생리대를 사용해보고 그 나머지의 날에는 천 생리대를 사용하는 융통성을 발휘해보는 것도 하나의 방법입니다.

** 세탁은 뚜껑이 있는 작은 통을 준비하여 식초를 몇 방울 떨어뜨린 물이나, 세제를 푼 물에 2~3일 담가 두셨다가 미온수에 세제로 세탁하면 됩니다. 그리고 삶거나 뜨거운 물에 한 번 더 세탁해주는 부지런을 떤다면 뽀송하고 깨끗한 생리대를 오랫동안 사용할 수 있어요.

# 39 쓸수록 매력적인 매트리스 커버

예상 제작 시간: 4시간 ★ 예상 재료비: 29,000원
완제품 예상가: 65,000원
완성 사이즈: 사용하는 매트리스 크기에 맞게 제작하세요.

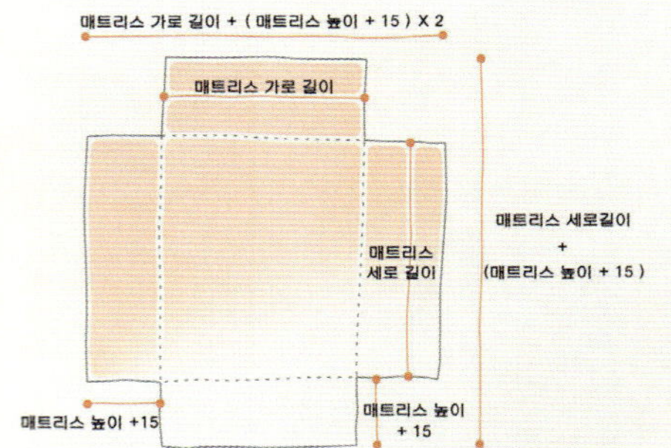



**준비물** 오가닉 양면 저지 원단 매트리스 크기에 따라 준비, 단춧구멍 고무줄 넉넉히,
나무단추 1개

# 매트리스 커버 만들기

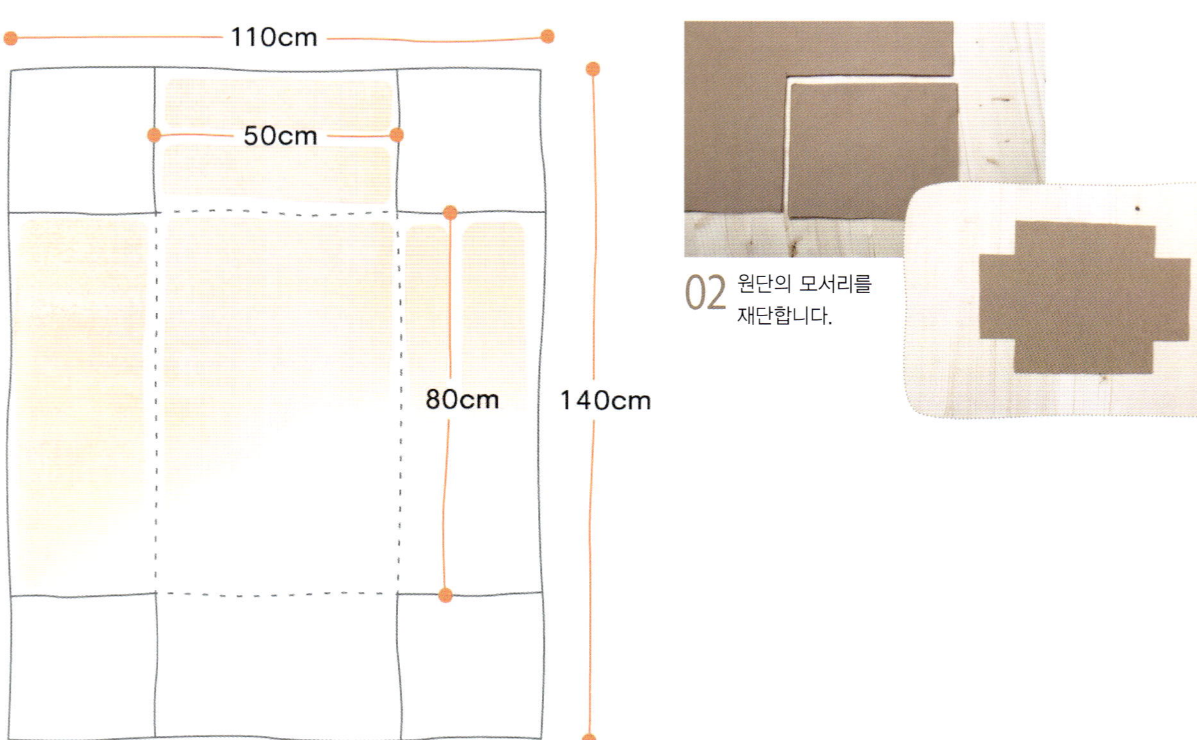



01 매트리스 크기가 가로 50cm, 세로 80cm, 높이 15cm일 경
우 가로 110cm, 세로 140cm의 원단이 필요해요.

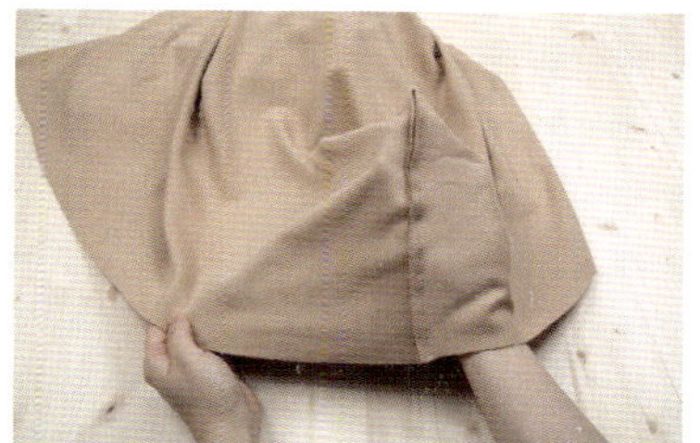

**03** 모서리끼리 ㄷ-주보도록 겹쳐서 네 모서리를 모두 박음질합니다.

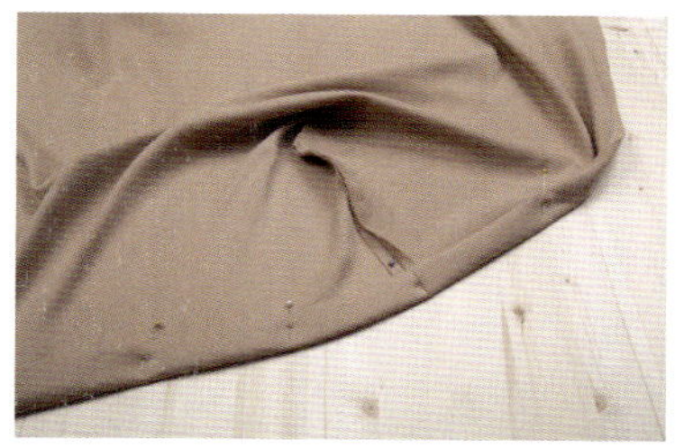

**04** 가장자리에는 고무줄이 들어갈 수 있도록 2.5cm의 통로를 만들어 놓고 시접을 접어 시침핀으로 고정합니다.

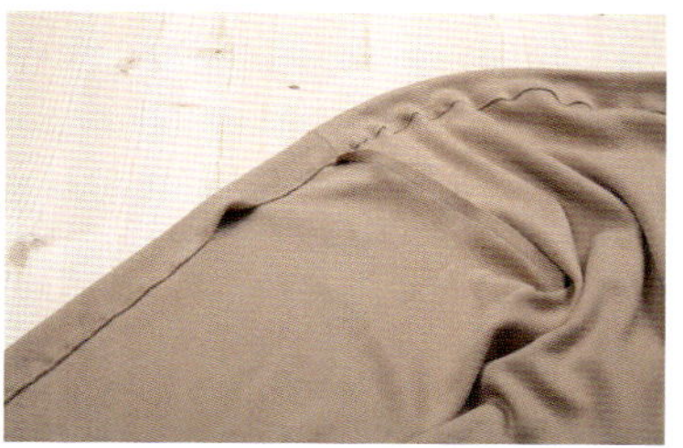

**05** 고무줄을 넣을 창구멍을 남기고 박음질합니다.

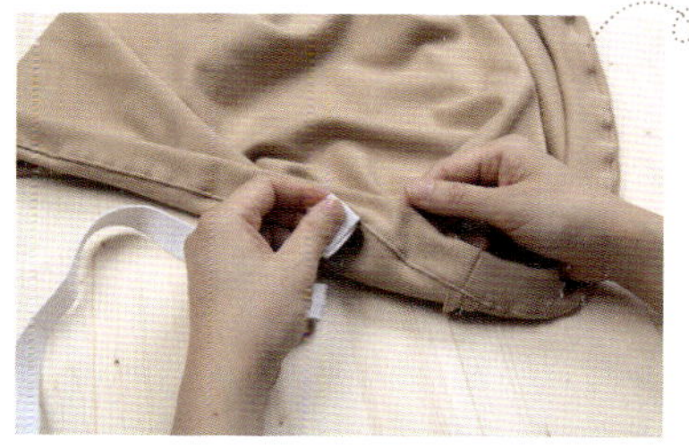

**06** 돗바늘에 고무줄을 끼워 집어넣어줍니다.

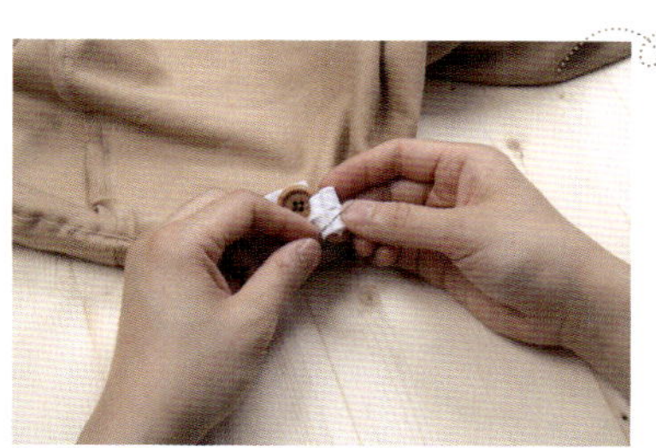

**07** 한쪽 고무줄의 시접을 깨끗이 접어 넣고 나무단추를 달아줍니다.

**08** 반대쪽 고무줄의 가장자리도 끝이 풀리지 않도록 2번 접어서 공그르기합니다.

**09** 매트리스에 씌우고 고무줄을 잡아 당겨 단추를 채우면 매트리스 커버가 완성됩니다.

# 행복 바이러스
# 트렁크 팬티

안될 것 같은 일을 되게 하는 우리 엄마!
엄마라는 이름이 제일 아름다워요.
고맙고도 고마워요!!

# 40 행복 바이러스 트렁크 팬티

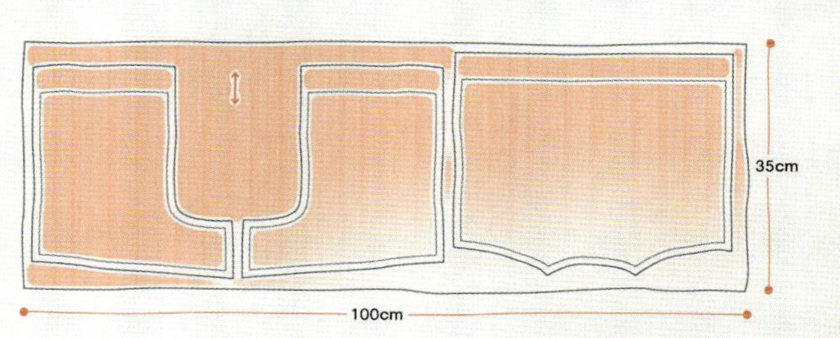



예상 제작 시간 : 2시간 ★ 예상 재료비 : 12,000원
완제품 예상가 : 20,000원 ★ 완성 사이즈 : 3~4세–6~7세

**준비물** 오가닉 자가드 원단 100×35cm, 고무줄 1마

실물 도안 | 대형 실물본 6–40

# 팬티 만들기

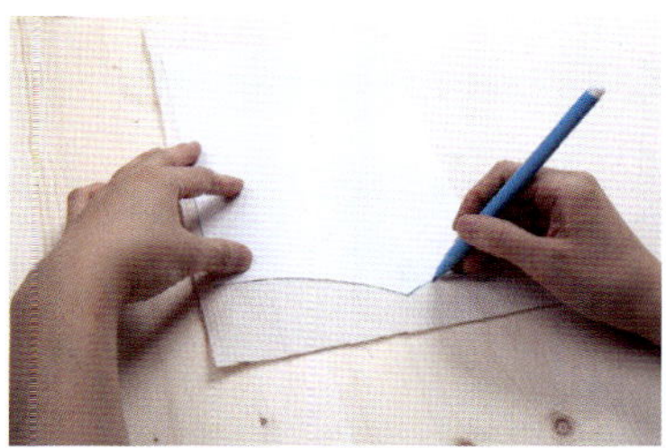

**01** 트렁크 패턴을 앞면 2장, 뒷면은 골선
으로 1장을 그립니다.

**02** 모두 실물 패턴에 표시되어 있는 대로 시접을 남겨주세요.

**03** 사방을 오버록 처리합니다.(가정용 오
버록을 이용해도 좋고, 가까운 세탁소
나 수선가게에 가면 오버록을 쉽게 칠
수 있어요.)

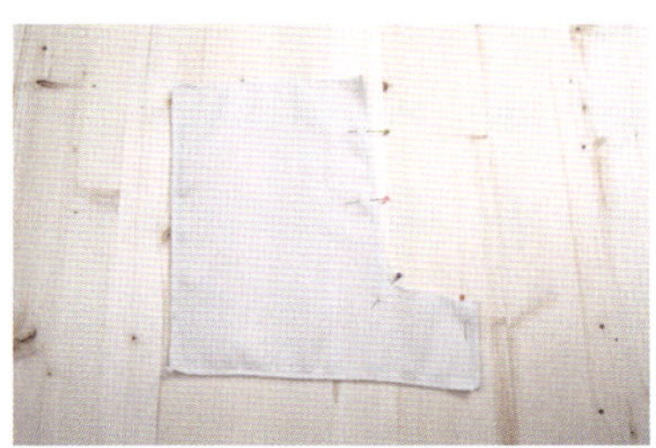

**04** 앞판 2장을 겉면끼리 마주 놓고 앞 여
밈선을 시침핀으로 고정합니다.

**05** 앞판 앞 여밈선을 박음질합니다.

**06** 앞 여밈선을 연결한 앞판과 뒷판을 겉 면끼리 마주 놓고 시침핀으로 옆선을 고정합니다.

**07** 옆선을 박음질합니다. 이때 옆트임 5cm를 남기고 박음질 해주세요.

**08** 앞면의 가랑이 선과 뒷면의 가랑이선 을 시침핀으로 고정합니다.

**09** 고정해 놓은 가랑이선을 박음질 해주세요.

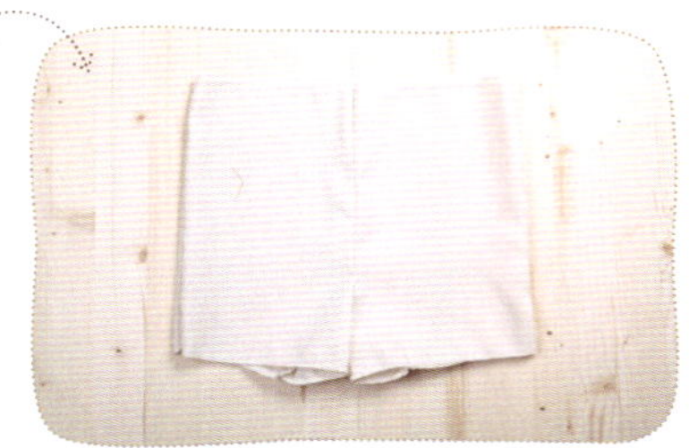

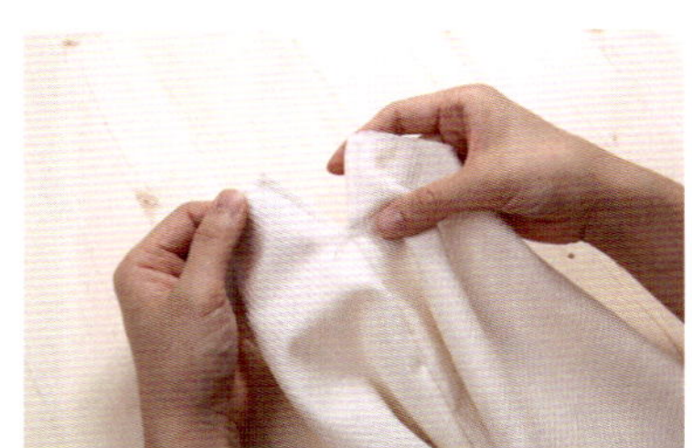

**10** 옆트임으로 남겨 놓았던 옆선의 5cm 부분의 시접을 안쪽으로 접어 넣고 시 침핀으로 고정합니다.

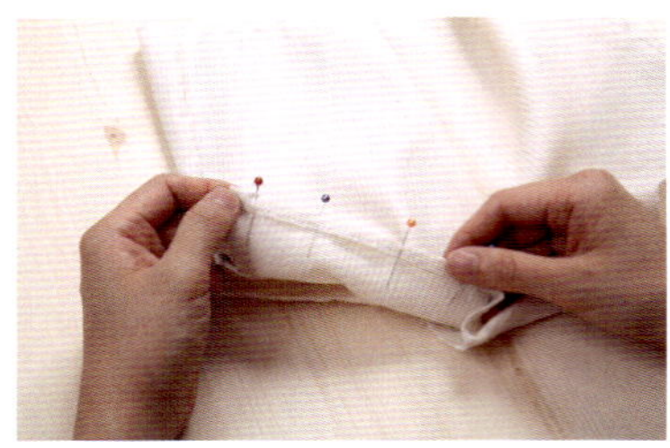

**11** ㄷ자 모양으로 박음질합니다.

**12** 팬티의 밑단 시접을 접어 올려 시침핀 으로 고정합니다.

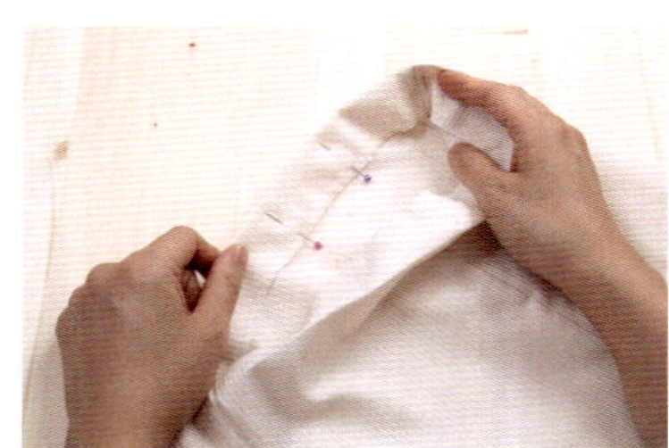

**13** 밑단을 박음질 해주세요.

**14** 고무줄을 넣기 위해 허리선을 접어 고 무줄이 들어갈 두께만큼 남기고 시침 핀으로 고정합니다.

**15** 고무줄을 끼울 창구멍만큼 남기고 박 음질한 후 고무줄을 끼워줍니다.

**16** 고무줄이 따로 놀지 않게 하기 위해 허리 부분을 한 줄이나 두 줄 더 박음 질해줍니다.(손바느질을 할 경우 이 과정을 생략해도 됩니다.)

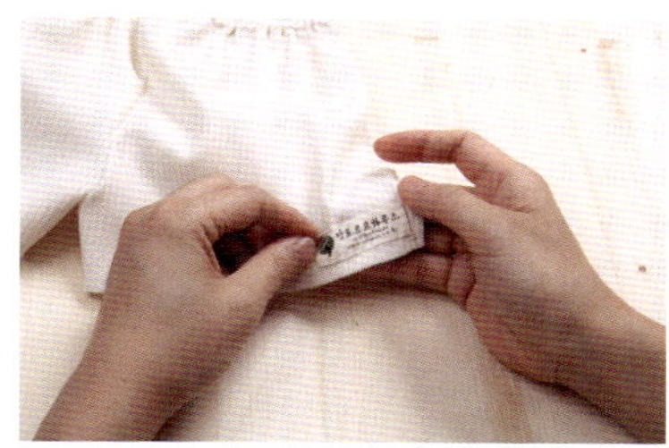

**17** 엄마만의 핸드메이드 표시를 만들어서 달아주면 엄마표 옷이 만들어집니다.

**18** 트렁크 팬티가 완성되었습니다.

# 자연을 닮은 러닝&팬티

까만 점이 쏙쏙 박힌, 편안함을 강조하고픈 최고의 선물 세트!

# 41 자연을 닮은 러닝&팬티

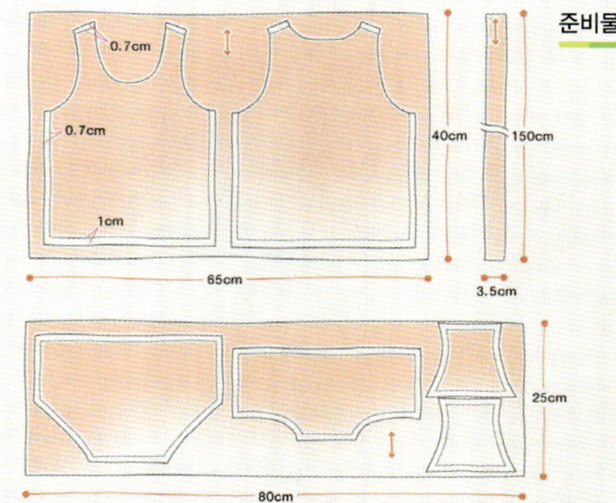

예상 제작 시간: 2시간 ★ 예상 재료비: 21,000원
완제품 예상가: 38,000원 ★ 완성 사이즈: 2~6세

**준비물**

러닝(100 사이즈 기준):
오가닉 단면 저지 원단
65cm×40cm, 단면 저
지 바이어스 15cm, 줄무
늬 저지 약간

팬티(110 사이즈 기준):
오가닉 단면 저지 원단
25cm×80cm, 고무줄,
조각 원단 약간



🔖 실물 도안 | 대형 실물본 6-41

# 러닝 만들기

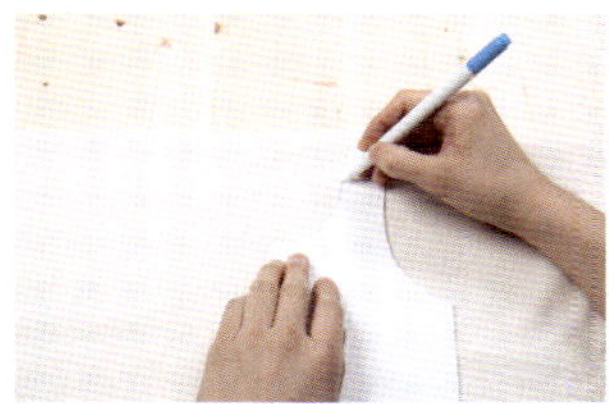

**01** 패턴대로 중심선을 골선으로 하여 러닝의 앞과 뒤를 1장씩 재단합니다.

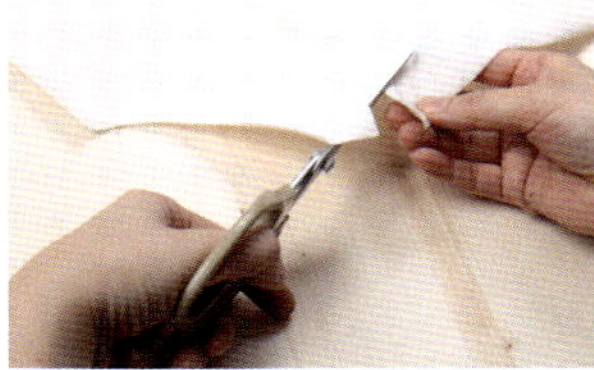

**02** 바이어스 치는 부분인 목둘레선과 겨드랑이선은 시접 없이, 어깨선과 옆선은 기본 시접 7mm, 조끼의 밑단은 시접 1cm를 남기고 재단합니다.

**03** 러닝의 앞면과 뒷면을 겉면끼리 마주 놓고 옆선을 시침핀으로 고정합니다.

**04** 양쪽 옆선을 모두 박음질합니다.

**05** 바이어스를 가로 방향(푸서)으로 길게 재단합니다.

**06** 겨드랑이선에 바이어스를 칩니다.

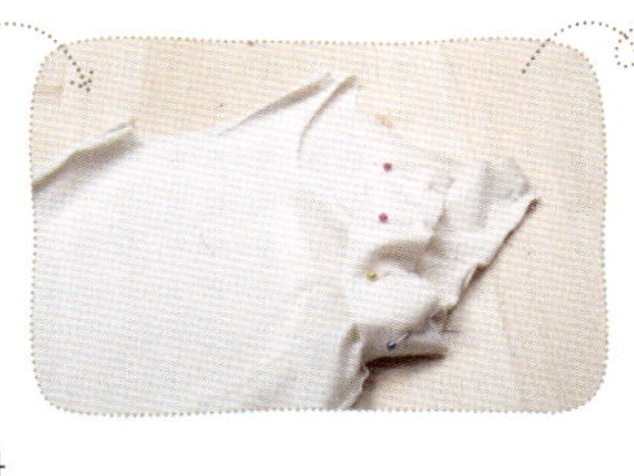

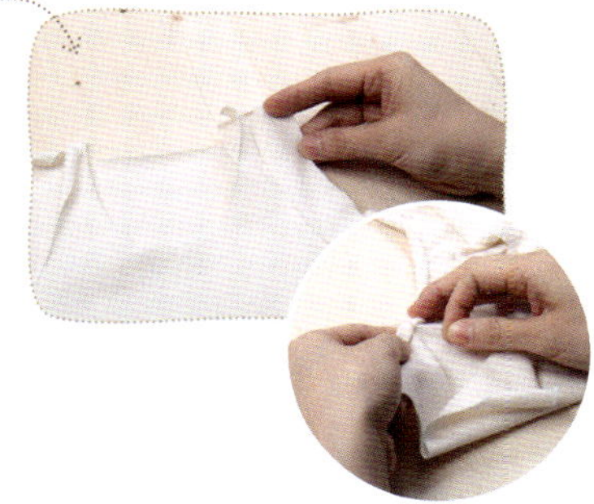

07 겨드랑이선에 바이어스가 완성되었습니다.

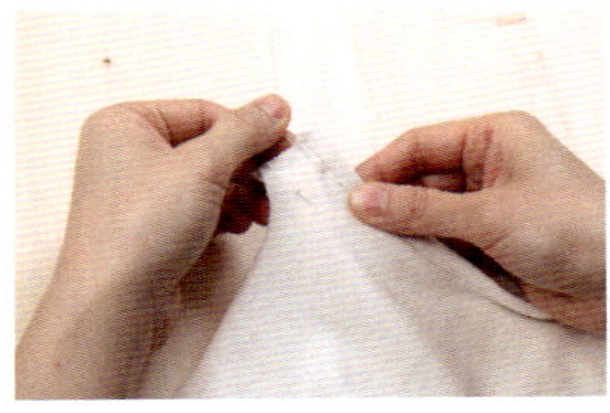

08 한쪽 어깨선을 시침핀으로 고정합니다.

09 고정한 선을 완성선을 박음질합니다.

10 목둘레선을 바이어스 칩니다.

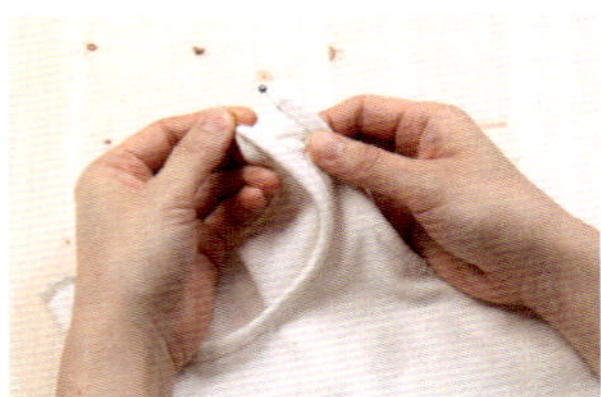

11 반대쪽 어깨선도 시침핀으로 고정합니다.

12 완성선을 따라 박음질합니다.

13 밑단의 시접분을 접어 넣고 시침핀으로 고정합니다.

14 완성선을 따라 박음질 또는 지그재그 박음질합니다.

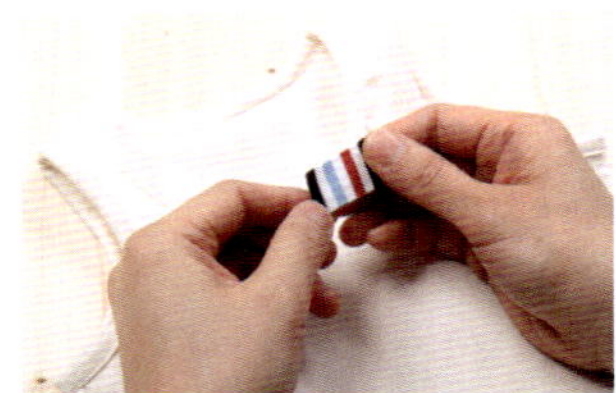

15 러닝이 완성되면 조각 줄무늬 저지를 가로 2cm, 세로 4cm로 재단합니다.

16 시접을 아주 작게 0.3cm씩 사방으로 접어 넣고 러닝의 앞부분에 시침핀으로 고정합니다.

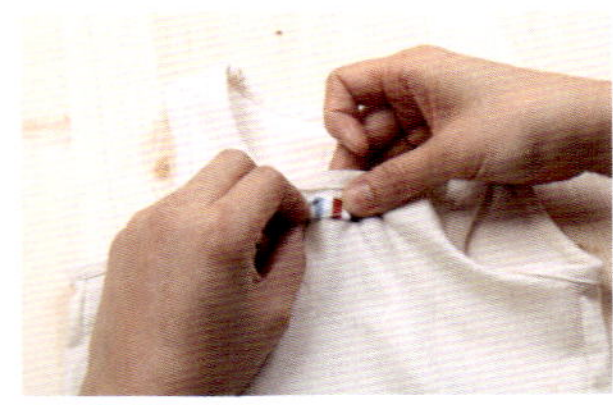

17 고정한 줄무늬 저지 원단 가장자리를 따라서 홈질합니다.

18 자연을 닮은 러닝이 완성되었습니다.

# 팬티 만들기

19 팬티의 앞면과 뒷면은 각 1장씩, 가운데 부분은 2장을 그려 줍니다.

20 시접을 일정하게 남기고 재단합니다.

21 팬티의 가운데 부분을 겉면끼리 마주 놓고 그 사이에 팬티의 뒷부분을 한 장 끼워 시침핀으로 고정합니다.

22 고정한 완성선을 따라 박음질합니다.

**23** 팬티의 가운데 부분을 바깥쪽으로 펴 올립니다.

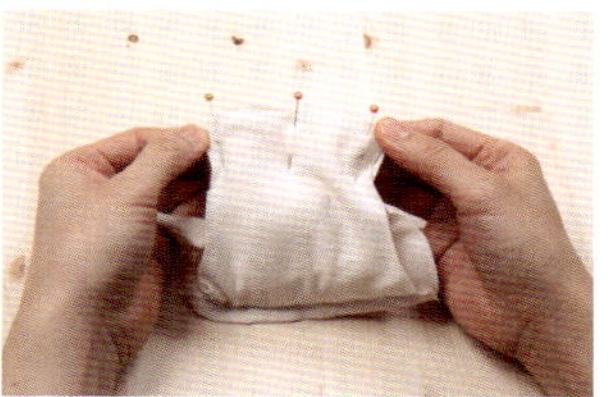

**24** 팬티의 가운데 부분에 팬티 앞쪽 뒤쪽이 모두 가운데 끼워 넣고 시침핀으로 고정한 후

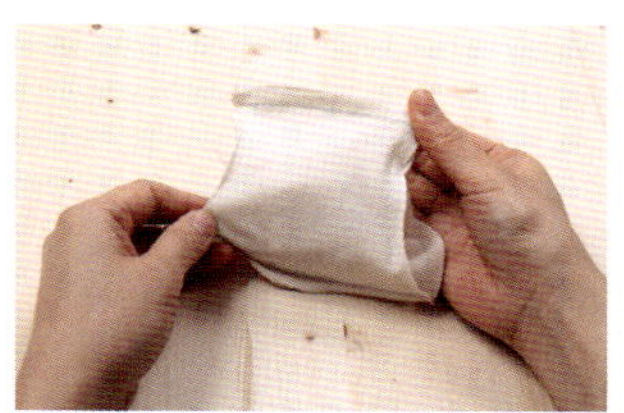

**25** 고정한 완성선을 따라 박음질합니다.

**26** 뒤집어줍니다.

**27** 겉면끼리 마주 보도록 절반을 접어 옆선을 시침핀으로 고정합니다.

**28** 고정한 완성선을 따라 옆선을 박음질합니다.

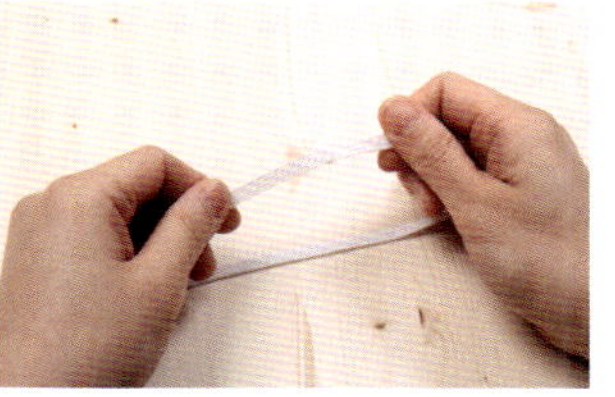

**29** 고무줄은 아이에게 맞도록 직접 맞추어 보고 잘라서 동그랗게 박음질로 연결합니다.

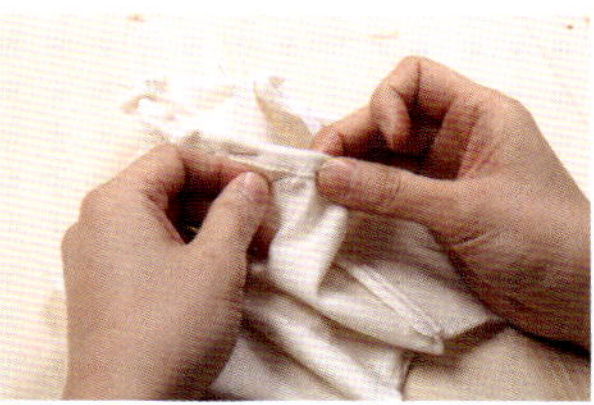

**30** 허리선 부분 시접을 접어 넣으면서 고무줄을 넣어줍니다.

**31** 허리선을 박음질합니다.

**32** 가랑이 부분 역시 고무줄을 허리선과 같이 넣습니다.

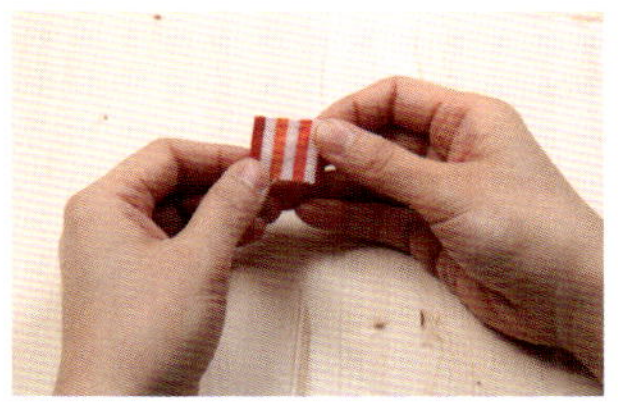

**33** 줄무늬 조각 원단을 가로, 세로 3cm로 재단합니다.

**34** 가운데 부분을 따라 홈질하여 튼튼하게 동여맵니다.

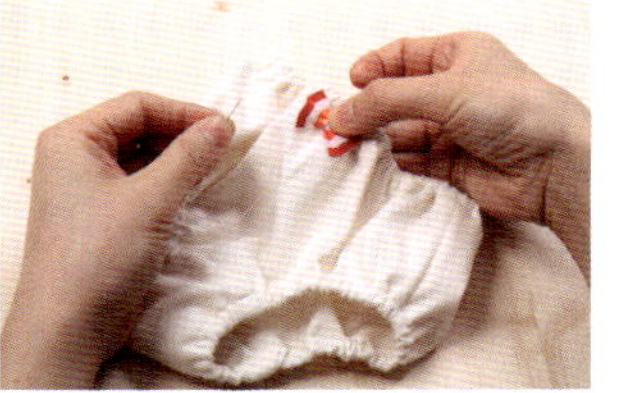

**35** 팬티의 가운데 부분에 고정해 줍니다.

**36** 자연을 닮은 팬티가 완성되었습니다.

팁토베베는-

엄마와 아기를 위한 건강한 이름입니다.

# Tip-toe bebe
# for Mom and Baby

www.tiptoebebe.com
Tel. 02)6402-8575
Fax. 02)332-8575

자연이 주는 선물~~
오가닉 코튼,
엄마의 마음을 내 아이에게 전해줍니다.
오가닉 코튼 DIY 자존심 "발도르프 하우스"
www.whaus.co.kr

발도르프하우스
waldorfhaus